על דרכי הפרשה

Auf den Spuren der Parascha

Ein Stück Tora

Zum Lernen des Wochenabschnitts

Arbeitsmappe 2:

Nóach, Wajakhél-Pekudéj, Emór,
Mattót-Mass'éj, Waetchannán

Von Yehuda T. Radday
unter Mitarbeit von Magdalena Schultz

VERLAG MORITZ DIESTERWEG
Frankfurt am Main

VERLAG SAUERLÄNDER
Aarau · Frankfurt am Main · Salzburg

Die Deutsche Bibliothek – CIP-Einheitsaufnahme

Auf den Spuren der Parascha : Ein Stück Tora ; zum Lernen des Wochenabschnitts / von Yehuda T. Radday. Unter Mitarb. von Magdalena Schultz.
Frankfurt am Main : Diesterweg ; Aarau, Frankfurt am Main, Salzburg : Sauerländer.
Einheitssacht.: Pentateuchus
Parallelt. in hebr. Sprache
NE: Radday, Yehuda T. [Hrsg.]; Ein Stück Tora; EST

Arbeitsmappe 2. Nóach, Wajakhél-Pekudéj, Emór, Mattót-Mass'éj, Waetchannán.
- 1. Aufl. - 1991
ISBN 3-425-07582-9 (Diesterweg)
ISBN 3-7941-3130-4 (Sauerländer)

Die Veröffentlichung dieses Bandes
unterstützte
Bernard Goldstein
mit seiner Familie
zur Erinnerung an ihre Mutter
Frau Pauline Polly Goldstein
ז״ל
gestorben in London
am 4. Tevet 5720 / 3. Januar 1960
in ihrem fünfzigsten Lebensjahr
ונתתי רוּחי, בכם וחייתם (יחז׳ לז, יד)
,,Und ich gebe euch meinen Geistbraus, daß ihr lebet'' (Ezekiel 37:14).

ISBN 3-425-07582-9 (Diesterweg)
ISBN 3-7941-3130-4 (Sauerländer)

1. Auflage 1991

Satz: Rheingold-Satz Hildegard Smets, Mainz-Kastel
Druck: Wiesbadener Graphische Betriebe GmbH, Wiesbaden
Bindung: Buchbinderei Adolf Hiort, Wiesbaden

INHALT

Alle hebräischen Texte wurden mit freundlicher Genehmigung des Verlages Victor Goldschmidt, Basel, aus dem in diesem Verlag erschienenen Werk „Der Pentateuch" (hebr.-dt.) abgedruckt.

רשי **13** במדבר ו נשא **12** אבן עזרא

הנזיר אחר התגלחו את־־נזרו :
כ והניף אותם הכהן ׀ תנופה
לפני יהוה קדש הוא לכהן על
חזה התנופה ועל שוק התרומה
ואחר ישתה הנזיר יין : כא וזאת
תורת הנזיר אשר ידר קרבנו
ליהוה על־נזרו מלבד **1** אשר־־־־
תשיג ידו כפי נדרו אשר ידר כן
יעשה על תורת נזרו : פ **3**
כב וידבר יהוה אל־משה לאמר :
כג דבר אל־־־אהרן ואל־־־בניו
לאמר כה תברכו את־־־־־בני
ישראל אמור להם : ס כד יברכך
יהוה וישמרך : ס כה יאר יהוה ׀
פניו אליך ויחנך : ס **2** כו ישא
יהוה ׀ פניו אליך וישם לך
שלום : ס כז ושמו את־שמי על־
בני ישראל ואני אברכם : חמישי

ס"ל מ"ל בתורה · סימן דעניין כל דסמיך לכהן קדש בסגול דסמיך לה' קדוש וסי' ס' הוא · הקדוש כל ליס' חסר במ"א מסתדור ולא תשלם · **10** · ו' ג' חס' וג' מ"ל ד' יחידאין וכל תהלות דכוו' . ל' . ב' · פסקכן דינו ל' · פסק . ו' רפין כה לחי ג' · ו' · ל'

על ידי גזירא בתר דיגלח
ית נזריה : כ וירים יתהון
כהנא ארמא קדם יי קודשא
הוא לכהנא על חדיא
דארמותא ועל שקא
דאפרשותא ובתר כן ישתי
נזירא חמרא : כא דא אוריתא
דנזירא די **4** קורבניה קדם
יי על נזריה בר מדתדביק
ידיה כפום נדריה דידר כן
יעביד על אוריתא דנזריה :
כב ומליל יי עם משה למימר :
כג מליל עם אהרן ועם
בנוהי למימר כדין תברכון
ית בני ישראל כד תימרון
להון : כד יברכינך יי
ויטרינך : כה ינהר
שכינתיה לותך וירחם יתך :
כו יקבל יי שכינתיה לותך
וישוי לך שלם : כז וישוון ית
ברכת שמי על בני ישראל

אבן עזרא

והיא נשלה : התגלחו את נזרו . הנה אות כי קדש הוא שב אל הזרוע כי הוא עיקר או ישוב הוא על המונף כלו . וטעם מלבד אשר תשיג ידו חיוב שיתן כפי ממונו גם כפי ימי הנדר אם רבים אם מעטים ונסמכה פרשת ברכת כהנים לפרשת נזיר כאשר השלים תורת הנזיר שהוא קדוש הזכיר תורת כהנים שהם קדושים והמכחישים אמרו כי זאת הברכה היה הכהן מברך לכל מביא מנחה ונסמכה בעבור על פי אשר תשיג יד הנודר והאמת כמו שהעתיקו חז"ל והעד וישא אהרן את ידיו אל העם ויברכם ביום השמיני ונכתבה זאת הפרשה שהשם צוה בהקמת המשכן שיברך אהרן את העם ושם כתיב נשיאות כפים כי הכפים כידים רק ידים כללים : (כד) יברכך . תוספת חיים ועושר . וטעם וישמרך . שישמור התוספת שלא יגזול אחר מה שהוסיף : (כה) יאר ה' פניו אליך . כטעם באור פני מלך חיים והטעם וכל אשר תבקש ממנו ובשט **6** תדרשו יאר פניו והטעם יקבל אתך וירצה למלאת שאלתך מיד ואם בקשת אותו בעת צרה הוא יחנך גם יתכן היות ויחנך ויתן לך בקשתך כטעם חנוני אתם אשר חנן אלהים מגזרת חנן : (כו) ישא ה' פניו אליך . הפך אעלים עיני מכם והטעם כאשר פירשתי כי בכל מקום שתפנה יהיה פניו נשואות אליך : וישם לך שלום . כטעם לא יגע בך רע לא מאכן ולא מחיה רעה ולא מאויב : (כז) ושמו את שמי . כטעם לשום שמו שם שיהיו מקודשים בשם או טעמו כאשר יזכירו שמי עליהם כי בכל אחד מהשלשה פסוקים השם הנכבד והנורא : ואני אברכם . ויתכן היות מ"ם אברכם סימן הכהנים המברכים והטעם הם יברכו ישראל ואני אברך המברכים או יהיה סימן לישראל והטעם אם הם יברכום אני אברכם והטעם שאקיים ברכתם לפי דעתי שמ"ם אברכם סימן לכלם כהנים וישראלים : וטעם

רשי

(כ) קדש הוא לכהן . החלה והרקיק והזרוע תרומה הן לכהן : על חזה התנופה . מלבד חזה ושוק הראויים לו מכל שלמים מוסף על שלמי נזיר הזרוע הזה לפי שהיו שלמי נזיר בכלל ויצאו לידון בדבר החדש להפרשת זרוע הוצרך להחזירן לכללן לידון אף בחזה ושוק : (כא) מלבד אשר תשיג ידו . שאם אמר הריני נזיר על מנת לגלח על מאה עולות ועל מאה שלמים: כפי נדרו אשר ידר כן יעשה . מוסף על תורת נזרו על תורת הנזיר מוסף ולא יחסר . שאם אמר הריני נזיר חמש נזירות על מנת לגלח על ג' בהמות הללו אין אני קורא בו כאשר ידור כן יעשה : (כג) אמור להם **5** כמו זכור שמור בלעז דישנ"ט : להם . (ספרי) שיהיו כולם שומעים : אמור . (במדרש רבה) מלא לא תברכם בחפזון ובהלות אלא בכוונה ובלב שלם : (כד) יברכך . שיתברכו נכסיך : וישמרך . שלא יבואו עליך שודדים ליטול ממונך שהנותן מתנה לעבדו אינו יכול לשמרו מכל אדם וכיון שבאים לסטים עליו ונוטלין אותה ממנו מה הנאה יש לו במתנה זו אבל הקב"ה הוא הנותן הוא השומר והרבה מדרשים דרשו בו בספרי : (כה) יאר ה' פניו אליך . יראה לך פנים שוחקות פנים צהובות : ויחנך . (ספרי) יתן לך חן : (כו) ישא ה' פניו אליך . יכבוש כעסו : (כז) ושמו את שמי . (ספרי) יברכום בשם המפורש : ואני אברכם . לישראל ואסכים עם הכהנים . ד"א ואני אברכם

אמור ו' ג' מלאים וג' חסרים וסי' כה תברכו את בני ישראל . לכן נאם ה' אלהי ישראל דעלי . אמרים אמור למנאצי . ואם אמר יאמר העבד . אמר אמרתי כי שנאתני . אם אמר אמר לנער . ג' בתראי חסר ונמסר גם בסדר משפטים : יברכך ה' ד' וסי' יברכך ה' וישמרך אפס כי לא יהיה בך אביון . יברכך ה' נות צדק . ויאמרו לו יברכך ה' וכל ההלות דכוות' ושארא יברכך ה' אלהיך : יאר ב' וסי' יאר ה' פניו אליך . אלהים יחננו ויברכנו יאר : וישם **10** פין וישם לך שלום . ויט ירו על צפון . וישם לדרך פעמיו . וישם לאל מלתי . וישם פניו לבא . וישם פניו לאיים . בתרא וישב כתיב ויש[...] קרי : על בני ישראל ז' וסימן ושמו את שמי . והיתה זאת לכם לחקת . והיתה לו ולזרעו . ואתנה את הלוים . ושמרתם את משמרת הקדש . לכן יתנם עד עת יולדה . תהי נא אזנך קשבת :

תולדות אהרן אחר התגלחו . נזיר מו : ואחר ישתה . שם : וזאת תורת הנזיר . שם כ מו : קרבנו לה' . תמורה י : כן יעשה . מנחות יע כו (שם נא נב : פרשת נזיר תענית כו : ברכות כהנים . שם ומגילה עה) : כה תברכו . סוטה לג לח חולין מט : כל הפרשה . פקרים פ' אחרון : ענין ברכת כהנים . שם **11** עקידה שער נח : אמור להם . סוטה לח : וישמרך פסחים קי : ישא ד' . ברכות כ מדה ע דאש השנה יז מגלה כה : ויחנך . פסחים קי : ושמו את שמי . מגלה יח סוטה לח עקרים פ' כח (גיטין מו) : ואני אברכם . חולין מט : (ויהי ביום כלות . יומא לח) :

בעה"ט כה תברכו . להזכיר זכות ואני והנער נלכה עד כה . וכה יהיה זרעך וזהו אשר עד כה ברכני ה' . וכ"ה אותיות בפסוק שמע ישראל . וכ"ה פעמים לשון ברכה בחומש וכ"ה פעמים שלום בחומש ולכך מתחיל ברכת כהנים בברכה ומסיים בשלום וזהו ה' יברך את עמו בשלום : אמור להם . מלא וא"ו כנגד ו' ברכות יברכך . וישמרך . יאר . ויחנך . ישא . וישם שלום . כנגד וי"ו ה' . תורת ה' . עדות ה' . פקודי ה' . מצות ה' . יראת ה' . משפטי ה' : יברכך ה' וישמרך . הר"ת עולה כ"ו כנגד השם של ד' אותיות וסוף התיבות דה"ך עולה מ"ה כנגד שם של מ"ה תיבות וזהו ה' ישמור צאתך ובואך וג' תיבות בפ' כדי להזכיר זכות ג' אבות והם ט"ו אותיות על שם האבות שראו זה את זה ט"ו שנים . וזכות השבטים עם האבות הם ט"ו . יברכך בזכות אברהם דכתיב ביה וה' ברך את אברהם בכל ושלשה תיבות בפסוק נגד שלשה ברכות שנאמרו בו ואברכך . והיה ברכה . ואברכה מברכיך . יברכך ה' בגימטרי' בנכסים ובגוף . יאר כנגד יצחק . שראה העקדה ומת והאיר הקב"ה את עיניו והם **9** כדאיתא בפרקי דר"א . יאר . ויהיקן ראו . שהיה עולת ראיה . ויש בו ה' תיבות וכ' אותיות שהיה יצחק אחר כ' דורות ושמר חמשה חמשי תורה . ישא כנגד יעקב וישא יעקב רג[...] כתיב ביה ושבתי בשלום . ויש בו ו' תיבות כנגד השבטים אשר נולדו בו' שנים וכ"ה אותיות כנגד כה תאמר לבית יעקב : וישם . יש בו ז' תנין שבו' דרכים ישים לך שלום על שם בו' דרכים ינוסו לפניך : שלום . בגי' עשו לרמז דהוי מקדים שלום לכל אדם ואפילו בשלום עובד כוכבים : ואני אברכם . בגי' אסכימה על ידיכם :

ספורנו

אבתו אל הכהן וכן בעבד והגישו אדוניו אל האלהים אמנם בנזיר אשר יחודש בו גלוח ובו יהפך לאיש אחר אין נכבד ממנו שיביאהו אבל הוא יביא את עצמו : (כד) יברכך **8** עושר ונכסים שאם אין קמח אין תורה : וישמרך . מן הגזלנים : (כה) יאר [...] לך עיניך באור פניו להביט נפלאות מתורתו וממעשיו אחר שהשיג צרכיך בברכתו : (כו) ישא ה' פניו אליך . לחיי עולם כענין כי עמך מקור חיים וכו' וכאמרם (ברכות פרק היה קורא) צדיקים יושבי' ועטרותי' בראשיהם ומתענגים מזיו השכינה . וישם לך שלום . מנוחת שלום שהוא בנצחיות בלי תערובת עונש הראוי לכל .

רמבן

וחזר ואמר מלבד אשר תשיג ידו שאם היה עשיר ירבה בקרבנו וכפי נדרו אשר ידור בקרבנות בין עשיר בין עני כן יעשה על תורת נזרו לרבות ולא למעט והזכיר זה ללמד שאם היה עשיר ורצה להרבות קרבנות או שנדר בתחלה הריני נזיר ואקריב אלף עולות ושלמים שיביא את כולן ביום מלאת ולא ישתה יין עד הקריבו את כולם כי הכל תורת נזרו . ויתכן מלבד אשר תשיג ידו שיעשה כפי נדרו אשר ידור והזכיר זה כי דרך העשיר לידור **7** : (כג) דבר אל אהרן ואל בניו לאמר כה תברכו . כבר הזכרתי בסדר ויהי ביום השמיני כי לוה את אהרן לשאת את ידיו אל העם ולברך אותם ביום ההוא וכאן צוה לדורות לאהרן ולבניו ופירש הברכה שיברכו אותם והזכירם בהקמת המשכן כי שם צוה ה' את הברכה חיים עד העולם וכמו שאמרו רבותינו במקדש בשם המפורש ובמדינה בכנויו במקדש היו אומרים אותה ברכה אחת ובגבולין שלש ברכות כי הברכה במקדש מיוחדת בשם המיוחד : (כד) וטעם יברכך ה' וישמרך . על דרך האמת כי הברכה מלמעלה והשמירה שתשמור אותה כטעם זכור ושמור ועוד יאר השם הגדול את פניו המביטים בך

EINLEITUNG

Das Ziel

להחזיר עטרה ליושנה ...
(יומא ס"ט)
... *um die Krone an ihren alten Platz zurückzubringen.*
(Joma 69)

In der ganzen Judenheit ist es üblich, die Torá, d. h. die Fünf Bücher Moses, einmal im Jahr Wort für Wort in der Synagoge zeremoniell vorzulesen. Die Torá ist zu diesem Zweck in 54 Wochenabschnitte eingeteilt, die in allen jüdischen Gemeinden der Welt einheitlich und der Reihe nach am Sabbat zur Vorlesung kommen. Die Sabbate tragen bezeichnenderweise die Namen der entsprechenden Wochenabschnitte. Zugleich wird der Tradititon gemäß von jedem Juden erwartet - wenn auch nicht von allen eingehalten -, den betreffenden Wochenabschnitt (*paraschá*) nicht nur in der Synagoge mitanzuhören und mitzulesen, sondern ihn in der Schule, in einem Arbeitskreis oder allein jahrein, jahraus immer wieder vorzubereiten. Dieses *Lernen* - so der Terminus technicus -, eine Pflicht, deren Erfüllung die aller übrigen 612 Gebote (*mizwót*) aufwiegt, bedeutet jedoch nicht nur das Lesen und Verstehen des Urtextes, sondern sein gründliches Studium, eventuell anhand von Übersetzungen, bestimmt aber anhand der klassischen, ausschließlich hebräisch verfaßten Kommentare. Denn die Torá scheint zwar auf den ersten Blick einfach zu sein, ist aber bei näherem Hinsehen infolge ihrer lapidaren Ausdrucksweise und ihrer legalen Passagen einerseits, andererseits wegen ihrer oft subtilen, ja raffinierten narrativen Technik nicht selten schwer verständlich. Auf jeden Fall ist ihre Lektüre ohne die Benutzung von Kommentaren zur Oberflächlichkeit verurteilt.

Was eine echte Auseinandersetzung mit dem Text impliziert, geht aus dem Blatt (S. 4) der Standardausgabe der Biblia Rabbinica hervor. Selbst für einen Leser ohne Hebräischkenntnisse wird daraus klar, was *Lernen* in jüdischer Tradition bedeutet.

Legende zu einem Blatt der Biblia Rabbinica

Die Biblia Rabbinica, hebr. מקראות גדולות *Mikraót Gedolót*, wurde zum ersten Male in Venedig im frühen 16. Jh. unter der Aufsicht von R. Jaakóv ben Chajjím bei Daniel Bomberg gedruckt. Alle Neudrucke folgen ihrem Vorbild.

[1] Der Text der תורה *Torá* mit ניקוד *nikkúd* (= Vokalisation) und טעמים *Teamím* (= Kantilationsakzenten) versehen, in פרשיות *paraschiót* (= Wochenabschnitte), פרקים *perakím* (= Kapitel) und פסוקים *pessukím* (= Verse) eingeteilt. Die Einteilung in Kapitel stammt aus der Hand des Stephan Langton, Erzbischof von Canterbury (13. Jh.), und wurde von Juden übernommen, um in religiösen Disputationen sofort auf Zitate hinweisen zu können.

[2] Dieser Buchstabe ס (Ssámech), der das Ende eines behandelten Gegenstandes anzeigt, erinnert den סופר *Ssofér* (= Kopist der handgeschriebenen Torá-Rolle), hier Abstand von der Länge eines Wortes auszulassen, während

[3] der Buchstabe פ (Pe) bedeutet, daß hier, wo ein völlig neuer Gegenstand beginnt, der Schreiber eine neue Zeile anzufangen hat.

[4] Das ist, da die Juden die älteste Übersetzung der תורה *Torá*, und zwar ins Griechische und Septuaginta genannt, wegen ihrer vielen späteren Rezensionen nicht anerkennen, die nächstälteste ins Aramäische. Sie wird dem Proselyten Onkelos (Mitte des 2. Jh.) zugeschrieben.

[5] Der am weitesten verbreitete und beliebteste פירוש *perúsch* (= Kommentar) des רש"י RaSCHI aus Troyes (geb. 1040). Er ist meistens in Kursivschrift gedruckt, die deswegen auch RaSCHI-Schrift heißt.

[6] Der Kommentar des ר' אברהם איבן עזרא R. Avrahám ibn Esrá, geb. 1089 (Tudela - Rom - Narbonne - London).

[7] Der Kommentar des ר' משה בן נחמן R. Mosché ben Nachmán, kurz RaMBáN, aus Spanien, gestorben 1267 in Jersusalem (?).

[8] Der Kommentar des ר' עובדיה ספורנו R. Ovadjá Sefórno, geb. 1475, Arzt in Bologna, und Johannes Reuchlins Lehrer.

[9] Ein Auszug aus dem Kommentar des ר' יעקב בן אשר R. Jaakóv ben Aschér aus Toledo (gest. 1343), nach dem Titel ארבעה הטורים *Arbaá ha-Turím* seines Codex des Religionsgesetzes auch Báal ha-Turím genannt. Die Auswahl der Zitate aus dem Werke dieses größten Gelehrten seiner Zeit, dessen Vater aus dem Rheinland nach Spanien geflohen war, ist mit ihrer Vorliebe für Sprachspielereien für den Autor wenig charakteristisch.

[10] Die מסורה *Massorá* ist ein System von Regeln und Annotationen zur Anleitung des סופר *Ssofér* (s. o.) und des Vorlesers in der Synagoge, wie sie sich im Laufe von rund einem Jahrtausend bis zur Erfindung der Buchdruckerkunst zwecks endgültiger Fixierung des Textes angesammelt haben. Sie notiert seine Eigentümlichkeiten, die der Vokalisation und Akzente, Varianten der Manuskripte und Lesart, Größe und Position der Buchstaben u. dgl.

[11] Ein Index, genannt תולדות אהרן *Toledót Aharón*, jener Stellen im Talmúd, Midrásch, Sóhar und anderen Werken späterer Gelehrter, die sich auf die mit [1] bezeichneten Verse beziehen. Sein ursprünglicher Verfasser ist R. Aharón, Kaufmann aus Pesaro im 16. Jh., doch wurde das Werk von einem anderen R. Aharón aus Deutschland ein Jahrhundert später erweitert.

[12] ist der Name des חומש *Chummásch* (Fünftel) der Torá, dem der Text [1] entnommen ist, hier במדבר *Bemidbár* (4. Buch Mosis = Numeri).

[13] ist der Titel des Wochenabschnittes (s. o.), hier נשא *Nassó*. Zwischen [12] und [13] steht die Nummer des Kapitels, hier ו. Die kleinen Buchstaben zwischen den Versen numerieren diese mit hebräischen Zahlen.

Andere Ausgaben der Biblia Rabbinica enthalten auch noch den Kommentar des RaSCHBáM, eine frühe aramäische Paraphrase (einem Jonatán ben Usiél zugeschrieben), und einen Superkommentar zu [6] = 6. Ausführlicheres über die Verfasser und Begriffe im Glossar.

Während für die deutschen Leser Übersetzungen der Torá und des RaSCHI-Kommentars vorliegen, ist ihnen bei Unkenntnis der hebräischen Sprache der Zugang zu den übrigen Werken verschlossen. Den Rat beherzigend, daß man, was man vermißt, eben selbst machen muß, wagen wir uns hier an die Aufgabe heran, auch *Lernern* im deutschsprachigen Raum die Schätze jüdischer Bildung und den Genuß des Torá-Studiums, sowohl in ästhetischer wie intellektueller Hinsicht, von der religiösen ganz abgesehen, zu erschließen, indem wir in Auswahl MATERIAL vorlegen, dessen Lektüre kein Hebräisch voraussetzt. Die Torá, so heißt es in *Otiót de-Rabbí Akivá*, hat siebzig Facetten, und einige von ihnen aufzudecken und darzulegen ist das Ziel dieser Serie von Arbeitsmappen, weswegen wir ihr den Titel על דרכי הפרשה ,,Auf den Spuren der Paraschá'' gaben.

Die Auswahl der Texte

Da ein Wochenabschnitt (*paraschá*) jeweils mehrere Kapitel umfaßt, kann er unmöglich im ganzen Umfang gründlich bearbeitet werden. Deswegen haben wir aus jedem einen ganz kleinen Teil, meist nur ein paar Verse, ausgewählt und dann dieses ,,Stück Torá'', wie es im jüdischen Sprachgebrauch heißt, eingehend und vielseitig beleuchtet. Vorausgesetzt ist, daß der *Lerner* die ausgewählten Verse im größeren Kontext liest, bevor er an sie herangeht.
Bei der Auswahl der ,,Stücke'' haben wir nicht die Absicht verfolgt, ein Kompendium der Grundideen der Torá zusammenzustellen, noch waren wir bestrebt, vollständig, originell, bibelwissenschaftlich und objektiv zu sein. Es waren uns vielmehr andere Gesichtspunkte wichtiger, vor allem Fragestellungen, die wir beim modernen Leser vermuten. Darunter, ob die Torá heutzutage noch etwas zu sagen hat, und wenn ja, was; worüber der Leser vielleicht als langweilig hinweggehen oder woran als sinnlos er sich stoßen mag; welches die ihm bekannten, jedoch zugleich vielleicht mißverstandenen Stellen sein könnten; und dergleichen.
In der ersten Arbeitsmappe z. B. gibt das Studium des Abschnitts ,,*Die Vier Flüsse*'' Gelegenheit, den wahren oder angeblichen Widerspruch zwischen den Erzählungen der Torá und den Ergebnissen der Natur- und Geschichtswissenschaft zu erörtern; die Vertiefung in die Episode ,,*Amalék*'' wirft die Frage nach dem Widerstand gegenüber dem Bösen auf; im Gebot der Nächstenliebe erhebt sich das Problem ,,Wer geht vor?'' In den folgenden Arbeitsmappen werden bekannte Texte neu gelesen, wie ,,*Die zehn Plagen*'', wird an angeblich nichtssagenden Namenslisten erkennbar werden, daß sie eine Botschaft enthalten, und daß als überholt verschrieene Vorschriften für den Tempeldienst sich, wenn im rechten Licht beleuchtet, für die Entwicklung des späteren Judentums und sein Verständnis als aufschlußreich erweisen können. Mit Absicht haben wir auch ,,heikle'' Texte aufgegriffen, die oft zu Klischeebildung und Vorurteilen innerhalb und noch mehr außerhalb des Judentums geführt haben, z. B. das Prinzip ,,*Aug' um Aug'*'' und ,,*Die Ausbeutung Ägyptens*''. Auch Texte von besonderer gesellschaftspolitischer Brisanz wurden vorrangig berücksichtigt, wie das Verhältnis des Volkes Israel zu Erez Israel, die Stellung der Frau anhand des sogenannten ,,*Verkaufs einer Tochter*'' und das Thema ,,Umwelt'', einbezogen in die Erörterung der ,,*Die belagerte Stadt*'' betreffenden Vorschriften. Schließlich war ein weiterer wichtiger Aspekt bei der Auswahl, die Methoden und die Logik der rabbinischen Diskussion zu verdeutlichen und den *Lerner* dadurch in die Denkweise jüdischer Juristik und Ethik einzuführen.
Die Auswahl trägt außerdem einer wichtigen fundamentalen Haltung des Judentums Rechnung, daß es nämlich angesichts der als fraglos angenommmenen göttlichen Herkunft der Torá nicht gewagt werden darf, in ihr zwischen wichtigen und weniger wichtigen Passagen zu unterscheiden. Ein Wort wird so ernst genommen wie das andere. Ist der Sinn einer Stelle manchmal nicht sogleich erkennbar, so muß gerade ihre Sprödigkeit oder scheinbare Redundanz Anlaß zu vertiefendem Nachfragen sein. Diesem Vorgehen treu bleibend, haben wir mit Absicht nicht selten gerade solche Abschnitte ausgewählt, die nicht allseits diskutiert werden, sondern ganz im Gegenteil auf den ersten Blick eher von geringerer Bedeutung erscheinen und erst auf den zweiten oder dritten ihre Bedeutsamkeit aufweisen.
Nur wenig von dem, was wir zu einem jeweiligen Wochenabschnitt bringen, stammt von uns selbst. In diesem Wenigen allerdings spiegeln sich zum Teil und natürlich unsere persönlichen Anschauungen, was in Dingen der Geisteswissenschaften unvermeidlich und vielleicht auch begrüßenswert ist. Deswegen dürfen unsere Anleitungen zum Torá-Studium nicht als Wegweiser in der Orthopraxis gebraucht werden. Wir sehen unsere Funktion hauptsächlich als die von Mittlern. Das meiste zitieren wir aus der Mischná, aus dem Talmúd und dem Midrásch, aus den Quellen mittelalterlicher jüdischer Exegeten und aus den an Ideengut so reichen Schriften gerade deutsch-jüdischer Gelehrsamkeit, deren letzte vorrangige Vertreter SAMSON RAPHAEL HIRSCH, DAVID HOFFMANN, LEO BAECK und BENNO JACOB sind. Beispiele aus der modernen, ja auch auf deutschem Boden entstandenen Bibelwissenschaft halten wir kurz, beruht doch ohnedies auf ihr die Lehre an den theologischen Fakultäten, so daß sie hier bloß zu Vergleichszwecken dient. Es ist uns eine Genugtuung, daß die Serie ,,Ein Stück Torá'' in Frankfurt a. M. und in dem Jahr in das Programm des Verlages Moritz Diesterweg aufgenommen wurde, in dem sich der Todestag des Frankfurter Rabbiners SAMSON RAPHAEL HIRSCH zum 100. Male jährte.

Die Methode

Die Vermittlung und Bewahrung der typisch jüdischen Lernmethode ist uns fast ebenso wichtig wie die des Inhalts. Bei ihr spielen das Alter und der Altersunterschied der *Lerner* keine Rolle, es kommt lediglich auf deren Auffassungskraft an. Wir glauben, daß unser Konzept diesem Lerntypus entspricht, ihm entgegenkommt und ihn fördert, da die vom Umfang her relativ schmalen Arbeitsmappen Kombinationsmöglichkeiten offenlassen und eine höhere Flexibilität beim Lernen ermöglichen. Denn so können eigene Schwerpunkte gesetzt, gewisse Details je nach Vorkenntnissen und zur Verfügung stehender Zeit aufgegriffen werden, und es kann, ob in Gruppen, ob auf eigene Faust, individuelles Lernen praktiziert werden. So liegt es sowohl beim einzelnen *Lerner*, die Behandlung des Textes für sich zu gestalten, wie auch beim Leiter eines Kurses, eine speziell ihm angemessene Bearbeitung zusammenzustellen.

Mit klarer Absicht haben wir bisher den Begriff *Lerner* anstelle von Schüler oder Zuhörer benutzt. Der Grund dafür liegt darin, daß das Erziehungsideal des Judentums der *Talmíd-Chachám* ist, also nicht der Gelehrte, sondern der Schüler eines Gelehrten, einer, der ständig Schüler bleibt, immer weiter lernt und für den es keine Reifeprüfungen, ja überhaupt keinen Abschluß gibt. Und der ideale *Talmíd-Chachám* ist wiederum nicht jener, der auf alle Fragen des Lehrers die Antwort weiß, sondern der vielmehr möglichst Fragen selbst stellt, die der Lehrer nicht zu beantworten weiß und derentwegen dieser wiederum selbst erst weiterstudieren muß. Solch eine Methode entspricht allerdings wenig der heutigen Religionspädagogik. Trotzdem sind wir der Überzeugung, daß gerade diese auf den ersten Blick so unpädagogische Bearbeitung eines Textes auf lange Sicht höchst pädagogisch wirkt. Sie hat eine besondere Anziehungskraft, da sie weder unter- noch überfordert, weil der *Lerner* Fragen gemäß seinem eigenen Wissensstand und Interesse stellen kann, er sozusagen seinen eigenen programmierten Unterricht für sich selbst organisiert und so zu selbständigem Denken angehalten wird.

Daß bei dieser Methode die Fragen des *Lerners* höher eingeschätzt werden als die Antworten des Erziehers, geht sogar bereits aus der Torá selbst hervor, die an einigen Orten (z. B. 2. M. 13:14 und 5. M. 6:20) Kindern solche in den Mund legt. Ebenso wird die erzieherische Institution *par excellence* des Judentums, der Vorabend des Péssach-Festes, offiziell von Fragen der Kinder eingeleitet. Die an diesem Abend, dem *Sséder*, gelesene *Haggadá* (= das Erzählen) vom Auszug aus Ägypten ist nicht nur ein Bericht von diesem Ereignis, sondern mindestens ebenso eine Sammlung von Fragen, die dieses Geschehen betreffen. In der *Haggadá* ist außerdem die Rede von vier Söhnen, die unterschiedliche Fragen in bezug auf das Péssach-Fest stellen. Sie sind sozusagen in einer Rangliste angeführt, in der der חכם *chachám* (= Kluge) an oberster Stelle rangiert, an letzter Stelle aber der, „der nicht zu fragen weiß", was als die schlimmste Unfähigkeit angesehen wird. Ein interessanter Hinweis aus der modernen Psychologie sei hier angeführt: Man hat neuerdings damit begonnen, bei Intelligenztests nicht wie früher die richtigen Antworten zu bewerten, sondern vielmehr die Fähigkeit, bei einem Problem die richtigen und wichtigen Fragen zu stellen.

Ein weiteres Charakteristikum jüdischen Lernens wird im vorliegenden Arbeitsmaterial ernst genommen: Die Tradition fordert das Maximum an Auslegung eines jeden Wortes, ja manchmal Buchstabens. Dabei wird selbstverständlich vom hebräischen Text ausgegangen, weswegen wir die Wiedergaben desselben im TEXT-Blatt für unerläßlich hielten. Oft können gerade von sprachlichen Unebenheiten oder Ungereimtheiten, ja von scheinbaren Fehlern wichtige Hinweise für die inhaltliche Interpretation abgeleitet werden (siehe z. B. Arbeitsmappe 1, Abschnitt 3 über „*Die Nächstenliebe*").

Aufbau der Arbeitsmappen

Die Serie besteht aus zehn Arbeitsmappen, die nacheinander erscheinen werden, wobei jede wiederum aus fünf je einem Wochenabschnitt gewidmeten Teilen besteht. Zwar ist die Gesamtzahl der Wochenabschnitte 54, eine Zahl, die nicht immer in der Anzahl der Sabbate eines Jahres aufgeht. Jedoch kommen unter Umständen aus kalendarischen Gründen manchmal zwei (aber immer nur gewisse, genau festgesetzte und nebeneinander stehende) *Paraschiót* (Wochenabschnitte) in der Synagoge zur Vorlesung, und so konnten auch wir sie zu 50 Einheiten zusammenziehen. Die Arbeitsmappen sind so organisiert, daß in jeder je eine *Paraschá* aus einem der Fünf Bücher der Torá behandelt wird. Der Gesamtplan der 50 Abschnitte findet sich auf der vorderen inneren Umschlagseite, die reguläre Reihenfolge der Wochenabschnitte und der Verse, mit dem ein jeder von ihnen beginnt, auf Seite 96.

Jeder Arbeitsmappe sind diese Einleitung, ein ausführliches Glossar der vorkommenden Begriffe und der zitierten Autoren, kurze biographische Notizen zu ihnen sowie eine Liste der benutzten Quellen beigelegt. Jede der fünf Einheiten wiederum besteht aus den folgenden sechs Teilen:

1. Das TEXT-Blatt mit dem hebräischen Text und mindestens einer Übersetzung ins Deutsche aus einer der bekannten jüdischen Standardübertragungen wie der Wohlgemuths, Hirschs oder der Buber-/Rosenzweigschen.
2. Die FRAGEN-Blätter bringen zu dem betreffenden Textabschnitt eine Reihe von Fragen, Problemstellungen, Hinweisen auf Unstimmigkeiten

und andere Details, von denen zu erwarten ist, daß sie dem aufmerksamen Leser auffallen. Die Anzahl der Fragen beläuft sich oft auf über zwanzig. Manche sind evident und gewichtig, manche bemerkt nur der besonders scharfsinnige Leser, andere wieder klingen eher trivial und kleinlich, ohne es jedoch zu sein. Im Grunde müßten diese Gesichtspunkte die Lernenden selbst stutzig machen, wenn sie sich genügend in den Text hineinlesen, und veranlassen, daß sich zwischen ihnen und den anderen *Lernern* oder dem Leiter der Gruppe eine rege Diskussion entwickelt. Denn die erschöpfende – in beiden Bedeutungen des Wortes – Erörterung des Schriftwortes, jedes Schriftwortes ohne Ausnahme, ist das Kennzeichen des Torá-Studiums, und der Angriff auf den Text mittels Fragen und die daraus erfolgende Diskussion das Endziel und der Höhepunkt der angewandten Methode: Nichts soll als selbstverständlich hingenommen, über nichts darf hinweggelesen werden. Die FRAGEN dienen demnach dazu, in die Anwendung dieser Arbeitsweise einzuführen und, falls von den Beteiligten keine Fragen zur Sprache kommen, solche zu initiieren.

3. Die LEITBLÄTTER legen für die FRAGEN versuchsweise entsprechende kurze Antworten vor. Bei jeder Antwort ist auf ausführliche, zum Teil widersprüchliche Stellungnahmen zum Problem in den MATERIAL-Blättern hingewiesen.
4. Die MATERIAL-Blätter bringen eine reiche Auswahl von möglichst chronologisch angeordneten Zitaten aus der exegetischen Literatur des Judentums wie Talmúd, Midrásch, Legenden und Responsen, ebenso Beiträge moderner jüdischer Denker und gelegentlich, zur Gegenüberstellung und um eine um so lebhaftere Auseinandersetzung hervorzurufen, Meinungen und Lösungsvorschläge nichtjüdischer Autoritäten. Dieser Teil ist besonders umfangreich. Anmerkungen als Fußnoten helfen über besonders schwierige Stellen hinweg.
5. LIMMÚD: Wörtlich bedeutet dieses hebräische Wort einfach Belehrung, ist aber hier in einem etwas modifizierten Sinn gebraucht, für den kein entsprechendes deutsches Wort zur Verfügung steht. Gemeint ist, daß in diesem Teil die Frage aufgeworfen wird: „Was macht ein moderner Mensch mit all dem?" Hier werden existentielle, ethische, religiöse und andere, bisweilen nur lose mit dem TEXT in Zusammenhang stehende Probleme aufgeworfen. Mit geringen Ausnahmen liegt hier allein der persönliche Beitrag der Verfasser dieser Serie. Den Abschluß der Einheit bilden einige kurz gefaßte „Thesen".
6. Die HANDREICHUNG stellt methodische und didaktische Vorschläge vor allem für den Kursleiter bereit, wie bei der Behandlung eines Wochenabschnittes vorgegangen werden kann. Allgemein gesprochen: die Arbeit sollte optimal mit dem hebräischen Text beginnen, dann zum Vergleich zwischen diesem und der Übersetzung oder den Übersetzungen übergehen sowie letztere der Kritik unterziehen. In diesem Anfangsstadium müßte sich bereits eine Diskussion entwickeln, und, was nicht oft genug unterstrichen werden kann, sobald eine solche erst einmal im Gange ist, sind die ersten Hürden genommen. Jetzt heißt es, die *Lerner* zu ermutigen, Fragen zu stellen, den Text anzugreifen und ihre Verwunderung und ihre Zweifel zu artikulieren, was manchem *Lerner* nicht leicht fallen dürfte. Sollten keine Fragen gestellt werden oder sollten sie stocken, steht dem Kursleiter/Lehrer das Blatt der FRAGEN zur Verfügung, mit dessen Hilfe er das Gespräch initiieren oder beleben kann.
   Wenn, was erfahrungsgemäß der Fall ist, einige der auftauchenden Fragen mit denen im FRAGEN-Blatt identisch sind, ist es zweckmäßig, mit ihnen zu beginnen. Eine kurze Beantwortung findet sich jeweils auf dem LEITBLATT unter den entsprechenden Nummern. Dort wird auch auf die dazu gehörenden umfangreichen Kommentare usw. im MATERIAL hingewiesen.
   In welcher Reihenfolge die FRAGEN dann weiter aufgegriffen und welche eventuell beiseite gelassen werden, muß der Kursleiter selbst entscheiden, da sie sich gegenseitig nicht bedingen.
   Je nach Zusammensetzung und Lernerfahrung der Gruppe sollten FRAGEN und LEITBLÄTTER möglichst nur in der Hand des Lehrers bleiben und das MATERIAL schrittweise verteilt werden.

Wie schon erwähnt, geht es bei dem vorliegenden Angebot zum Torá-Studium gleichermaßen um Vermittlung eines typisch jüdischen Inhalts als auch um Wiederbelebung einer typisch jüdischen Lernmethode. Letztere beruht, wie gesagt, weit mehr auf richtiger und reger Fragestellung seitens des *Lerners* als auf richtiger Beantwortung seitens des Lehrers oder eines der großen Autoren und Kommentatoren. Deren Lösungen, ob endgültig und überzeugend oder nicht, sind oft nicht leicht verständlich, weil sie die Frage, die sie an einer bestimmten Stelle zu lösen versuchen, gar nicht formulieren, sondern lediglich eine Antwort notieren. Bei diesem Vorgang läßt sich die Situation des *Lerners* mit der einer Person vergleichen, die ein Telefongespräch mitanhört: Es liegt an ihr, aus den Antworten des anwesenden Gesprächspartners die Fragen des anderen Gesprächspartners zu erraten. So ist es bei der Lektüre z. B. von RaSCHIs Kommentar der unumgänglich erste Schritt, aus seiner beantwortenden Äußerung zu rekonstruieren, was ihn eigentlich an der betreffenden Stelle stört und was ihm an ihr verwunderlich erscheint.

Da es darauf ankommt, das Besondere und auch Befriedigende an der spezifisch jüdischen Art, Torá zu lesen, herauszuarbeiten, empfiehlt es sich, anhand der unterschiedlichen Lösungsvorschläge auf den MATERIAL-Blättern aufzuzeigen, wie verblüffend treffend viele, aber auch wie unbefriedigend manch andere sind, indem sie auf gewisse und gewichtige Fragen keine Antwort anbieten, ja hie und da ein Problem gar nicht bemerken und den Text in einigen seiner Details nicht ernst genug nehmen. Kurz, mit derselben Strenge, mit der die *Lerner* zu Beginn an den Text herangingen und ihm nichts durchgehen ließen, sollen sie auch die Ansichten aller Autoren prüfen. Dabei muß einerseits der Epoche, in der ein Autor lebte, und ihrem Zeitgeist, der in seine Haltung einging, Rechnung getragen werden, wozu die biographischen Angaben im Autorenverzeichnis herangezogen werden können. Andererseits aber soll man ihm keine ungenügend fundierten Behauptungen und kein Ausweichen nachsehen.

Neben diesen grundsätzlichen, allgemein geltenden Empfehlungen ist jedem Wochenabschnitt die eben genannte spezifische HANDREICHUNG beigelegt, die die besondere Problematik der ausgewählten Verse herausarbeitet und didaktische Hilfestellung vorschlägt.

Obwohl jede Einheit nur einigen Versen eines bestimmten Wochenabschnittes gewidmet ist, so umfaßt sie dennoch so viel Stoff, daß er wahrscheinlich nur von geübten *Lernern* in einer Woche ganz bewältigt werden kann. Er bietet damit auch Fortgeschrittenen genügend Anregungen, während ihn Anfänger in Auswahl und nicht unbedingt innerhalb einer einzigen Woche durchnehmen können.

Sicherlich ist das Niveau des dargebotenen Materials für Kinder zu schwer, was aber nicht bedeutet, daß sich nicht auch schon jemand mit dreizehn Jahren an ihm messen könnte. Von diesem Alter aufwärts passen die Mappen eigentlich für jede Altersstufe.

Zur Sprache

Obzwar Kenntnisse des Hebräischen natürlich hilfreich sind, sind sie hier keine Vorbedingung. Schon der Talmúd lehrt an verschiedenen Stellen (jer. Ssotá 32–33), daß Gebet und Studium in einer anderen Sprache als der hebräischen im Notfalle völliger Vernachlässigung des Studiums vorzuziehen sind. Es sollte aber bei der Erörterung fast eines jeden Passus klar werden, daß einer Übersetzung zwar im allgemeinen das Wichtigste der Botschaft entnommen werden kann, der literarische Genuß jedoch durch Beiseitelassen des Urtextes vermindert wird oder sogar ganz verlorengeht. Zum Troste sei hinzugefügt, daß Hebräisch zu können noch keineswegs garantiert, das Schriftwort in seiner Gänze und Tiefe zu verstehen. Denn der Wortschatz des modernen Hebräisch ist zwar zu über Dreivierteln biblisch, doch haben nicht wenige Wörter einen Bedeutungswandel durchgemacht und führen dann leicht auf eine falsche Fährte. Deswegen ist die ganze Serie deutsch geschrieben. Die unumgänglich notwendigen hebräischen Begriffe sind sowohl in hebräischer Druckschrift als auch in deutscher Transliteration in lateinischen Buchstaben wiedergegeben, und ihre Betonung ist durch Akzente angezeigt. So erwirbt sich der *Lerner* mühelos einen von Seite zu Seite wachsenden hebräischen Wortschatz. Ihn haben wir jedoch mit Absicht ohne die massoretischen Vokalzeichen („Punktierung") belassen, und zwar aus zwei Gründen: Unsere jahrzehntelange Erfahrung im Hebräisch-Unterricht hat gezeigt, daß die sofortige Benutzung nichtvokalisierter Texte seitens des Anfängers auf lange Sicht zuträglicher ist, zumal heutzutage von Erwachsenen nur so Hebräisch geschrieben und gelesen wird. Zudem kann jeder, der sich die Mühe einer solchen einführenden Übung nicht machen will, ohne weiteres die einzelnen hebräischen Wörter überschlagen und gleich zur Transliteration übergehen.

Diese konnte angesichts der Zitate aus so vielen Werken nicht immer nach demselben System geleistet werden. Die Gründe hierfür sind jedem Hebraisten nur zu gut bekannt. Wir erstrebten aber zumindest die Absicherung der korrekten Aussprache, und sei es auf Kosten der wissenschaftlichen Genauigkeit.

Bei unserem Unternehmen, eine auf einer drei Jahrtausende zurückliegenden religiösen Literatur basierende Gedankenwelt im Lichte der im Laufe von zwei Jahrtausenden organisch und ohne Unterlaß aus ihr hervorgegangenen weiteren Literatur auf deutsch, in einer ihr fremden Sprache, darzustellen, ist es unvermeidlich, daß uns Irrtümer unterlaufen sind. Der Verantwortung, die wir mit dieser Serie den Größen der jüdischen Bibelexegese sowie den heutigen *Lernern* gegenüber auf uns laden, sind wir uns wohl bewußt. Darum haben wir lange gezögert, bevor wir uns anschickten, mit der Herausgabe zu beginnen, immer in der ehrlichen, doch aussichtslosen Hoffnung, Berufenere würden die Aufgabe übernehmen. Ebenso blieben unsere Bemühungen fruchtlos, unser Werk Sachverständigen zur Kontrolle vorzulegen, vor allem, weil auch befreundeten Kollegen nicht zumutbar war, 1 500 Seiten auf Fehler zu prüfen. In Ermangelung einer solchen Durchsicht seitens der Fachleute hoffen wir auf die Nachsicht seitens der *Lerner* und Leser und legen ihnen unser Ergebnis vor – ganz im Sinne des Ausspruchs der חז״ל *chasál* in Avót 2,6 ובמקום שאין איש השתדל להיות איש „Und wo es niemanden gibt, bemühe [wenigstens] du dich, jemand zu sein".

Haifa/Heidelberg
1990

Yehuda T. Radday
Magdalena Schultz

Anmerkung:
Wenn wir *Lerner* oder *Leser* der Einfachheit halber schreiben, so enthält das keineswegs eine Mißachtung der *Schülerinnen*, *Lernerinnen* oder *Leserinnen*, was dem jüdischen Denken zudem völlig zuwider liefe.

(K)EIN TURM VON BABEL

ODER

HYBRIS UND ANGST

Bereschít (1. M.) 11:1–9 בראשית יא, א־ט

BUBER/ROSENZWEIG

1 Über die Erde allhin war eine Mundart und einerlei Rede.

1 וַיְהִי כָל־הָאָרֶץ שָׂפָה אֶחָת וּדְבָרִים אֲחָדִים׃

2 Da wars wie sie nach Osten wanderten: sie fanden ein Gesenk
im Lande Schinar und setzten sich dort fest.

2 וַיְהִי בְּנָסְעָם מִקֶּדֶם וַיִּמְצְאוּ בִקְעָה
בְּאֶרֶץ שִׁנְעָר וַיֵּשְׁבוּ שָׁם׃

3 Sie sprachen ein Mann zum Genossen:

3 וַיֹּאמְרוּ אִישׁ אֶל־רֵעֵהוּ

Heran! backen wir Backsteine und brennen wir sie zu Brande!
So war ihnen der Backstein statt Bausteins und das Roherdpech war ihnen statt Roterdmörtels.

הָבָה נִלְבְּנָה לְבֵנִים וְנִשְׂרְפָה לִשְׂרֵפָה
וַתְּהִי לָהֶם הַלְּבֵנָה לְאָבֶן וְהַחֵמָר הָיָה לָהֶם לַחֹמֶר׃

4 Nun sprachen sie:

4 וַיֹּאמְרוּ

Heran! bauen wir uns eine Stadt und einen Turm, sein Haupt bis an den Himmel,
und machen wir uns einen Namen,

sonst werden wir zerstreut übers Antlitz aller Erde!

הָבָה נִבְנֶה־לָּנוּ עִיר וּמִגְדָּל וְרֹאשׁוֹ בַשָּׁמַיִם
וְנַעֲשֶׂה־לָּנוּ שֵׁם
פֶּן־נָפוּץ עַל־פְּנֵי כָל־הָאָרֶץ׃

5 ER fuhr nieder,

5 וַיֵּרֶד יְהוָה

die Stadt und den Turm zu besehen, die die Söhne des Menschen bauten.

לִרְאֹת אֶת־הָעִיר וְאֶת־הַמִּגְדָּל אֲשֶׁר בָּנוּ
בְּנֵי הָאָדָם׃

6 ER sprach:

6 וַיֹּאמֶר יְהוָה

Da, einerlei Volk ist es und eine Mundart in allen, und nur der Beginn
dies ihres Tuns –

הֵן עַם אֶחָד וְשָׂפָה אַחַת לְכֻלָּם וְזֶה הַחִלָּם
לַעֲשׂוֹת

nichts wäre nunmehr ihnen zu steil, was alles sie zu tun sich ersännen.

וְעַתָּה לֹא־יִבָּצֵר מֵהֶם כֹּל אֲשֶׁר יָזְמוּ לַעֲשׂוֹת׃

7 Heran! fahren wir nieder und vermengen wir dort ihre Mundart,
daß sie nicht mehr vernehmen ein Mann den Mund des Genossen.

7 הָבָה נֵרְדָה וְנָבְלָה שָׁם שְׂפָתָם
אֲשֶׁר לֹא יִשְׁמְעוּ אִישׁ שְׂפַת רֵעֵהוּ׃

8 ER zerstreute sie von dort übers Antlitz aller Erde,
daß sie es lassen mußten, die Stadt zu bauen.

8 וַיָּפֶץ יְהוָה אֹתָם מִשָּׁם עַל־פְּנֵי כָל־הָאָרֶץ
וַיַּחְדְּלוּ לִבְנֹת הָעִיר׃

9 Darum ruft man ihren Namen Babel, Gemenge,

9 עַל־כֵּן קָרָא שְׁמָהּ בָּבֶל

denn vermengt hat ER dort die Mundart aller Erde,
und zerstreut von dort hat ER sie übers Antlitz aller Erde.

כִּי־שָׁם בָּלַל יְהוָה שְׂפַת כָּל־הָאָרֶץ
וּמִשָּׁם הֱפִיצָם יְהוָה עַל־פְּנֵי כָּל־הָאָרֶץ׃

1. An welche Sprache als die Ursprache der Menschheit denkt die Torá in V. 1 – an die hebräische?
2. Wenn jemand einen Turm bauen will, der möglichst hoch in den Himmel ragen soll, baut er ihn vorsorglich auf einem Berge und nicht (vgl. V. 3) gerade in einer Talsenke.
3. Muß der Gott der Torá herabsteigen (V. 5), um zu sehen, was auf Erden geschieht? Er hat dergleichen noch nie getan: warum also gerade hier?
4. Wem teilt er seinen Entschluß herabzusteigen mit, und wen fordert er auf, ihn zu begleiten, wenn er in V. 6 in der 1. Person/Mehrzahl spricht? Liegt hier vielleicht eine Spur von Vielgötterei verborgen?
5. Befürchtet Gott wirklich, daß, wenn dieses Unternehmen nicht rechtzeitig vereitelt wird, von nun an den Menschen alles gelingen würde?
6. Welches war das weitere Schicksal des Turmes, nachdem der Bau der Stadt abgebrochen wurde? In V. 8 hat die Torá den Turm völlig vergessen!
7. In den Nachschlagebüchern steht, Babel bedeute *Tor der Götter*. Irrt also die Torá, wenn sie den Namen vom Verbum *mischen* ableitet?
8. Wozu baute man jenen Turm eigentlich? Das geht aus der Erzählung nicht klar hervor.
9. Zu welchem Zweck wird diese Geschichte erzählt? Was ist schließlich schon dabei, wenn Menschen einen hohen Turm bauen?

1. Im allgemeinen ist die Bibel – bei all ihrer Sprachkunst – an Sprache und Sprachen, einschließlich der hebräischen, nicht sonderlich interessiert. Sie kennt sogar die Bezeichnung **עברית** *Ivrít* (= Hebräisch) nicht und nennt die Sprache der Judäer in Jerusalem alles in allem zweimal **יהודית** *Jehudít* (= judäisch), und zwar in 2 Kön 18:26 und 28 (= Jes 38:11 und 13 = 2 Chr 32:18) und in Neh 13:24. Dazu auch MATERIAL Nr. 1. Daß die Personen, die die Torá sprechen läßt, sich der hebräischen Sprache bedienten, ist für den Erzähler so selbstverständlich, daß er mit Stillschweigen darüber hinweggeht, obgleich er natürlich weiß – vgl. **בראשית** *Bereschít* (1. M.) 10:31, also *vor* dem Turmbau –, daß es andere Sprachen gibt. Zu betonen, daß Gott mit Adám im **גן־עדן** *Gan Éden* (= Paradies) hebräisch, aber zu Avimélech, dem König der Philister, im Traum in **בראשית** *Bereschít* (1. M.) 26:24 in dessen Sprache sprach, würde den Gott der Torá zu einem polyglotten Dolmetscher herabsetzen und an Blasphemie grenzen. Dagegen vgl. MATERIAL Nr. 2.

2. Darüber wunderten sich schon die Weisen im **תלמוד** *Talmúd* – vgl. MATERIAL Nr. 3 – und erklärten die Sache auf ihre Art. Es ist aber auch möglich, daß die Schrift, die sich über das ganze Unternehmen mokiert – was manche Eigenheiten des Berichts nahelegen –, schon an dieser Stelle zeigen will, wie hirnverbrannt es von allem Anfang an war. Siehe dazu LIMMÚD Nr. 1.

3. Wie auf fast alles in diesem Kapitel gibt es darauf zwei Antworten. Manche modernen Kommentare sehen hierin eine irrtümlich nicht ausgemerzte anthropomorphe Aussage über eine noch nicht allwissende Gottheit, übersehen aber dabei, daß Gott schon vor seinem ,,Niedersteigen'' von **עיר** *ir* (= Stadt) und **מגדל** *migdál* (= Turm) weiß, also doch allwissend sein muß. RaSCHÍ, aufgrund von Bereschít Rabbá, ist anderer Meinung – vgl. MATERIAL Nr. 4 zu V. 5 und Anm. 4.

4. Vielgötterei kann es schwerlich sein. Zwar hat sie, sozusagen unterirdisch, im Volk noch lange fortbestanden, doch ist nicht einzusehen, weswegen die Torá, die jeden Aberglauben unerbittlich ausrotten will, eine Andeutung der bloßen Möglichkeit desselben verewigen sollte. Im übrigen stehen die gleich darauf folgenden betreffenden Verba ausnahmslos in der Einzahl. Ein ähnlicher Fall eines überraschenden Plurals findet sich in **בראשית** *Bereschít* (1. M.) 1:26. Ob die **תורה** *Torá* dort und hier, wie verschiedenerseits vorgeschlagen wird, ein himmlisches Forum oder einen Hof von ,,Dienstengeln'' im Sinne hat, ist äußerst fraglich, denn solche erscheinen vereinzelt erst im viel späteren Ersten Buch der Könige (22:19). Angelologische Vorstellungen sind überhaupt spätbiblisch und eher peripher im Judentum. Immerhin neigt RaSCHÍ zu einer solchen Interpretation – vgl. MATERIAL Nr. 4 zu V. 7 und Anm. 5, doch ist das ,,Wir'' als *pluralis maiestatis* glaubhafter.

5. So klingt allerdings der Satz in V. 6, und so wird er auch von nicht wenigen Kommentatoren verstanden. Nun ist zwar der Gott der **תורה** *Torá* ,,eifervoll'' (vgl. 2. M. 20:5) und duldet keine andere Gottheit als Nebenbuhler; daß jedoch Menschen seine Rivalen sein könnten, ist für die **תורה** *Torá* schier ausgeschlossen. Also muß der Satz mit RaSCHÍ (MATERIAL Nr. 4 zu V. 6, MATERIAL Nr. 7, Mitte, und MATERIAL Nr. 15, Anfang) als eine heiter-ironische rhetorische Frage gelesen werden: ,,Was die sich nicht alles ausdenken und zustande bringen!'' Vgl. LIMMÚD Nr. 1 über den Humor.

6. Erstens gibt es wenige Städte ohne gewisse Befestigungen, darunter z. B. Türme, und noch weniger Türme ohne sie umgebende Städte. Somit gehören **עיר** *ir* (= Stadt) und **מגדל** *migdál* (= Turm) zusammen, wobei der Turm eben der sichtbarste Exponent des Unternehmens ist. Zweitens passiert einem so sorgfältigen Erzähler wie unserem – vgl. MATERIAL Nr. 5 – kein Versehen. Kurzum, der **מגדל** *migdál* (= Turm) ist eben nur eine *quantité négligeable* und als solche einfach ,,nicht der Rede wert''. Es ist bedauerlich, daß der Abschnitt nicht bloß in für Kinder geschriebenen ,,Biblischen Geschichten'', sondern auch in der wissenschaftlichen Literatur nach ihm heißt – im Gegensatz zum Hebräischen, wo sein Sujet **דור הפלגה** *dor ha-pelagá* (= die Generation der Zerstreuung oder der Hybris) lautet.

7. Dieser Irrtum wird der **תורה** *Torá* oft unterstellt, als ob sie sich für Philologie ernstlich interessiert und nicht Etymologie nur scherzhaft betrieben hätte. Auch kann kaum in einem Atemzug behauptet werden, sie sei mit akkadischer (= altbabylonischer) Literatur eng vertraut (vgl. MATERIAL Nr. 6) und kenne die Wolkenkratzer Babylons (vgl. MATERIAL Nr. 11, Schluß), mißdeute dagegen den akkadischen Namen Bab-Ilin. In Wirklichkeit verballhornt sie ihn wie jemand, der aus Spott der Stadt Stuttgart den Namen Stußgart beilegt.

8. Im Grunde geht aus diesen Erzählungen nichts klar hervor. Da aber nicht nur von Bewunderern, sondern auch von den schärfsten Kritikern zugestanden wird, daß die Torá gut erzählen kann, wenn sie gut erzählen will, kann dieser Mangel nicht an der Unfähigkeit des Erzählers liegen: Die Unklarheit muß vielmehr seine Absicht gewesen sein. Diese war vielleicht, eine Form zu wählen, die dem Inhalt besonders entspricht, wie er ja auch anderswo eine idyllische Liebesszene (1. M. 29:2–12) idyllisch und liebevoll, dagegen über die Nachkommen des Brudermörders Kain (1. M. 4) holprig und *staccato* erzählt. Mithin kann es nicht verwundern, daß er es vorzog, von einer Sprachverwirrung sprachlich verwirrend zu berichten. Über den Zweck des Turmes herrscht weitgehende Uneinigkeit. Vorgeschlagen wird: Verhütung einer zweiten Flut, Götzendienst, Entthronung Gottes, über Leichen gehende Ruhmsucht und pure Angst. Vgl. MATERIAL Nr. 3, 4 (V. 1,4), 6, 8, 10, 11, 13.

9. Diese beiden Fragen sind genau voneinander zu unterscheiden, denn der Zweck, dem Stadt und Turm dienen sollen, ist keineswegs identisch mit der Absicht des Erzählers, der uns von ihnen Mitteilung macht. Städte und Türme zu bauen und Ziegel zu fabrizieren ist selbstverständlich von der Torá nicht verboten, und über ihre allgemeine Einstellung zu Fortschritt und Technologie siehe LIMMÚD Nr. 2.

Über das, was die Bauleute im Sinn hatten, haben wir eigentlich nur die Aussage der Torá selbst: sich einen שם *schem* (= Namen) zu machen. Der מגדל *migdál* ist sozusagen ein Nebenprodukt und sollte gar nicht ,,bis zum Himmel'' ragen, nur ,,sehr hoch'' sein wie die Türme jener Städte, die die Israeliten im Lande כנען *Kenáan* vorfanden, und die - vgl. דברים *Devarim* (5. M.) 1:28 - ,,im Himmel'' befestigt zu sein scheinen.

Es genügt eben nicht, ein Wort zum Zwecke seiner dem Zusammenhang gemäßen Übersetzung im Lexikon nachzuschlagen, ohne zugleich mit seinen semantischen Verzweigungen in der Literatur vertraut zu sein. Nun heißt שמים *schamájim* zwar *Himmel*, aber außerdem auch (u. a.!) *Höhe*. So kann z. B. in bab. Jomá 53a eine Rauchsäule ,,bis zum Himmel des Dachgebälkes'' emporsteigen. Ähnlich ist das deutsche *Himmelbett* nicht, wie man denken könnte, eines, das unter freiem Himmel, sondern ganz im Gegenteil innerhalb des Hauses steht und noch dazu von der Zimmerdecke durch einen Baldachin getrennt ist.

Die Idee, דור הפלגה *dor ha-pelagá* (= die Generation der Zerstreuung) hätte Gott absetzen wollen - vgl. MATERIAL Nr. 4 (V. 1) -, ist absurd und den Vorstellungen der Torá fremd. Ferner wird vermutet: Antwort auf die Sprachenfrage (MATERIAL Nr. 2), Erklärung für die Zerstreuung der Menschen und den Namen בבל *Bavél* (MATERIAL Nr. 7) sowie für die Entstehung der Turmruine (MATERIAL Nr. 11), Warnung vor Entwicklung der Technik (MATERIAL Nr. 8, Mitte) und Ruhmsucht der Herrscher und endlich Bloßstellung aus Angst geborener menschlicher Hybris (MATERIAL Nr. 15). MATERIAL Nr. 16 demonstriert in Gegenüberstellung die zahlreichen widersprüchlichen Auslegungen und macht die Resignation, die aus MATERIAL Nr. 14 spricht, verständlich. Mit all dem ist noch nicht beantwortet, weswegen die Torá diese neun פסוקים *pessukím* (= Verse) und gerade an dieser Stelle schreibt. Es gehört (leider?) zu ihrer Erzähltechnik, daß sie Motive verschweigt und es dem Leser überläßt, ihnen nachzuspüren. Nun folgt auf unser Kapitel ein in Ton und Inhalt gänzlich verschiedenes: Jetzt betritt אברהם *Avrahám* die Szene, die erste dreidimensionale Gestalt der Torá nach den bisherigen zweidimensionalen (Adám, Eva = Chawá, Kájín, Nóach), die alle eher typologisch gezeichnet sind, und nach den über hundert nur mit ihren Namen genannten anderen Personen. Das will sagen: Jetzt ist die Schöpfung beendet und abgeschlossen, die Erde ist endlich mit einem anonymen Menschengewimmel bevölkert, und die Erziehung des Individuums kann beginnen.

1. בראשית רבה יח *Bereschít Rabbá 18*:
„Diese sei gerufen אשה *ischá* (= Weib), denn vom איש *isch* (= Mann) ist sie genommen" (1. M. 2:23) – daraus [entnehmen wir], daß die Torá in לשון הקודש *leschón ha-kódesch* (= Sprache der Heiligkeit) erteilt wurde. R. Pinechás und R. Chilkijá im Namen des R. Simón sagen: [. . .] Hast du je [jemanden, der griechisch spricht] sagen gehört *gynio, gyneia* oder *anthropeos, anthropeia* oder *gavrá, gavratá*? Aber איש *isch* und אשה *ischá*! Warum [folgere ich daraus auf die hebräische Sprache]? Weil [die beiden hebräischen Wörter ein Wort-]Paar bilden.[1]

2. *S. R. Driver, z. St.*:
Somit enthält die Erzählung ganz einfach jene Antwort auf die Frage [nach dem Ursprung der Sprachverschiedenheiten], die sich aus ihnen direkt ergab [. . .] und zeigt, wie die Vielfalt der menschlichen Sprachen eines der Elemente im Plane der Vorsehung zwecks Entwicklung und Fortschritt der Menschheit ist.

3. סנהדרין קטא *bab. Sanhedrín 109a*:
Die vom Lehrhaus des R. Schelá sagten dazu: „Wir bauen einen Turm und steigen hinan zum Firmament und zertrümmern es mit Äxten, damit seine Gewässer ausrinnen und keine zweite Sintflut über uns kommen kann." Im Westen (= Erez-Israél) machte man sich lustig über dieses Unverständnis: Wenn dem so gewesen wäre, hätten sie einen Turm auf einem Berg bauen sollen und nicht in einer Senke, wo sich die Gewässer dann nur angesammelt hätten, weil aus einem Wasserreservoir mit durchlöchertem Boden der Inhalt erst recht ausläuft.[2]

4. רש"י *RaSCHÍ, z. St.*:
1. Eine Sprache, die heilige Sprache. Und einerlei Worte, sie kamen mit demselben Plane und sagten, Er hat nicht das Recht, den Himmel für sich zu nehmen, wir wollen zum Firmament hinaufsteigen und Krieg mit ihm führen. Eine andere Erklärung: gegen den Einzigen der Welt; eine andere Erklärung: sie sagten, einmal in 1 656 Jahren wankt das Firmament, wie es in den Tagen der Sintflut geschah, kommt, wir wollen ihm Stützen machen (Ver. rab.).[3] Ziegel, weil es in Bavél, das eine Ebene ist, keine Steine gibt. Und wollen einen Brand machen, so stellt man die Ziegel her – *toiles* in der Fremdsprache.[4] 4. Daß wir uns nicht zerstreuen, daß Er keinerlei Plage über uns bringen kann, um uns von hier zu zerstreuen. 5. Da ließ sich der Ewige herab, um zu schauen; Er brauchte das nicht, aber Er kam, um die Richter zu lehren, daß sie den Angeklagten nicht schuldig sprechen sollen, bis sie gesehen und verstanden haben.[5] [. . .] Die Söhne des Menschen, wessen Söhne denn sonst, vielleicht der Esel und Kamele? Nur die Söhne des ersten Menschen, der die ihm erwiesene Wohltat verleugnet und gesagt hatte, die Frau, die Du mir gegeben; auch diese verleugneten das Gute, um sich gegen den aufzulehnen, der ihnen das Gute hatte zuströmen lassen und sie aus der Sintflut gerettet hatte. 6. [. . .] Soll ihnen nichts unmöglich sein . . . zu tun, ist eine rhetorische Frage. [. . .] 7. Wohlan, wir wollen hinabsteigen, in Seiner großen Herablassung beriet Er sich mit Seinem Gerichtshof.[6] Wohlan, Maß für Maß, sie hatten gesagt, wohlan, wir wollen bauen, und Er maß ihnen dementsprechend zu und sprach, wohlan, wir wollen hinabsteigen [. . .]. Daß sie nicht verstehen, der eine verlangte einen Ziegel, und der andere brachte ihm Lehm; da stand der erste gegen ihn auf und schlug ihm den Schädel ein. 8. Und der Ewige zerstreute sie von dort, in dieser Welt (Sanh. 107b); was sie gesagt hatten, wir könnten uns zerstreuen, ging an ihnen in Erfüllung [. . .]. Welche Sünde war nun schwerer, diejenige des Geschlechtes der Sintflut oder des Geschlechtes der Zerstreuung? Jene streckten ihre Hand nicht gegen Gott aus, aber diese streckten ihre Hand gegen Gott aus, um mit Ihm zu kämpfen; und jene wurden hinweggeschwemmt, aber diese verschwanden nicht von der Welt! [Jedoch] das Geschlecht

1 Diese fremdsprachigen Wortpaare hat R. Simón erfunden, denn die ersten zwei existieren gar nicht im Griechischen, und das dritte existiert nicht im Aramäischen. Nur im Hebräischen heißen ein männlicher und ein weiblicher Mensch „*Mann*" und „*Männin*", weswegen, so R. Simón, אדם *Adám* nur hebräisch gesprochen haben konnte. Daß aber איש *isch* und אשה *ischá* von verschiedenen Wortstämmen herrühren, kümmert R. Simón wenig.

2 Das Unverständnis lag auf beiden Seiten: bei den Turmbauern und im Lehrhaus des R. Schelá, wo man dem Unterfangen ein solches Motiv unterstellen konnte.

3 Siehe MATERIAL Nr. 10.

4 Mit dem Wort *Fremdsprache* bezeichnet RaSCHÍ das Französische, wie es zu seiner Zeit gesprochen wurde. Er bringt diese Fremdwörter, wenn es um Begriffe geht, die zu definieren zu umständlich wäre oder die durch eine Illustration veranschaulicht werden müßten; ein Weg, der ihm nicht offensteht. Ihre Anzahl in allen seinen Kommentaren zur Bibel und zum Talmúd beläuft sich auf ungefähr dreitausend. In hebräischen Lettern phonetisch geschrieben, sind sie das fast einzige und jedenfalls reichste Zeugnis dafür, wie Französisch zur Zeit der Kreuzzüge ausgesprochen wurde.

5 Einige moderne Kritiker finden in diesen Worten der Schrift einen krassen Anthropomorphismus, RaSCHÍ – ebenso wie der alte Midrásch – sieht in ihnen das nachahmenswerte Beispiel für Lokalaugenschein, auf den ein vorbildlicher Richter zu achten hat.

6 Nach manchen neuzeitlichen Kommentatoren soll die Mehrzahl des Verbums ein Überbleibsel eines vorbiblischen Polytheismus sein. Es ist nicht einzusehen, weswegen einem solchen, wenn es ihn gegeben hat, hier ein Denkmal gesetzt werden sollte. Für RaSCHÍ ist der Plural die Redeweise eines milden Herrschers, der seine Untertanen berücksichtigt und befragt.

der Sintflut bestand aus Räubern, und es war Streit unter ihnen, darum gingen sie unter; diese aber bewiesen einander Liebe und Freundschaft, so heißt es, eine Sprache und einerlei Worte; daraus kannst du lernen, daß der Streit (bei Gott) verhaßt und groß der Friede ist.[7]

5. *Y. T. Radday*[8]:

A die Erde allhin (V. 1)
B eine Mundart (V. 1)
C sie setzten sich dort fest (V. 2)
D ein Mann zum Genossen (V. 3)
E laßt uns backen (V. 3) הבה נלבנה *háva nilbená*
F laßt uns (4 V. 4) הבה *havá*
G bauen (V. 4)
H eine Stadt und einen Turm (V. 4)
I machen wir uns einen Namen (V. 4)
J sonst werden wir zerstreut (V. 4)
A übers Antlitz aller Erde (V. 4); ER fuhr nieder (V. 5)
H die Stadt und der Turm (V. 5)
G und sie bauten (V. 5)
F laßt uns (V. 7) הבה *havá*
E laßt uns vermengen (V. 7) הבה נבלה *háva navelá*
D ein Mann den Mund des Genossen (V. 7)
J ER zerstreute sie (V. 8)
I man ruft ihren Namen (V. 9)
B die Mundart (V. 9)
C zerstreute sie von dort (V. 9)
A übers Antlitz aller Erde (V. 9)

6. *E. A. Speiser: Genesis, z. St.*:

Die Forscher neigten verständlicherweise dazu, die Erzählung auf den berühmten babylonischen Turm *ziggurat* zurückzuführen, aber die Chronologie schließt dies aus. Dieses turmhohe Bauwerk, das die Griechen kannten und beschrieben, ist die Errungenschaft Nebuchadnezzárs (um 600) und konnte deswegen dem viel früheren Erzähler nicht bekannt sein. Was ihn dagegen inspirierte, war eine literarische Tradition des akkadischen [altbabylonischen] Schöpfungsmythos, die von einem dem Gott Marduk gewidmeten riesigen, aus Ziegeln erbauten Turm berichtet.

7. *H. Gunkel: Genesis, z. St.*:

Die Sage beantwortet mehrere Fragen: die nach der Entstehung der verschiedenen Sprachen und zugleich nach Ursprung und Namen der Stadt Babel; und die nach der Zerstreuung der Menschen über die Erde und zugleich nach dem Ursprung und Namen eines uralten „Turmes" in Babylonien. [. . .] Sie ist nicht imstande, eine wissenschaftlich stichhaltige Erklärung der babylonischen Namen zu geben; ebensowenig weiß sie aus historischer Erinnerung etwas über den Ursprung der Stadt und des Turmes [. . .], denn in jene Zeit reicht menschliche Erinnerung nicht. Diese Erzählung ist also nicht als eine historische Überlieferung zu betrachten, sondern als eine naive Antwort der alten Zeit auf gewisse, ihr naheliegende Fragen [. . .]. Wie aber beurteilt die Antike diese Versprengung? Als ein großes Unglück, als eine Katastrophe der Menschheit! Denn was würde die Menschheit alles vollbringen können, wenn sie einig wäre! Göttliche Werke vermöchte sie zu tun! „Nichts würde ihnen unmöglich sein!" Und Gott selbst würde sie nicht hindern können! – Warum ist also die Menschheit so zerspalten? Weil sie der Gottheit sonst zu mächtig würde! Diesen Gedanken spricht die Sage in Form einer Erzählung aus: einst hatte die Menschheit dieselbe Sprache und wohnte an demselben Ort. Da begannen sie in frevelndem Übermut ein übermenschliches Werk. Gott aber läßt sich nicht vom Throne setzen [. . .]. Solche gewaltigen Bauten aber machen auf den antiken Menschen zugleich einen grauenhaften Eindruck [. . .]. In deutschen Sagen kann nur der Teufel [dergleichen] vollbringen; Unrecht, Verrat und Betrug hängen schauerlich mit ihrer Entstehung zusammen. Man erinnere sich etwa an die Sage vom Bau Trojas oder an die nordische vom Riesenbaumeister [. . .]. So gelten der Sage auch diese Bauten der ältesten Menschheit als Werke trotzigen Frevels gegen die Gottheit. Diese Werke aber sind unvollendet, [. . .] wie die Dome des Mittelalters fast alle unvollendet auf uns gekommen sind [. . .]. Die israelitische Sage versteht dies Verhängnis [. . .] auf ihre Weise: Solche Pläne sollen nicht ausgeführt werden! [. . .] Denn dann wäre der Mensch ja wie Gott! [. . .] Aber Gott ist gewaltiger gewesen! Darum – es fürchte die Götter das Menschengeschlecht!

8. *Don Jizchák Avrabanél, z. St.*:

R. Jirmejá ben Elasár sagt (bab. Sanhedrín 109a): Sie teilten sich in drei Gruppen. Die eine sagte: Wir steigen hinauf und lassen uns dort nieder; die zweite: Wir steigen hinauf und treiben dort Götzendienst; die dritte: Wir steigen hinauf und führen Krieg. R. Jirmejá weiß, daß sich menschliche Tätigkeiten in Bezug auf die Natur in drei Arten teilen. Manche helfen der Natur nach, wie z. B. die Landwirtschaft und die Medizin – das ist die erste Gruppe –, doch Gott will, daß die natürlichen Dinge so wie seit der Schöpfung weitergehen, ohne daß die Menschen sich in sie einmischen. Dann gibt es die Tätigkeiten, die die Natur ersetzen und ihr fremd sind, wie z. B. das Errichten von Bauwerken und der Schiffbau, wodurch der Mensch die Schöpfung

7 RaSCHÍ läßt die Gelegenheit nicht vorübergehen, unter Berufung auf einen alten Midrásch am weit hergeholten Beispiel der Turmbauer seine Schüler (und Leser) zur Friedfertigkeit zu ermahnen.

8 Die Analyse der chiastisch-symmetrischen Struktur bezeugt vor allem die Einheitlichkeit und die schriftstellerische Kunst der Erzählung. Obendrein bestätigt sie die Thesen Benno Jacobs, vgl. MATERIAL Nr. 15.

als mangelhaft darstellt, sich an Gottes Stelle setzt und so Götzendienst treibt – das ist die zweite Gruppe. Und schließlich sind gewisse menschliche Tätigkeiten der Natur zuwider, wie z. B. Steine hinauf- und Feuer herabzuzwingen oder sich zum Herrn über andere aufzuschwingen – das ist die dritte Gruppe.[9]

9. *N. M. Sarna: Understanding Genesis, S. 66:*
Die Bibel ist sonderbar schweigsam in Bezug auf das Phänomen der Sprache selbst. Sie bringt keine Mythen, um ihren Ursprung zu erklären, noch irgendwelche Beobachtungen zu der Universalität der menschlichen Sprache. Somit fand sie es notwendig, verständlich zu machen, wie eine vielsprachige Menschheit entstand.

10. **בראשית רבה ל"ח** *Bereschít Rabbá 38:*
Sie sprachen: Einmal in 1656 Jahren[10] bricht eine Katastrophe von oben herein, – kommt, laßt uns Stützen bauen[11]. Eine andere Idee: Nicht alles ist von Ihm (= steht in seiner Hand) wie z. B. für sich die Oberen [Regionen] zu wählen und uns die Unteren [Regionen] zu überlassen – drum kommt und laßt uns einen Turm und auf seiner Spitze ein Idol machen mit einem Schwert in seiner Hand, damit es aussehe, als ob es gegen Ihn kämpfe.

11. *A. Dillmann: Genesis, z. St.:*
Deutlich ist die Ausbreitung der Menschen über die Erde als das naturgemässe, dem göttlichen Willen entsprechende vorausgesetzt. Aber sie wollen diesem Triebe entgegenhandeln. Was sie bisher mit einander erreicht haben, hat ihnen ein Bewusstsein gegeben ihrer gemeinsamen Kraft, und verleitet sie, Dinge zu wagen, die ihnen nicht zukommen, mit ihrem Bau sogar den Himmel zu erreichen, sich selbst einen Namen zu machen, in eitler Ruhmessucht zur eigenen Verherrlichung zu arbeiten, dem Himmel aber und der göttlichen Ordnung zu trotzen. Darum verhängt Gott straf- und zwangsweise das über sie, was sie vermeiden wollten, die Zerstreuung, und das scharfwirkende Mittel dazu ist eben die Zertheilung der Sprachen. Diese ist damit unter den Gesichtspunkt einer Strafe gestellt. [. . .] Die Getrenntheit der Völker muss, wo ein sie alle einigendes höheres Band nicht oder nicht mehr vorhanden ist, entschieden als Übel empfunden werden; sie hindert gemeinsame grosse Unternehmungen, und ist die Quelle alles Streites unter ihnen mit seinen zahlreichen schlimmen Folgen [. . .]. Zumal im Alterthum, wo man sich möglichst auf das eigene heimische Wesen beschränkte und vor allen Fremdsprachigen ein wahres Grauen empfand, [. . .] war die Betrachtung der Sprachverschiedenheit als eines Übels die nächstliegende. [. . .] Der Erzählung liegen [. . .] geschichtliche Erinnerungen zu Grund [. . .]. Babel war eine der ältesten Städte der Erde (1. M. 10:10), auch nach classischen Nachrichten. Babel, die grosse, schien nur durch die gemeinsame Arbeit einer Menge von Menschen herstellbar gewesen zu sein [. . .] und machte durch ihre gewaltigen Bauten den Eindruck des Riesenhaften oder des Werkes von Menschen, die vor nichts zurückschreckten. In diesem Babel muss ein riesiger thurmartiger, aber unvollendet gebliebener Bau gewesen sein, von welchem man viel sprach, und an diesen schliesst sich unsere Erzählung an.

12. *S. R. Hirsch: Der Pentateuch, z. St.:*
Sehen wir im ganzen, was hier erzählt wird, und es ist bei dieser Erzählung um so notwendiger, auf alles einzelne zu achten, da, wie bereits die Weisen bemerken, hinsichtlich des **דור המבול** *dor ha-mabbúl* (= die Generation der Flut) uns die Verirrung ganz klar mitgeteilt ist, während bei **דור הפלגה** *dor ha-pelagá* (= die Generation der Zerstreuung) nicht deutlich ausgesprochen ist, was sie gethan, und worin das Gott Mißliebige bestanden [. . .]. Wenn es [. . .] heißt: da ließ sich ER herab, die Stadt und den Thurm, den die Menschen sich gebaut hatten, zu sehen [. . .], also vor dem Urteil Einsicht davon zu nehmen, so ist damit gesagt, daß Stadt- und Thurmbau an sich nichts Unrechtes gewesen, und muß somit der Zweck und die [. . .] Gesinnung das Verderbliche [. . .] enthalten haben. Der Nachdruck [. . .] liegt offenbar auf „Wir machen uns einen Namen". [. . .] Wer spricht das [. . .]? Die damalige Gesamtmenschheit! Wenn aber die Gesamtheit spricht: wir wollen uns einen Namen machen, so kann dies nur [. . .] Gott gegenüber, der über ihr steht, und dem einzelnen gegenüber, der unter ihr steht, geschehen [. . .]. Wir wollen die Kräfte, die in der Gesamtheit liegen, zur Anschauung bringen, [. . .] um uns dahinzustellen [. . .], und uns statt als Mittel als Zweck dahinstellen. [. . .] Dann gewahren [. . .] Menschen [. . .] ihre Kraft, je kunstvoller um so dünkelhafter, kommen dahin zu glauben, die Gesamtheit könne Gottes entbehren: [. . .] „Die Alten hatten Steine nöthig, wir bauen auch wo keine Steine sind", da wird das Idol hohler [und werden] Zwecke geschaffen, für welche der einzelne sein Dasein [. . .] hinzugeben habe. Der einzelne muß freilich weinen, wenn ein Mensch fällt, allein beim Ruhmesbau der Gesamtheit werden die Menschenopfer nicht gezählt, sobald es nur den Ruhmesbau der Gesamtheit fördert, mag [sie selbst] drauf gehen. [. . .] Nicht mit Gold und Genüssen, mit einem Bändchen im Knopfloch weiß ein Napoleon und Alexander die Massen für seinen Zweck zu ködern. [. . .] Mit dieser Einführung des unwahren [. . .] Nationalruhmes

9 Diese Verurteilung technischen Fortschrittes ist gerade bei einem Staats- und Weltmann der Renaissance wie Avrabanél schwer verständlich. Sie widerspricht außerdem 1. M. 1:28. Vgl. LIMMÚD Nr. 2.

10 Die Flut ereignete sich im 1656. Jahre nach der Erschaffung der Welt (nach der biblischen Chronologie).

11 Nämlich den Turm, der den Himmel stützen wird.

und [. . .] der Ruhmsucht [. . .] ist die ganze sittliche Aufgabe des Ganzen und der einzelnen untergraben. [. . .] Die Ruhmsucht [. . .] hat nicht nur hier ihren Thurm gebaut, nicht nur hier alles gleichgültig niedergebrannt, [. . .] die ganze Weltgeschichte weiß zumeist nur von solchen Thurmbauten vermeintlichen Ruhmes zu erzählen [. . .]. In Ägypten stehen heute noch Pyramiden, von denen jeder König bei dem Antritt seiner Regierung eine zu bauen anfing [. . .]. Da war die ganze Nation gejocht, um ununterbrochen an dem Grabmal des königlichen Ruhmes zu bauen. Den Weisen zufolge hat [. . . hier] Nimrod gesprochen und ist der Plural ein Plural Majestatis. In der That ist ja [. . .] Nationalruhmbau nur scheinbar eine Verherrlichung der Gesamtheit, in Wahrheit die [. . .] des einen Gewaltigen.

13. *Pirkéj de R. Eliéser 24*:
Wenn ein Mensch [vom Turm] herabfiel und starb, scherten sie sich nicht darum, fiel aber ein Ziegel herab, setzten sie sich traurig auf den Boden und weinten und sprachen: Weh uns! Wann holen wir [wieder] einen anderen an seine Stelle hinauf?

14. *C. Westermann*: *Genesis, S. 104*:
Vergleicht man die ältere Erklärung, vertreten durch Delitzsch, und die neuere, vertreten durch Gunkel, so bleibt ein Unbehagen. Bei Delitzsch wird von einem wirklichen Geschehen gesprochen: Er fragt nach der wirklichen Zerstreuung der Menschen, er spricht von einem wirklichen Frevel der Menschen gegen Gott, er spricht von der Sprache und ihrer Geschichte [. . .]. Wird aber Gen 11,1–9 als Ätiologie[12] erklärt, so ist die wirklich nur noch, wie Gunkel sagt, „eine naive Antwort [. . .] auf naheliegende Fragen". Ist damit richtig erfaßt, was die Erzählung sagen wollte? Das Unbehagen hat wahrscheinlich auch G. v. Rad gespürt, wo er sagt: „Das, worin nun eigentlich die Sünde der Menschen bestand, ist noch nicht mit letzter Deutlichkeit ausgesprochen."

15. *B. Jacob*: *Das erste Buch der Tora, z. St.*:
Wenige Erzählungen sind so völlig mißverstanden worden wie diese. Schon ihre Benennung: „der Turmbau zu Babel" war ein Irrtum. Wäre die Hauptsache der Turm, so hätte es am Schlusse heißen müssen: sie mußten ablassen, den Turm zu bauen, aber die Stadt ist es, die sie zu Ende zu bauen verzichten müssen, und sie ist es, die den Spottnamen Babel erhält. Die Erzählung soll ferner, sagt man, von dem titanenhaften Trotz und Übermut jenes Geschlechtes, aber auch ihrer Bestrafung durch den mächtigen Himmelsgott künden. Sie wollten den Himmel stürmen, und Gott fürchtet ernstlich, daß sie ihn verdrängen könnten. Die Sprachenverwirrung und die Zerstreuung ist eine Strafe der menschlichen Hybris. Den Anstoß für die Erzählung habe das mit Abscheu gemischte Staunen gegeben, das die Riesenstadt Babel mit ihrem noch erhaltenen gewaltigen Turm bei den aus der kulturlosen Wüste stammenden Israeliten erweckte. In Wahrheit ist der Grundzug jenes Geschlechtes Ängstlichkeit und Herdensinn. Nicht in den Himmel wollen sie dringen, sondern sich auf der Erde zusammendrängen, auf der sie sich zu verlieren fürchten. Es ist eine falsche, nur von wenigen wie ibn Esra nicht geteilte Meinung, daß die Zerstreuung eine Strafmaßregel sein solle, die die ursprüngliche Einheit des Menschengeschlechtes zerstörte. Es ist zu unterscheiden zwischen der Zerstreuung eines Volkes und der der ganzen Menschheit. Jene ist eine Zerstreuung unter andere, also Verweisung aus der Heimat und [. . .] eine Strafe, sie führt [. . .] schließlich zum Untergang. Aber die Zerstreuung der Menschheit über die Erde war eine unausbleibliche Folge der Vermehrung, also Erfüllung des schon bei der Schöpfung ausgesprochenen und nach der Flut wiederholten göttlichen Segens: seid fruchtbar und mehret euch und füllet die Erde (1. M. 1:28, 9:1,7). Wozu hätte denn auch Gott die Erde so groß und weit geschaffen? – [. . .] Der Bau der Riesenstadt ist ein aus Furcht geborener Versuch, dem göttlichen Plan zu begegnen. Mit der Vereitelung ist Gottes Absicht erfüllt und die Schöpfung endgültig abgeschlossen. Jetzt stellt sich die Erde so dar, wie Gott sie haben wollte. Die Vereitelung erfolgt auf eine höchst geistvolle Weise. Nicht durch äußere Mittel (z. B. Einsturz o. dgl.) [. . .], sondern durch die aus der Natur des Unternehmens sich entwickelnde Natur des Menschen. [. . .] Gott, Vernunft und Natur spotten solchen Unterfangens, und der rechte Ton dafür ist, daß „der im Himmel wohnt, ihrer lacht" (Ps 2:4), keineswegs aber Zorn und Grimm wie über einen moralischen Frevel. Die Erzählung ist also die Verurteilung eines extremen Zentralismus, dessen letzte Konsequenz eine einzige Welt-Stadt mit einem möglichst hohen Wolkenkratzer als Symbol der Konzentration ist, eines Herdensinnes, der sich nur in der Masse und Zusammendrängung geborgen fühlt und das Endziel darin sieht, die ganze Menschheit unter Einen Turm zu bringen, und mit geistreicher Ironie wird nach dem Muster der Talion [= Wiedervergeltung] gerade der Ort des erträumten Zusammenschlusses schon im Namen zum Ausgangspunkt der Zerstreuung über die ganze Erde gestempelt. Die Riesenstadt Babel und die „himmelhohen" Tempeltürme haben der Tora ebensowenig imponiert wie die Pyramiden, die sie nicht einmal der Erwähnung wert hält, obgleich sich ihre Geschichtserzählung zu einem großen Teil in Ägypten abspielt. [. . .]. Die Literarkritik des Pentateuch ist darin einig, daß das Stück sich nicht mit Kap. 10 [. . .] vertrage, weil es von einer diametral entgegengesetzten Idee beherrscht sei. In der

12 Ein Mythos ist ätiologisch, wenn er der Erklärung eines Namens oder der Begründung eines Brauches dient.

Völkertafel geht die Entstehung der Völker und Sprachen und ihre Zerstreuung auf natürliche Weise durch [. . .] Vermehrung und Teilung vor sich, hier durch einen gewaltsamen göttlichen Eingriff [. . .], und der Erzähler wisse nichts von der Sintflut. Aber daß Kap. 10 sich vielfach auf Kap. 11 bezieht, ist mit Händen zu greifen [. . .]. Die ausgesprochenste Bezugnahme auf Kap. 11 ist Kap. 10:9. Hier werden das Land Sinear und die Stadt Babel ja bereits mit Namen genannt, und zwar im Geiste der folgenden Erzählung. Es heißt wohlweislich nicht, daß Nimrod Babel erbaut habe [. . .], sondern daß es, wie mit dem Spott von Kap. 11 gesagt wird, der Gipfel seines Königtums war. Seine Residenz war eine unfertig gebliebene Stadt.

16. Gegensätze in der Auslegung – Zusammenfassung[13]:

Ein Echo tatsächlicher Ereignisse (Dillmann, Nr. 11)	Geschichtliche Erinnerungen sind ausgeschlossen (Gunkel, Nr. 7)
Vielfalt der Sprache ist Vorbedingung für Fortschritt (Driver, Nr. 2)	Polemik gegen technischen Fortschritt (Avrabanél, Nr. 8)
Die Bibel ist über Sprache schweigsam (Sarna, Nr. 9)	Die Bibel hält für nötig, Vielsprachigkeit zu erklären (Sarna, Nr. 9)
Ein uralter akkadischer Mythos (Speiser, Nr. 6)	Eine Turmruine aus spätbiblischer Zeit (Speiser, Nr. 6)
Aufruhr eines Menschengeschlechtes gegen Gott (Ber. Rabbá, Nr. 10)	Nimrods Ruhmsucht (Hirsch, Nr. 12)
Eine Volkssage (Gunkel, Nr. 7)	Geschichtliches Geschehen (Delitzsch, Nr. 14)
Getrenntheit ist Quelle allen Streites (Dillmann, Nr. 11)	Menschenanhäufung ist Quelle allen Streites (Aggadá)
Pluralis maiestatis in der Gottesrede (Hirsch, Nr. 12)	Plural wegen Vorstellung eines Pantheons (Torrini)
Undankbare und damit echte Adamssöhne (RaSCHÍ, Nr. 12)	Armselige Menschenkindlein (Jacob, Nr. 15)
Mit Kap. 10 durch Leitwörter eng verbunden (Jacob, Nr. 15)	Im krassen Widerspruch zu Kap. 10 (Gunkel, Nr. 7)
Uneinheitlichkeit ist nur Spur späterer Rezensionen (Gunkel, Nr. 7)	Straffe einheitliche Struktur (Vawter, Radday, Nr. 5)
Kunstvoll (Cassuto)	Naiv (Gunkel, Nr. 7)
Bewunderung für Ziegelherstellung (Sarna, Nr. 9)	Verachtung für ein Land ohne Steine als Baumaterial (Torrini)
Ein noch nicht allwissender und kurzsichtiger Gott (Torrini)	Herablassung eines gerechten Richters zwecks Lokalaugenschein (RaSCHÍ, Nr. 4)
Zerstreuung ist Strafe (Dillmann, Nr. 11)	Zerstreuung ist Erfüllung des Heilsplans (Jacob, Nr. 15)
Spott über menschliche Überheblichkeit (Cassuto)	Gewaltiger Eindruck der Turmruine (Dillmann, Nr. 11)
Unrecht, Verrat, Betrug, Trotz, teuflischer Übermut (Gunkel, Nr. 7)	Die Sünde der Turmbauer bleibt unausgesprochen (von Rad, Nr. 14)
Zweck: Erläuterung des Namens Bavél (Gunkel, Nr. 7)	Zweck: Erklärung der Turmruine (Dillmann, Nr. 11)
Zweck: Erklärung der Erfindung, künstliche Steine herzustellen (Zerk)	Zweck: Erklärung der Zerstreuung der Menschen (Jacob, Nr. 15)
Zweck: Erklärung der Sprachenvielfalt (Sarna, Nr. 9)	Zweck: Der Mensch fürchte die Götter (Gunkel, Nr. 7)
Unwissenschaftliche Etymologie des Namens Bavél (Gunkel, Nr. 7)	Ironisierung des Namens Bavél (Jacob, Nr. 15)

13 Bis auf die Auffassungen von drei Autoritäten, nämlich Cassuto, Torrini und Zerk, sind alle anderen zitierten im MATERIAL zu finden (s. die jeweils angegebene Nummer).

1. Vom Humor in der Bibel

Die Kurzantwort auf FRAGE Nr. 2 auf den LEITBLÄTTERN hat schon angedeutet, daß, wenn mit Humor gelesen und verstanden, die dunkle Erzählung von dem unfertigen Turm plötzlich recht durchsichtig wird. Das übrigens ist gar keine Seltenheit in der Bibel. Allerdings, was genau das Wesen des Humors ausmacht, hat sich bisher den Überlegungen der Philosophen und der Psychologen entzogen, und es ist mithin nicht die Sache jemandes, der dem תלמוד תורה *Talmúd Torá* (Torá-Studium) nachgeht, den Humor zu definieren. Genug, daß Humor nicht unbedingt zum Lachen ist, daß viele seiner Ausprägungen wie Satire und Ironie nur gemeinsam haben, eines auszusagen und etwas anderes zu meinen, und daß er, wenn er bloßstellt und ins Lächerliche zieht, höchst erzieherisch wirken kann. Dies allein ist genügender Grund für die Hoffnung, Humor auch in einem Erziehungsbuch, wie es die Bibel ist, zu finden. In der Tat ist vieles von dem, was in ihr steht, mit humorvoller Absicht geschrieben und nur dann recht zu verstehen, wenn es in diesem Sinne gelesen wird. Freilich ist subtiler Humor wie der biblische schwer zu entdecken und noch schwerer zu beweisen wegen der feinen Mittel, deren er sich bedient. Ist er aber einmal aufgezeigt, ist er desto wirksamer.

Unverkennbar ist der Humor im Buche אסתר *Estér*. So wird z. B. dort von einem politischen Parvenu namens המן *Hamán* erzählt, der mit gleichgültiger Zustimmung seines meist betrunkenen Königs drauf und dran ist, die Judenheit des ganzen persischen Imperiums an ein und demselben Tage zu vernichten. Der Plan wird im letzten Moment vereitelt. Aber auch wenn er ausgeführt worden wäre, wäre המן *Hamán* straflos ausgegangen. Ironischerweise aber wird dieser Erzfeind der Juden doch noch gehängt wegen eines Verbrechens, das er gar nicht beabsichtigt, geschweige denn ausgeführt hatte: Der König verdächtigte המן *Hamán* nämlich, die Königin fast unter ihres Gemahls Augen vergewaltigen zu wollen (vgl. Est 7:5–10).

Weniger ersichtlich ist die Satire in einer anderen Episode. In seinem berüchtigten Dekret läßt Pharao wegen der angeblich besorgniserregenden Vermehrung seiner hebräischen Knechte alle neugeborenen Knäblein im Nil ertränken (שמות *Schemót* 1:9–22); die Mädchen jedoch läßt er am Leben. Um den Geburtenzuwachs zu unterbinden, hätte er natürlich das Gegenteil tun und die Mädchen umbringen lassen sollen, aber Antisemitismus ist nun eben irrational.

Ein in der Bibel und besonders in der Torá beliebter Trick ist die Verdrehung von Personennamen, um sich so über deren Träger lustig zu machen. In בראשית *Bereschít* (1. M.) 21:22–34 und 26:26 tritt ganz unnötigerweise der Feldmarschall eines kleinen philistäischen Städtchens unweit des heutigen Tel-Aviv auf. Obgleich oder weil er die Situation immer nur mit seiner Gegenwart (und Uniform?) schmückt, keine Funktion ausübt und nie auch nur ein einziges Wörtchen von sich gibt, nennt ihn der Erzähler mit Namen פיכול *Pichól*, was für das hebräische Ohr wie ,,Mundheld'' klingt. Wahrscheinlich hat er ganz anders geheißen, doch war wohl dem Erzähler daran gelegen, pompöse Generäle zu ironisieren.

Freundlicher Humor steckt in einer kleinen Szene in 1 Sam Kap. 9. Der junge und schöngewachsene שאול *Schaúl* (= Saul), der spätere König von Israel, fragt schüchtern mit drei Wörtern die am Dorfbrunnen Wasser schöpfenden Mädchen nach dem Verbleib des שמואל הרואה *Schemuél ha-roé* (= Samuel der Seher). Sie antworten ihm alle zugleich mit sage und schreibe 42 Wörtern und widersprechen einander noch dazu, eine jede wohl hoffend, das Augenmerk des stattlichen Fremdlings (vgl. V. 2) auf sich zu ziehen. Wo der Seher war, konnte Schaúl aus diesem Bescheid klarerweise nicht erfahren.

Es gehört nun zur Art und Weise, wie Juden die Bibel lesen und lernen, daß sie bei aller Frömmigkeit ohne Befangenheit und Scheu, im Gegenteil, ja mit Vergnügen an den Humor in der Schrift herangehen, wo er vermutet werden kann. Denn wenn der Gott der Bibel auch selbst lacht (Ps 37:13) und sich amüsiert (Ps 2:4), dann kann es keine Sünde sein, Humor den biblischen Autoren zuzuschreiben. Witze machen sie selbstverständlich nicht. Ebenso wenig ist es Humor, wenn sich heutzutage jemand *über* sie mokiert. Nur dann darf von biblischem Humor gesprochen werden, wenn die Verfasser selbst ihn beabsichtigten. Ein Schulbeispiel dafür ist die Erzählung von dem Turm, der keiner war: Die Stadt, die früher ,,Göttertor'' hieß, wird, als ein Wahrzeichen des Wirrwarrs, zu ,,Wirrwarrzeichen'' umbenannt. Menschen und Gott gebrauchen dieselben Redewendungen (,,wohlan'' u. a.). Sozusagen im Handumdrehen, durch einfache Änderung der Vokale, wird aus unnützem חמר *chemár* (= Pech) der notwendige חומר *chómer* (= Mörtel) und wird danach die gebrannte לבנה *levená* (= Ziegel) לאבן *le-áven* (= zum harten Stein). Der Bericht von jenen, die sich einen שם *schem* (= Name) machen wollen, ist nach Kap. 10 plaziert, an dessen Spitze (Wort Nr. 5) der Name von Nóachs Sohn שם *Schem* steht, worauf eine 19 Verse lange Liste von nichts als שמות *schemót* (= Namen) folgt, an deren Ende wiederum der שם *schem* (= Name) des שם *Schem* von neuem aufgenommen ist (V. 21) und wo im weiteren noch neun Verse lauter שמות *schemót* (= Namen) aufzählen. In V. 31, dem vorletzten, erscheint שם *Schem* noch einmal. Die Zahl aller Namen in Kap. 10 ist 71 – und diese so ausgiebig benannten, in unserem V. 2 aber just anonym gelassenen, glaubten, sie müßten sich (einen) Namen machen! Gäbe es jedoch nicht dieses hochironische Kap. 11 vom ,,Turm'' in der Bibel, wären sie nicht nur namenlos geblieben, sondern ganz in Vergessenheit versunken, genau wie die Baumeister vieler anderer antiker Weltwunder.

Der Clou ist, daß dem Bauwerk das Haupt fehlt, worin es den Bauleuten ähnelt, die ja kopflos waren. Zwar ist der Turm nicht vollendet, aber vollendet ist das literarische Gebäude der neun Verse, die von ihm berichten (vgl. MATERIAL Nr. 5).

2. Vom technischen Fortschritt

Die verbreitete Vorstellung - Schuld illustrierter ,,Biblischer Geschichten für Kinder" - von einer damaligen pastoralen Gesellschaft, muß richtiggestellt werden. Nahe zu Beginn der rund tausendjährigen biblischen Epoche fällt der Übergang von der Bronze- zur Eisenzeit. Davon findet sich ein Echo im Buche Samuel (I, 13:19–22), wo die philistäische Hegemonie über die Stämme **יהודה** *Jehudá* und **דן** *Dan* darauf zurückgeführt wird, daß letztere bloß Bronzegeräte besaßen und bei Anschaffung und Reparatur von Pflügen usw. (von Waffen ganz zu schweigen) auf das Wohlwollen der Philister angewiesen waren.

Neben Viehzucht, Acker- und Weinbau - siehe den Wochenabschnitt **עקב** *Ékev* in der Arbeitsmappe 1 - betrieb man Handel und Handwerk in den meist kleinen Städtchen; assyrische Inschriften aus dem frühen 7. Jahrhundert nennen vierzig solche allein zwischen Jerusalem und der Küste. Die Schrift kennt Töpfer, Weber, Färber, Tischler, Steinmetze, Maurer, Kupfer-, Gold- und Waffenschmiede, während außerdem auf Schneider, Schlosser, Glasbläser, Schuster u. a. aus dem Text implizit geschlossen werden kann. Außer lokalen Händlern (vgl. Amós, der in 8:5 die Ungeduld rügt, mit der der Ausgang des **שבת** *Schabbáts* von Kaufleuten erwartet wird, um ihre Läden öffnen zu dürfen, und Jesaja, der in 3:18 ff. spöttisch das ganze Inventar einer Modeboutique aufzählt) gab es Im- und Exporteure (vgl. 1 Kön 9:26–27) und Schiffsverkehr (vgl. Jona und Ez 27:17). In der **תורה** *Torá* lesen wir zwar von der genauen und detaillierten Herstellung des **אוהל־מועד** *óhel-moéd* (= Stiftszelt) samt seinen Geräten, Zeltwänden, Pfosten, Vorhängen und den Gewändern der **כהנים** *Kohaním* (= Priester), doch ist es nicht über allen Zweifel erhaben, daß alle Angaben in **שמות** *Schemót* (2. M.) 36–39 bezüglich der Maße, der Materialien und der Kunstfertigkeit der Handwerker der Realität entsprechen wollen. Betreffs der Zeit des **בית ראשון** *bájit rischón* (= Erster Tempel) stehen wir auf etwas sichererem Boden. Das **בית המקדש** *Bet ha-mikdásch* (= Heiligtum), das **שלמה המלך** *Schelomó ha-mélech* (= König Salomon) erbaute, war eher klein und wäre ohne Mithilfe phönizischer Ingenieure kaum entstanden (vgl. 1 Kön 5). Aus einem Nebensatz in der Beschreibung des Bauwerks (1 Kön 7:23) erfahren wir, daß damals bereits die Zahl π experimentell mit einer Abweichung von 6% von ihrem tatsächlichen Wert bekannt war. Der selbständige Versuch des Königs **יהושפט** *Jehoschafát*, in **אילת** *Eilát* Schiffe zu bauen, endete katastrophal (1 Kön 22:49). Welchen Zwecken zur Zeit des Königs **עוזיהו** *Usiáhu* militärische ,,Erfindungen, erfunden von Erfindern" (2 Kön 26:15) dienten, ist unklar, solange die Ansicht des israelischen Archäologen und ehemaligen Chefs des Generalstabs Yigaél Yadín, es handele sich um Wurfmaschinen (*ballistae*), vorderhand nur eine Hypothese ist. Die technische Großtat im alten Israel ist auf jeden Fall der im Jahre 701 unter König **חזקיהו** *Chiskijáhu* fertiggestellte mannshohe, über 500 m lange unterirdische und noch heute zugängliche Felsentunnel, mit dessen Hilfe **ירושלים** *Jeruschalájim* während Belagerungen mit Wasser versorgt wurde und der seinesgleichen im Altertum (außer einer ähnlichen Installation im salomonischen Megiddó) nicht hat. Weit wichtiger aber als technische Errungenschaften aufzuzählen (ohnedies hier nur teilweise möglich), ist darzustellen, wie sich die Bibel und speziell die **תורה** *Torá* zu ihnen verhält. Es ist in diesem Zusammenhang aufschlußreich, daß das Buch der Könige von der Außen- und Innenpolitik wie speziell ausführlich von der Frömmigkeit des Königs **חזקיהו** *Chiskijáhu* drei Kapitel lang berichtet, der Wasserleitung aber erst im vorletzten Satz mit nicht mehr als sage und schreibe acht Wörtern gedenkt (2 Kön 20:20). Der geeignete Ausgangspunkt einer Darstellung, wie die Bibel Technologie sieht, ist die Gottesrede in **בראשית** *Bereschít* (1. M.) 1:28: ,,Füllet die Erde und bemächtigt euch ihrer". Der hiermit einerseits erteilten Erlaubnis, die Natur und ihre Schätze zu menschlichen Zwecken zu gebrauchen, ist andererseits eine Grenze gesetzt. Das Verbot ,,Verdirb nicht ihren Baumstand" in **דברים** *Devarím* (5. M.) 20:19 faßten die Gelehrten als exemplifikatorisch auf und dehnten es daraufhin ethisch-ökologisch auf jede Vernichtung eines gebrauchsfähigen Gegenstandes und erst recht auf die Vergewaltigung der Natur aus, wie in einer der späteren Arbeitsmappen dargelegt werden wird. Zur Natur steht die hebräische Bibel - sie kennt das Wort für Natur gar nicht - anders als die griechische Philosophie und die frühe Wissenschaft. Diese versuchen wißbegierig, die Vorgänge in der Natur zu verstehen und dabei möglichst ohne Zuflucht zum Eingreifen der Götter auszukommen: jene sieht staunend in ihr die Hoheit des Schöpfers und die Schönheit seiner Schöpfung (,,Die Himmel erzählen Gottes Ruhm" - Ps 19:2) und versucht zu verstehen, wie der Mensch sich Ihm und ihr entsprechend zu benehmen habe. Die Nutzung und die Entwicklung der Nutzung der Materie ist, wie gesagt, gestattet, das Erdrund ist für den Menschen geschaffen (,,Nicht als Irrsal hat er sie erschaffen, zum Besiedeln hat er sie gebildet" - Jes 45:18), und des Menschen Bemühung um technischen Fortschritt ist willkommen. Wie Avrabanél - vgl. MATERIAL Nr. 12 - zu einer gegenteiligen Meinung gelangen konnte, ist unfaßbar. Nur darf ein solcher Fortschritt nicht Selbstzweck werden und sich zu einer Vergöttlichung seiner Errungenschaften und des Menschen auswachsen. Nicht umsonst schreibt die

Torá die ersten Schritte im Städtebau und Waffenhandwerk (zusammen mit Bigamie) den Nachkommen Kains, des ersten Mörders, zu (בראשית *Bereschít* 4:17–22). Die geringe Beachtung, die König Chiskijáhus Wasserleitung erfährt, die Verachtung für eine Metropole, wie sie unser Abschnitt ausdrückt, die Tatsache, daß es zur Zeit des בית ראשון *bájit rischón* die Strömung der *Rechavím* gab, die das ehemalige Leben in der Wüste idealisierte (Jer 35:2 ff.) – all das spricht dafür, daß sich die Bibel der Gefahr, die ein rein technischer Fortschritt mit sich bringt, wohl bewußt war. Den blinden Glauben an ihn prangert Jesaja in einem Gedicht (Kap. 2) an:

,,Und voll ward sein Land von Silber und Gold, kein Ende seinen Schätzen,
,,Und voll ward sein Land von Rossen, kein Ende seinen Kampfwagen,
,,Und voll ward sein Land von Gottnichtsen, vorm Gemächt seiner Hände sank er hin,
,,vor dem, was seine Finger machten! Aber gesenkt wird der Mensch, erniedrigt . . .
,,Ein Tag ists IHM . . . über allen hohen Turm, über alle steile Mauer,
,,über alle Tarschísch-Schiffe, über all die Wunschgebäude!
,,Gesenkt wir die Hoffart der Menschen, geniedrigt der Stolz der Männer,
,,ragend einzig ER an jenem Tag.''

THESEN

1. Unvermeidlich spiegeln sich in Kommentaren Zeitumstände und persönliche Anschauungen wider, die dann leicht in die biblischen Erzählungen projiziert werden. Der verläßlichste Weg, dies zu umgehen, ist dies: einerseits, jedes einzelne Wort peinlich genau zu bedenken und von ihm auf den Sinn des Ganzen zu schließen, andererseits den Blick auf den Tenor des Ganzen zu richten und von ihm auf das Detail zu schließen.
2. Am interessantesten und am lehrreichsten ist nicht, worin die Schrift außerbiblischen Quellen ähnelt, sondern worin sie sich von ihnen unterscheidet.
3. Die Torá hält das Gleichgewicht zwischen Ermutigung menschlicher Eigenschaften wie Forschungs- und Erfindungsdrang zum Zwecke technologischen Fortschritts und blindem Vertrauen darauf, daß dieser menschliche existentielle Probleme lösen könne.
4. Mancher Erzählung kann man nur unter zwei Bedingungen auf den Grund kommen: (a) daß ihr Ironie, Satire und andere Arten von Humor zugetraut werden und (b) daß man für Humor nicht durch eine Religiosität, die desgleichen ausschließt oder verbietet, unempfänglich geworden ist.

Die Erzählung vom ,,Turm von Babel'' ist uns seit unserer Schulzeit so bekannt, daß sie als ,,ganz einfach'' beim ersten Durchgang schwerlich dazu anregt, spontane Fragen zu stellen. Ihre Einfachheit täuscht jedoch. In Wirklichkeit ist sie einer der umstrittensten Texte in der Bibel. Wahrscheinlich müssen wir diesmal zuerst sehr ermutigt werden, den biblischen Verfasser sozusagen ins Kreuzverhör zu nehmen. Um die Vieldeutigkeit des Textes ins rechte Licht zu rücken, bringt das MATERIAL in diesem Falle auch verhältnismäßig viele Ansichten moderner und nichtjüdischer פרשנים *parschaním* (= Kommentatoren). Ein verblüffender Beginn wäre z. B., darauf aufmerksam zu machen, daß die Passage, die von Menschen spricht, die sich einen Namen machen wollen, zwischen zwei anderen eingeschoben ist, die von Namen strotzen, die Turmbauer aber trotz ihrer Mühe für immer namenlos läßt. Dafür erhält die Stadt ihren Namen just nach dem Mißerfolg der Namen- und Ruhmsüchtigen. In diesem Abschnitt bietet sich auch eine günstigere Gelegenheit als sonst, die Schwächen dieser oder jener der vorgeschlagenen Lösungen von Schwierigkeiten aufzudecken, unfundierte Behauptungen bloßzustellen, überzeugendere Auslegungen gegeneinander abzuwägen und darzulegen, wie diametral Exegeten von Rang im Verständnis solch ,,harmloser'' neun Verse auseinandergehen. Zur Erleichterung der Diskussion und als ihre Grundlage sind die Antworten auf den LEITBLÄTTERN besonders ausführlich gehalten. Man eröffnet die Diskussion am besten mit Erörterung jener FRAGEN, die sich auf Details beziehen, z. B. Nr. 1 bis Nr. 7, und geht dann zu Nr. 8 und Nr. 9 über, die פרשת המגדל *paraschát ha-migdál* (= die Turmgeschichte) *in toto* betreffen. Dabei ist zu hoffen, daß Jacobs Äußerungen (MATERIAL Nr. 15) die anderen Vorschläge an Überzeugungskraft übertreffen werden, besonders anhand der Liste der gegensätzlichen Meinungen, wie sie MATERIAL Nr. 16 bringt. Den Abschluß kann LIMMÚD Nr. 1 bilden.

,,Der Turm von Babel'' von Pieter Breughel d. Ä., 1563 (Wien, Kunsthistorisches Museum)

Der Künstler verstand den in der Aggadá betonten Gegensatz zwischen einem gigantischen Unternehmen und seinen armseligen Erbauern darzustellen. Links unten könnte der in der Aggadá genannte König Nimród, der Initiator des Turmbaus, stehen – siehe MATERIAL Nr. 12 (Mitte) und Nr. 15 (Ende) – sollte dem Maler der Midrásch bekannt gewesen sein? Die im Vergleich mit dem Riesenbau winzigen Menschlein erinnern an MATERIAL Nr. 13.

DER SABBAT

ODER

EIN VORGESCHMACK DER MESSIANISCHEN ZEIT

Schemót (2. M.) 35:1–3 שמות לה, א־ג

Buber/Rosenzweig

1 Dies ist die Rede, die ER gebot, sie zu tun:	1 אֵלֶּה הַדְּבָרִים אֲשֶׁר־צִוָּה יְהוָה לַעֲשֹׂת אֹתָם׃
2 Ein Tagsechst werde Arbeit gemacht,	2 שֵׁשֶׁת יָמִים תֵּעָשֶׂה מְלָאכָה
aber am siebenten Tag sei euch Heiligung,	וּבַיּוֹם הַשְּׁבִיעִי יִהְיֶה לָכֶם קֹדֶשׁ
Feier, Feiern, IHM,	שַׁבַּת שַׁבָּתוֹן לַיהוָה
allwer an ihm Arbeit macht, sterbe.	כָּל־הָעֹשֶׂה בוֹ מְלָאכָה יוּמָת׃
3 Ihr sollt nicht Brand entzünden in all euren Siedlungen am Tag der Feier.	3 לֹא־תְבַעֲרוּ אֵשׁ בְּכֹל מֹשְׁבֹתֵיכֶם בְּיוֹם הַשַּׁבָּת׃

Ergänzungstext I

Schemót (2. M.) 20:8–11 שמות כ, ח־יא

Buber/Rosenzweig

8 Gedenke des Tags der Feier, ihn zu heiligen.	8 זָכוֹר אֶת־יוֹם הַשַּׁבָּת לְקַדְּשׁוֹ׃
9 Ein Tagsechst diene und mache all deine Arbeit,	9 שֵׁשֶׁת יָמִים תַּעֲבֹד וְעָשִׂיתָ כָּל־מְלַאכְתֶּךָ׃
10 aber der siebente Tag ist Feier IHM, deinem Gott: nicht mache allerart Arbeit, du, dein Sohn, deine Tochter, dein Dienstknecht, deine Magd, dein Tier, und dein Gastsasse in deinen Toren.	10 וְיוֹם הַשְּׁבִיעִי שַׁבָּת לַיהוָה אֱלֹהֶיךָ לֹא־תַעֲשֶׂה כָל־מְלָאכָה אַתָּה וּבִנְךָ וּבִתֶּךָ עַבְדְּךָ וַאֲמָתְךָ וּבְהֶמְתֶּךָ וְגֵרְךָ אֲשֶׁר בִּשְׁעָרֶיךָ׃
11 Denn ein Tagsechst machte ER den Himmel und die Erde, das Meer und alles, was in ihnen ist, am siebenten Tag ruhte er, darum segnete ER den Tag der Feier, er hat ihn geheiligt.	11 כִּי שֵׁשֶׁת־יָמִים עָשָׂה יְהוָה אֶת־הַשָּׁמַיִם וְאֶת־הָאָרֶץ אֶת־הַיָּם וְאֶת־כָּל־אֲשֶׁר־בָּם וַיָּנַח בַּיּוֹם הַשְּׁבִיעִי עַל־כֵּן בֵּרַךְ יְהוָה אֶת־יוֹם הַשַּׁבָּת וַיְקַדְּשֵׁהוּ׃

Ergänzungstext II

Devarím (5. M.) 5:12–15 דברים ה, יב־טו

Buber/Rosenzweig

12 Wahre den Tag der Feier, ihn zu heiligen, wie
ER dein Gott dir gebot.

12 שָׁמוֹר אֶת־יוֹם הַשַּׁבָּת לְקַדְּשׁוֹ כַּאֲשֶׁר
צִוְּךָ יְהוָה אֱלֹהֶיךָ׃

13 Ein Tagsechst diene und mache all deine Arbeit,

13 שֵׁשֶׁת יָמִים תַּעֲבֹד וְעָשִׂיתָ כָּל־מְלַאכְתֶּךָ׃

14 aber der siebente Tag ist Feier IHM deinem Gott: nicht
mache allerart Arbeit, du, dein Sohn, deine Tochter,
dein Dienstknecht, deine Magd,
dein Ochs, dein Esel, all dein Vieh,
und dein Gastsasse in deinen Toren, –
damit ausruhe dein Knecht
und deine Magd, dir gleich.

14 וְיוֹם הַשְּׁבִיעִי שַׁבָּת לַיהוָה אֱלֹהֶיךָ לֹא־
תַעֲשֶׂה כָל־מְלָאכָה אַתָּה וּבִנְךָ־וּבִתֶּךָ
וְעַבְדְּךָ־וַאֲמָתֶךָ וְשׁוֹרְךָ וַחֲמֹרְךָ וְכָל־בְּהֶמְתֶּךָ
וְגֵרְךָ אֲשֶׁר בִּשְׁעָרֶיךָ לְמַעַן יָנוּחַ עַבְדְּךָ
וַאֲמָתְךָ כָּמוֹךָ׃

15 Gedenke, daß du Knecht warst im Land Ägypten,
daß ER dein Gott dich von dort mit starker Hand,
mit gestrecktem Arm ausgeführt hat:
deshalb gebot dir ER dein Gott,
den Tag der Feier zu machen.

15 וְזָכַרְתָּ כִּי־עֶבֶד הָיִיתָ בְּאֶרֶץ מִצְרַיִם
וַיֹּצִאֲךָ יְהוָה אֱלֹהֶיךָ מִשָּׁם בְּיָד חֲזָקָה
וּבִזְרֹעַ נְטוּיָה עַל־כֵּן צִוְּךָ יְהוָה אֱלֹהֶיךָ
לַעֲשׂוֹת אֶת־יוֹם הַשַּׁבָּת׃

1. Was heißt eigentlich das Wort Sabbat/Schabbát auf deutsch? Und was heißt Schabbatón?

2. Im Grunde ist der Sabbat doch ein Ruhetag wie der christliche Sonntag und der moslemische Freitag - oder gibt es doch prinzipielle Unterschiede? Schließlich enthalten sich auch Christen (und manche Moslems) an ihren Feiertagen schwerer Arbeit.

3. Gab es denn nicht in außerisraelitischen Religionen und Gesellschaften auch Ruhetage? Wenn es sie gab, dann ist der Sabbat nicht die epochale Neuerung, als die er so oft dargestellt wird.

4. Ist der Sabbat, wenn er nach den Vorschriften der Torá und ihren rabbinischen Erweiterungen eingehalten wird, nicht ein selbstgemachter Kerker?

5. Wie kann ein Tag, der einer wie alle ist, heilig sein, bzw. wie kann man ihn heiligen? Und ist er an sich heilig, so braucht er nicht weiter geheiligt zu werden.

6. Mit dem Sabbat ist die biblische Zeiteinheit einer Woche von sieben Tagen vorgegeben. Ist diese Zahl eine heilige?

7. Gibt es in Notfällen einen Dispens von den vielen Beschränkungen?

8. Wie lange dauert der Sabbat, und wann genau beginnt er? Daß ihn Juden ab Freitag abends begehen, ist bekannt; aber wo steht das geschrieben?

9. Dieser Text steht ohne jeden Zusammenhang mit den auf ihn folgenden Kapiteln, Kap. 35:4 bis zum Schluß von Kap. 39. Er gehört ja gar nicht zu ihnen!

10. Die beiden ergänzenden Texte stammen aus den zwei Dekalog-Versionen. Sollten nicht eher diese studiert werden, um das Thema des Sabbats zu verstehen, zumal sie ja viel ausführlicher als unserer sind?

11. Der Dekalog wiederum ist an den beiden Stellen, d. h. im Zweiten und im Fünften Buche, unterschiedlich formuliert. Welches ist die ursprüngliche Version, und warum wurde an der späteren Stelle nicht einfach die frühere abgeschrieben?

12. In der einen Version soll des Sabbats „gedacht" werden, in der anderen soll er „gewahrt" werden. Bedeutet aber ihn zu wahren, das Werkverbot zu beachten, so wird doch seiner dadurch auch gedacht. Laufen die beiden Verben nicht auf dasselbe hinaus?

13. Wie gedenkt man eigentlich? Man kann doch nicht permanent an den Sabbat denken!

14. Im Text dieses Wochenabschnittes ist der Tag „für euch" bestimmt, im Dekalog „für IHN". Was gilt nun?

15. Im Dekalog fehlt die Frau unter den „Ruhenden" - ein klarer Fall der für die Torá so charakteristischen Diskriminierung der Frau?

16. Wenn die Übertretung des Verbotes die Todesstrafe nach sich zieht, gäbe es doch heute kaum noch Juden auf der Welt, ja wahrscheinlich wären sie schon in biblischen Zeiten ausgestorben.

17. Daß am Sabbat Arbeitsverbot besteht, geht klar aus vielen Stellen hervor, und Arbeit heißt hebräisch *avodá*. Gerade dieses Wort fehlt aber in allen diesen Texten, und an seiner Stelle steht *melachá*, unterschiedlich einmal mit *Arbeit*, einmal mit *Werk* wiedergegeben. Welche Übersetzung entspricht mehr dem Original, und was ist der Unterschied zwischen den beiden hebräischen bzw. zwischen den beiden deutschen Begriffen?

18. Welche Tätigkeiten sind verboten - ausnahmslos alle? Das ist doch unmöglich! Und wenn sie nicht definiert sind, woher wissen wir dann, welche es sind?

19. Das Verbot, Feuer anzuzünden, leuchtet ein, weil dies in alten Zeiten mit erheblichen Anstrengungen verbunden war. Aber wo sollte denn Feuer angezündet werden, wenn nicht innerhalb der Siedlungen? Wozu werden dann diese besonders betont?

20. Man darf doch wenigstens einen Autoausflug oder einen Spaziergang zu Fuß machen - oder sogar auch das nicht?

21. Es gäbe einen einfachen Weg, den Sabbatvorschriften Genüge zu tun, ohne den normalen Verlauf des Lebens des einzelnen und der Gesellschaft radikal zu unterbrechen: indem man Nichtjuden damit beauftragt, die notwendigen Arbeiten auszuführen. Warum tut man das nicht?

22. Würde der Sabbat auf Sonntag verlegt werden, wäre es für die Juden bei weitem leichter, ihn zu halten, und auch für Nichtjuden ein Gewinn. Ja, es würde genügen, ein einziges Mal die Woche um einen Tag zu verlängern und dann wie bisher die Tage von 1 bis 7 zu zählen.

23. Ist der Talmúd mit seinen Spitzfindigkeiten nicht zu weit gegangen? Schließlich steht von der überwiegenden Mehrzahl der Verbote nichts in der Torá geschrieben.

24. Wie kann heutzutage jemand den Sabbat mit all den Verzweigungen der für ihn geltenden Einschränkungen beachten, z. B. wenn er nicht einmal telefonieren darf?

25. Wie kann ein moderner Staat wie Israel unter Beobachtung der Sabbatvorschriften funktionieren?

26. Warum heißt die Überschrift dieses so trockenen Torá-Abschnittes „Ein Vorgeschmack der messianischen Zeit"? Zeichnet sich diese auch durch unzählige Verbote aus, die, sobald sie angebrochen ist, in ihr befolgt werden müssen?

1. Der Verbalstamm שבת bedeutet *Halt machen*, davon heute שביתה *schevitá* (= Streik). שבתון *schabbatón* ist weder *Feier* noch *hoher Sabbat*, sondern (wahrscheinlich) Unterbrechung der Werktätigkeit, ohne daß ein religiöser Grund zu ihr vorliegt, z. B. heute שנת־שבתון *schenát-schabbatón* (= sabbatical, Studienjahr). Das Wort שבת *Schabbát* ist unübersetzbar, weil der Begriff in anderen Kulturen seinesgleichen nicht hat, weswegen auch fast alle Bibelübersetzungen das hebräische Wort glücklicherweise nicht zu übersetzen versuchen und es stehen lassen - daher auch Samstag, samedi, sobota. In *Sonnabend* verbirgt sich eine bewußte Abgrenzung von dem Wort *Schabbát* und zugleich ein unbeabsichtigtes Rückgreifen auf den jüdischen Brauch, den Tag vom vorausgegangenen Abend an zu rechnen.

2. Der Vergleich hinkt. Nur in manchen moslemischen Staaten ist der Freitag ein öffentlicher Ruhetag, an dem jedoch nur das Geschäftsleben stillsteht, aber auch dies ist nicht im Koran vorgeschrieben. Die Sonntagsruhe rührt bekanntlich vom Sabbat her, hat sich aber in ihrem Wesen, besonders seit dem 3. Jh., immer mehr von diesem entfernt. Seit 1248 ist nach katholischem Kirchenrecht der Gläubige am Sonntag zum Besuch der Messe und zur Enthaltung von nicht notwendiger körperlicher Arbeit verpflichtet, und auch die evangelische Kirche sieht Gottesdienst und Ruhe von ,,knechtischer'' Arbeit am Sonntag vor. In beiden Fällen unterscheidet dieser sich aber kaum von sonstigen kirchlichen Festtagen, so daß man ohne weiteres von *Sonn- und Feiertagen* spricht. Schon das ist im Hebräischen, welches natürlich die Ideenwelt der Torá und Israels widerspiegelt, unmöglich, weil der שבת *Schabbát* mit anderen jüdischen Feiertagen nicht verglichen werden kann, ihnen vorangeht, sie manchmal verdrängt und verschiebt und überhaupt von anderer Wesensart ist. Bezüglich anderer essentieller Unterschiede siehe MATERIAL Nr. 1.

3. Totales und allgemeines, d. h. jedermann, ob reich oder arm, einschließendes Werkverbot gab und gibt es schwerlich sonst. Um die Jahrhundertwende entdeckten nun Archäologen akkadische Texte, aus denen hervorging, daß es in Babylonien einen periodisch wiederkehrenden Tag gewisser Ruhe gab, der obendrein noch *shapatu* hieß. Ob er eine Parallele oder zumindest ein Vorläufer des שבת *Schabbát* war, ist das Thema von MATERIAL Nr. 2.

4. Diesen Anschein hat der Tag von außen gesehen allerdings, insbesondere im Lichte von MATERIAL Nr. 18. Dagegen spricht aber schon, daß ihn Jesaja einen Tag des Vergnügens nennt und zu seinem Genuß ermahnt (58:13). Wenn innerhalb von Jahrtausenden jüdische Dichter von Kallír bis Bialik vom שבת *Schabbát* geträumt haben, kann er kaum ein Gefängnis sein. Vielleicht sieht er bloß so aus, solange man ihn nicht kennt und das Besondere an ihm noch nicht begriffen hat. Es ist angezeigt, das endgültige Urteil, ob er Kerker oder Paradies ist, bis zum Abschluß des Studiums dieser פרשה *Paraschá* zu vertagen. Die für dieses Urteil notwendigen Unterlagen sind nachzulesen in MATERIAL Nr. 3, 4, 5, 6, 52, 53.

5. Alles hängt davon ab, was der Sinn des hebräischen Wortes קדוש *kadósch* ist, das im allgemeinen mit *heilig, sanctus* u. a. wiedergegeben wird. Da dieser Punkt im Zentrum einer anderen פרשה *Paraschá* steht, sei hier nur festgestellt, daß sich auch für קדוש *kadósch* (mit seinen von ihm abgeleiteten Nomina קודש *kódesch*, קדושה *keduschá*, הקדשה *hakdaschá* und קידוש *kiddúsch* und den Verba קידש *kiddésch*, הקדיש *hikdísch* und התקדש *hitkaddésch*) wie für nicht wenige andere hebräische Begriffe keine adäquaten Übersetzungen finden. In äußerster Kürze: der Sinn von קדוש *kadósch* ist ungefähr ,,grundsätzlich andersartigen Wesens''. Dann kann der שבת *Schabbát* aber ohne weiteres einerseits von jeher als קדוש *kadósch* bestimmt und andererseits Israel angewiesen worden sein, ihn als קדוש *kadósch* zu beachten. Tut Israel dies nicht, ist er in der Tat ein Tag wie alle anderen. Vgl. MATERIAL Nr. 26, 27.

6. Schon aus der Antwort auf FRAGE Nr. 5 ergibt sich, daß die תורה *Torá* keine ,,heiligen'' Zahlen kennt. Die Zahl 7 ist aber auch keine symbolische. Allerdings haben gewisse, in der Torá immer wiederkehrende Zahlen (abgesehen von 7 auch 40 und 70) ganz eindeutige Bedeutungen und verfolgen, wenn sie vorkommen, klare, aber ganz andere Zwecke. So z. B. soll die Zahl 7 der literarischen Konvention der Bibel zufolge den Leser an göttliche Intervention erinnern. Deshalb ist auch der ganze jüdische Kalender auf ihr aufgebaut, wie die Arbeitsmappe 4 (Abschnitt 5) zeigt. Auf das Wort für 7 (שבע *schewá*) geht darum auch das hebräische Nomen שבועה *schevuá* zurück, das *Schwur* bedeutet, nicht aber - zum Kummer der Amateur-Etymologen - das Wort *Schwur* selbst.

7. Es gibt ihn, und zwar bedingungslos: Menschenleben und sogar Gesundheit gehen in jedem Falle vor. Siehe dazu MATERIAL Nr. 7-11.

8. Er beginnt und endet am Abend und dauert etwas über 25 Stunden. Seinen Beginn am Abend lernen wir u. a. aus ויקרא *Wajikrá* (3. M.) 23:32, wonach das Fasten am יום כיפור *Jom Kippúr* (= mangels einer besseren Wiedergabe: Versöhnungstag) am Abend einsetzt. Zur Dauer siehe MATERIAL Nr. 12.

9. Darüber haben sich רבנן *Rabbanán* (= unsere Meister) auch schon gewundert, bis ihnen klar wurde, daß er hierher gehört und für das Verständnis der Sabbatruhe und die Befolgung des Sabbatgebotes gerade hier unerläßlich ist. Daraus, daß er - in Anbetracht des Baus des Wanderheiligtums - hier und nicht woanders steht, läßt sich folgern, welche Handlungen am שבת *Schabbát* nicht vollzogen werden dürfen. Darüber MATERIAL Nr. 13 (c), Nr. 15.

10. Es ist richtig, daß die Idee des שבת *Schabbát* in den beiden Dekalog-Versionen schärfer zum Ausdruck kommt als hier, doch wie er in der jüdischen Orthopraxis verlaufen soll, ist von dieser Stelle abgeleitet und geht aus keiner Dekalogfassung hervor. Vgl. MATERIAL Nr. 13 (c).

11. Die ursprüngliche Version ist zweifelsohne die im Buche שמות *Schemót* (2. M.), beruft sich doch die im Buche דברים *Devarím* (5. M.) ausdrücklich auf sie (V. 16): ,,wie ER dein Gott dir [schon vorher] geboten hat.'' Also ist die spätere Version ein Zitat der früheren. Sie ergänzt diese gerade durch ihre Abweichungen von ihr: Stünde nämlich diese allein geschrieben, spräche sie zum Menschen nur geschöpflich und historisch. Damit bliebe der zweite, zugegebenermaßen nur sekundäre, nämlich gesellschaftliche Aspekt des Werkverbots zwecks Rast und Gleichstellung von Hoch und Niedrig vernachlässigt. Siehe die Antwort auf FRAGE Nr. 12 und das MATERIAL dort.

12. Nein, sie sind komplementär und gegenseitig bedingt. Vgl. MATERIAL Nr. 12 und 14.

13. Selbstverständlich stellten sich die klassischen Quellen auch diese Frage. Antworten befinden sich in MATERIAL Nr. 23–25.

14. Auf diesem anscheinenden Widerspruch basiert die folgenreiche Lehre, daß auch die geringste Gefährdung eines Menschenlebens durch die Befolgung des Schabbátgebotes dieses aufhebt. Der Grundsatz lautet פיקוח נפש דוחה שבת *pikkúach néfesch doché schabbát* (= Lebensgefahr verdrängt den Sabbat). Vgl. MATERIAL Nr. 8, aber auch wieder 7, 9–11.

15. Alles andere als ein klarer Fall, und erst recht nicht der Fall einer Benachteiligung der Frau. MATERIAL Nr. 16 zeigt, daß sie in Wirklichkeit gleichgestellt und gleichberechtigt ist. Hält man sich in einer Familie an die הלכה *Halachá*, dann hat eine jüdische Frau über fünfzig Tage im Jahr nichts zu arbeiten, weil sie einfach genau wie ihr Mann keine Arbeit verrichten, ja auch nicht kochen darf. Da von ihr Anwesenheit in der Synagoge eigentlich nicht erwartet wird, ,,ruht'' sie noch mehr als er. An weiteren acht Festtagen des Jahres ist ihr Zubereitung von Mahlzeiten lediglich für den betreffenden Tag gestattet. In früheren Zeiten bestand für die Frauen (und nicht für die Männer!) Werkverbot auch an den zwölf Neumondtagen des Jahres. Mit einem Wort; die Frau ist für ein Sechstel (und früher ein Fünftel) des Jahres von allen ihren Pflichten, der Mann nur für ein Siebtel der seinen befreit.

16. Die Todesstrafe, obwohl nicht selten in der Torá angedroht, wurde von den Meistern der Mündlichen Lehre so verklausuliert, daß sie am Ende fast nicht zur Anwendung kommen konnte. Für den vorliegenden Fall siehe MATERIAL Nr. 17.

17. Nur *Werk* entspricht dem Original, so daß es ein Rätsel ist, wie zwei so eminente Kenner wie Buber und Rosenzweig hierin irren konnten. עבודה *avodá* bedeutet Dienst, מלאכה *melachá* aber Ausübung einer vorsätzlich gefaßten Aufgabe, ungeachtet der mit ihr verbundenen körperlichen Mühe oder deren Abwesenheit. Absolutes Werkverbot trifft nur auf שבת *Schabbát* und יום כיפור *Jom Kippúr* zu, in deren Vorschriften die Torá das Wort עבודה *avodá* geflissentlich vermeidet. An anderen מועדים *moadím* (= feierliches Zusammenkünfte) und חגים *chaggím* (= Festtage) ist nur der weniger umfassende Unterbegriff מלאכת־עבודה *meléchet-avodá* verboten. Vgl. MATERIAL Nr. 18, 19, 21, 22.

18. Da sie bis auf zwei Ausnahmen, nämlich Feueranzünden in unserem Text und Pflügen nach dem Getreideschnitt in שמות *Schemót* (2. M.) 34:21 nicht definiert sind, verstand die Mündliche Lehre ganz logisch, daß einzig und allein die Plazierung unseres Textes einen Anhaltspunkt bietet. Dies ist in MATERIAL Nr. 13 und 15 dargelegt.

19. Wer denkt, Feuer anzuzünden sei wegen der damit verbundenen ,,erheblichen Anstrengungen'' untersagt, vergißt simple Fakten: Erstens, daß die Torá weder von Höhlenmenschen, die zwei Steine aneinander wetzten und mit Hilfe der dann sprühenden Funken Feuer entzündeten, noch für solche geschrieben wurde, sondern – wann immer auch – sicherlich in einer Epoche und einer Region hoher Zivilisation. Zweitens, daß Feuer, einmal entzündet, keiner weiteren Mühe bedarf außer der Aufsicht, um es nicht verlöschen zu lassen. Diese Rechtfertigung des Verbots ist nur eine der vielen ähnlichen, die unter Mißverständnis der Umstände versuchen, wenigstens einige ,,überholte'' מצוות *mizwót* (= Gebote) dem modernen Menschen mundgerecht zu machen. Allerdings ist die spezielle Erwähnung des Feuers in V. 3. auffallend. Den רבנן *rabbanán* (= unsere Meister) gelang es, sie auf mehrere Weisen zu erklären, von denen im MATERIAL Nr. 28–34 einige zitiert sind.

20. Man darf dies nicht ohne weiteres, wobei zwischen einem Spaziergang zu Fuß und einem Autoausflug wohl zu unterscheiden ist. Die Benützung eines jeden Fahrzeugs, auch eines Fahrrades, eines Aufzugs, eines öffentlichen Verkehrsmittels, sogar wenn es eventuell von einem Nichtjuden (geschweige denn von einem anderen Juden!) bedient wird, ist aufgrund von שבות *schevút* (siehe MATERIAL Nr. 18) verboten. Ebenso ist eine Wegstrecke zu Fuß zurückzulegen nicht unbeschränkt erlaubt, weil in שמות *Schemót* (2. M.) 16:20 steht ,,Wegziehen soll niemand von seinem Ort am siebenten Tag''. Da fragt sich jedoch, was mit ,,seinem Ort'' gemeint ist: das Zimmer, in dem einer sich zufällig bei Eintritt des שבת *Schabbát* befindet, sein Haus, seine Straße, seine Stadt oder vielleicht sein Land? Die Lösung dieses Problems und der Weg, den חז״ל *chasál* einschlugen, um zu ihr zu gelangen, steht in MATERIAL Nr. 35 und 36.

21. Diesen Ausweg hat der Talmúd den Juden versperrt. Er heißt אמירה לנוכרי *amirá la-nochrí* (=

Auftrag an einen Nichtjuden) und ist untersagt. Andererseits fällt die eigene Initiative eines solchen zum Wohle des jüdischen Freundes, Mitarbeiters, Arbeitgebers u. ä. nicht unter das Verbot. Detaillierte Modalitäten diskutieren חז״ל *chasál* im rabbinischen Schrifttum.

22. Eine Woche von 8 Tagen, sogar eine einmalige, wäre eine schwerwiegende Übertretung, und dergleichen ist in der mindestens zweieinhalbjahrtausend langen außerbiblisch belegten jüdischen Geschichte niemals geschehen, was immer auch die Lebensbedingungen, Gründe und Zwänge waren, die eine solche neue Zählung befürwortet hätten. Der Kalender im allgemeinen ist der Gegenstand der Behandlung einer anderen פרשה *paraschá* (Arbeitsmappe 4, Abschnitt 5). Hier sei nur darauf aufmerksam gemacht, daß feststeht, daß die Juden seit סיני *Ssinái* an der siebentägigen Woche unerschütterlich festgehalten haben: eins, zwei, drei, vier, fünf, sechs, Schabbát!

23. Die Gelehrten waren sich wohl bewußt, daß sie in ihrer Diskussion des Erlaubten und Verbotenen am שבת *Schabbát*, wie sie in מסכת־שבת *Masséchet Schabbát* (= Traktat Schabbát) des babylonischen Talmúds allein auf 314 Folio-Seiten notiert ist, um das Vielhundertfache über das Ausmaß dessen hinausgingen, was in der Torá selbst steht - vgl. MATERIAL Nr. 37 und 38. Diese zeichnet sich tatsächlich durch eine fast quälende, aber auch herausfordernde Kürze aus. Wer sich für ,,bibeltreu'' hält und infolgedessen die Mündliche Lehre negiert, kann schon deswegen nicht bibeltreu sein, weil er aus den wenigen Andeutungen der Torá einfach nicht erfahren kann, wie er den Tag begehen soll. Im Augenblick, in dem das Schriftwort ernst genommen wird, wird seine peinlich genaue Erörterung unerläßlich. Jeder Gesetzeskodex ist zu kurz, keiner sieht alle möglichen Eventualitäten voraus, und immer müssen seine Paragraphen vom Richter für den neuesten Stand der Dinge interpretiert werden.

24. Im Grunde haben moderne Lebensbedingungen in vieler Hinsicht das ,,Wahren'' des Schabbáts erleichtert. Programmierte elektrische Geräte sorgen für heiße Speisen, Paternoster-Aufzüge zu benutzen wird auch von manchen orthodoxen Rabbinern gestattet, und es gibt Telefonapparate, die so konstruiert sind, daß ihr Gebrauch keine Übertretung darstellt. Es sei zugestanden, daß nicht wenige Unbequemlichkeiten bestehen bleiben, und dennoch gibt es viele Hunderttausende, die den Schabbát sehr streng, und noch viel mehr, die ihn streng nehmen, weil für sie der existentielle Gewinn den praktischen Verzicht bei weitem aufwiegt.

25. Es ist richtig, daß bei all dem zu FRAGE 24 Gesagten, was selbstverständlich besonders auf den Staat Israel zutrifft, in mancher Hinsicht das Einhalten der Schabbát-Vorschriften dort gerade schwieriger ist, wo der Verlauf des öffentlichen Lebens nicht von Nichtjuden besorgt werden kann, und deshalb gerade dort intensiv diskutiert wird. In der Tat geht das Verhalten der Bürger Israels an diesem Tag weit auseinander, und es besteht zwischen denjenigen, die ihn ernst nehmen, und denjenigen, die ihn leicht nehmen, ein hochgespanntes Verhältnis. Einerseits hat für gewisse Industrien und Dienste so wie auch für Landesverteidigung das Rabbinat einen Dispens erteilt, andererseits ist am Schabbát z. B. der Eisenbahnverkehr stillgelegt. Die Lösung dieser Probleme wird noch lange Zeit beanspruchen, ist doch die הלכה *Halachá* in einer ,,staatlosen'' Epoche entstanden und noch nicht in allen Aspekten auf eine unabhängige jüdische Gesellschaft, in der Nichtjuden eine Minderheit darstellen, auf den Stand gebracht. Wie immer auch ist sich die Majorität innerhalb sowohl der Gesetzestreuen als auch der Modernisten darin einig, daß die Existenz des Judenstaates und damit der Judenheit abgesichert werden muß, bei der Verfolgung dieses Zieles aber die Grundideen des Judentums nicht gefahrlos über Bord geworfen werden dürfen. Vgl. dazu MATERIAL Nr. 39, 40, 41, 47, wonach der Sabbat für jede jüdische Gesellschaftsform konstitutiv ist.

26. Ob nach Anbruch der ימות המשיח *jemót ha-maschíach* (= Tage des Messias) die מצוות־התורה *mizwót ha-Torá* (= Torá-Gebote) noch verbindlich sein werden, ist wieder einmal unentschieden. Das beunruhigt aber die Gelehrten nicht sonderlich, denn dazu ist ihr Denken zu wenig spekulativ und zu sehr auf hier und jetzt ausgerichtet. Davon aber, daß ein Glückszustand herrschen wird, sind sie überzeugt, wie er auch ein wenig am שבת *Schabbát* vorweggenommen ist. Was die תורה *Torá* unter Glück versteht, erzählt sie konkret in ihrem zweiten und dritten Kapitel (1. M. Kap. 2–3). In עדן *Éden*, dem Garten der Glückseligkeit, gibt es Wasser, vegetarische Nahrung, ein (Schatten-)Dach, Harmonie zwischen Mensch und lebender wie unbelebter Natur, Gesellschaft, sprachliche Kommunikation, Monogamie und ehelichen Verkehr, eine Lebensaufgabe (2:15) und *ein* rational nicht leicht erklärliches Verbot. Im Grunde enthält der שבת *Schabbát* all diese Ingredienzen ohne Ausnahme. Der Schabbát ist hiermit nicht nur konstitutiv in einem Judenstaat bei allen den gerade in ihm mit שמירת־שבת *schemirát-schabbát* (= Wahrung des Schabbáts) verbundenen und, so scheint es, nicht unlösbaren Problemen, nicht nur eine wertvolle soziale Institution, nicht nur ein eminentes religiös-pädagogisches Instrument (siehe MATERIAL Nr. 43–46), erst recht nicht nur ein willkommener Rasttag: Seine Rolle liegt in erster Linie auf der existenziellen Ebene. Dazu MATERIAL Nr. 47–50.

1. *J. Jacobs*: *Jewish Ideas, S. 142*:
Es ist unmöglich, denjenigen, die es nicht an sich erfahren haben, das Gefühl heiliger Freude zu schildern, welches sich selbst über das bescheidenste jüdische Haus verbreitet durch die feierliche Wiederholung von Handlungen, die an und für sich als bloße Bräuche gelten könnten. [. . .] Die [. . .] Institution, die das am deutlichsten verkörpert, ist der Sabbat. Ich weiß nicht, wie es gekommen ist, daß ein ,,jüdischer Sabbat'' [für manche angeblich] so viel bedeutet wie ein Tag düsteren Ernstes. Tatsächlich ist er der [. . .] Lichtpunkt im jüdischen Leben. Alles im jüdischen Hause ist Freude und Frohsinn am Freitag abend, wenn der Sabbat seinen Einzug hält. Ich möchte ein gut Teil des Unterschiedes zwischen dem jüdischen und christlichen Sabbat dem scheinbar äußerlichen Umstand zuschreiben, daß der erstere anfängt und aufhört zu einer Stunde, die es möglich macht, sein Kommen und Gehen durch feierliche Zeremonien zu begehen.[1] Die merkwürdige Erhaltung des jüdischen Volkes durch die Jahrhunderte ist in der Tat vornehmlich auf den Sabbat und die andern häuslichen Zeremonien zurückzuführen, die die jüdische Auffassung von der Heiligkeit des Hauses sinnfällig ausdrükken.[2]

2. *R. de Vaux*: *Ancient Israel II, S. 475–479* (*sinngemäß gekürzt*):
Die Babylonier kannten jeden 7., 14. usw. Tag des Monats als unter einem schlechten Omen stehend. Obendrein nannten sie jeden Vollmondstag *shapattu*. Demnach soll angeblich erst in späterer, d. h. nachexilischer Zeit [nachdem die Juden mit babylonischer Kultur in Berührung gekommen waren] vom Propheten Ezechiel der Sabbat in Israel eingeführt worden sein und zwar ,,unter völligem Mißverständnis des babylonischen Kalenders'', eine Feststellung, die allein schon zugibt, daß diese Theorie auf schwachen Füßen steht. Andere akzeptieren das hohe Alter der Sabbat-Institution, halten sie aber für von den Kanaanäern übernommen. Wie konnten sie aber dann ein Charakteristikum des Bundes zwischen Israel und seinem Gott sein? Eine dritte Schule behauptet, die Heimat des Sabbats sei das Sinai-Gebiet, wo die Kupferschmiede der mit Israel in Frieden lebenden und von Kain angeblich abstammenden Keniter Metalle förderten. Von ihnen rühre die Sitte, an bestimmten Tagen kein Feuer anzuzünden, was sie dann zwang, ihr übliches Handwerk einzustellen. Dagegen spricht, daß wir von den Kenitern fast gar nichts wissen: weder ob sie die Woche kannten, noch ob sie wirklich Schmiede waren.

1 Jacobs spielt auf die Zeremonien an, die in LIMMÚD Nr. 1 beschrieben sind und die auf 2. M. 31:16 beruhen, wo es vom Schabbát heißt, er müsse ,,gemacht'' werden, um nicht ein Tag wie alle anderen zu sein. Ohne sie, z. B. wenn er um Mitternacht begänne und beim Aufwachen sozusagen da wäre, würde dies das Gefühl seiner Verschiedenheit beeinträchtigen. Sehr aufschlußreich für den Vergleich zwischen Sonntag und Schabbát ist ein Studium von S. Bacchiocchi: From Sabbath to Sunday, Rom 1977.

2 Der Schwerpunkt des jüdischen religiösen Lebens überhaupt und insbesondere des שבת Schabbát liegt nicht im ,,Gotteshaus'', sondern im Heim.

3. *R. Joseph H. Hertz* (*mündliche Mitteilung*):
Des Juden Heim ist selten sein *castle* gewesen. Es war zu allen Zeiten etwas Höheres – es war sein Heiligtum.

4. שבת קיט א׳ *bab. Schabbát 119a*:
R. Chaniná pflegte sich am Rüsttag [schön] anzukleiden, [draußen] zu stehen und zu sagen: Kommt, gehen wir der Königin שבת entgegen! R. Jannái hüllte sich in sein Gewand und sagte: Komm doch, Braut, komm doch, Braut!

5. שיר רבה א׳ *Schir Rabbá 1*:
,,Ich bin schwärzlich, aber [doch] schön'' (Hohes Lied 1:5) – das eine während der Woche, das andere am שבת.

6. פסיקתא רבתי כג *Pessiktá Rabbatí 23*:
R. Berechiá sagte im Namen des R. Chijjá bar Abbá: Der שבת *Schabbát* wurde zum Vergnügen erteilt. R. Chaggái sagte im Namen von R. Schemuél bar Nachmán: Der שבת wurde für תלמוד־תורה *Talmúd-Torá* erteilt. Dennoch besteht kein Gegensatz zwischen ihnen [. . .] ,,Zum Vergnügen'' betrifft die תלמידי־חכמים *talmidéj-chachamím* (= Gelehrte; wörtlich: Schüler der Gelehrten), die sich die Woche hindurch mit תורה abmühen und sich am שבת vergnügen; ,,zum Studium'' betrifft die Arbeiter, die sich die Woche hindurch mit ihrem Handwerk beschäftigen und am שבת mit Torá.

7. יומא פה א׳ *bab. Jomá 85a*:
Einmal ergingen sich R. Jischmaél, R. Akivá und R. Elasár ben Asariá auf dem Wege [. . .], als ihnen eine Frage vorgelegt wurde: Woher [wissen wir], daß Lebensgefahr den שבת verdrängt (= ihm vorgeht)? R. Jischmaél antwortete und sprach: ,,Wird der Dieb beim Einbruch angetroffen und [dabei vom Hauseigentümer] erschlagen, so daß er stirbt, ist deswegen keine Blutlast [auf diesem]'' (2. M. 22:1) – wenn hier, wo es doch noch zweifelhaft ist, ob der Dieb es auf Güter oder Leben abgesehen hat, und da [doch] Vergiessen von [unschuldigem] Blut das Land verunreinigt [. . .] und es [dem Hausbesitzer dennoch] erlaubt ist, sein Leben um den Preis des Lebens [des Diebes] zu retten, um wieviel mehr verdrängt Lebensgefahr den שבת![3] Es antwortete R.

3 Diese und die nächsten zwei Beweisführungen beruhen auf der ersten der dreizehn hermeneutischen Regeln des R. Jischmaél, wie sie in ספרא *Ssifrá* 1 aufgezählt sind und

Akivá und sprach: ,,Wenn jemand sich vermißt gegen seinen Genossen, ihn mit Hinterlist umzubringen, [dann] hole ihn von meiner Schlachtstatt hinweg, daß er sterbe'' (2. M. 21:14) - wenn hier [doch noch] zweifelhaft ist, ob etwas Wahres an den Anschuldigungen [des Klägers] ist [oder nicht] und da [doch] der [Opfer-]Dienst [des Priesters im Tempel][4] den שבת verdrängt, um wieviel mehr verdrängt [dann] Lebensgefahr den שבת! - Es antwortete R. Elasár ben Asariá und sprach: Wenn die מילה *milá* (= Beschneidung), die [doch] nur eines der 248 Glieder des Menschen betrifft, den שבת verdrängt, um wieviel mehr verdrängt [dann] Lebensgefahr den שבת![5] - R. Jonatán ben Josséf sagt: ,,Denn Heiligung sei [der שבת] *euch*'' (2. M. 31:14) - er ist in eure Hand ausgeliefert und nicht ihr in seine. - Es sagte Rav Jehudá[6], Schemuél hätte gesagt: Wäre ich [damals] dabei gewesen, hätte ich ihnen entgegnet, ich wüßte ein besseres Argument als ihres: ,,Wahret meine Satzungen und Rechtsgeheiße als solche, die der Mensch tut und durch welche er lebe'' (3. M. 18:5) und nicht, durch welche er sterbe.

8. מכילתא *Mechiltá, z. St.*:
,,euch ein Heiligtum'' - euch und nicht IHM.

9. שבת קנה א' *bab. Schabbát 151*:
Wir haben gelernt: R. Schimeón ben Gamliél sagte, man entweihe [wegen eines Kranken] einen שבת *Schabbát*, auf daß er viele [kommende] שבתות *Schabbatót* halte.

10. יומא פד ב' *bab. Jomá 84b*:
Es lehrten unsere Meister: Man übertritt שבת *Schabbát*[-Verbote] bei Lebensgefahr, ja, je mehr einer sich dessen befleißigt, desto lobenswerter ist er und braucht dazu keine Erlaubnis seitens eines בית־דין *bet-din* (= Gerichtshof). Und zwar wie? [. . .] Sieht er ein Kind hinter einer Tür eingeschlossen, bricht er sie auf und holt es heraus. Man lösche eine Feuersbrunst am שבת und verhindere sie, sich auszubreiten. Man wärme für einen Kranken Essen am Schabbát.

11. שבת ל א' *bab. Schabbát 30a*:
Eine Frage wurde R. Tanchúm aus Newój vorgelegt: Was ist der דין *din* [= Standpunkt]: Darf man [am Schabbát] ein Licht vor einem Kranken [auf dessen Wunsch] auslöschen [oder nicht]? Er sagte: Ein Licht heißt Licht und des Menschen Seele heißt [auch] Licht[7] - besser [daher], das von Menschen entzündete Licht verlösche als das Licht des הוא ברוך הקדוש *ha-kadósch barúch hu* (= der Heilige, er sei gepriesen).[8]

12. מכילתא *Mechiltá, z. St.*:
,,Gedenke . . .'' davor, ,,wahre . . .'' danach! Deshalb fügt man vom חול *chol* (= Alltag) zum קודש *kódesch* (= Heiliges) hinzu.[9]

13. *Y. T. Radday*: *Die verbotenen Werktätigkeiten*:
Die 39 אבות־מלאכה *avót melachá* (= Prototypen der Werktätigkeit), die, auf dem Bericht von der Errichtung des משכן *mischkán* (= Wanderheiligtum) fußend, am שבת *Schabbát* aufgrund der תורה שבעל־פה *Torá sche-be-al-pe* (= Mündliche Lehre) nicht verrichtet werden dürfen, sind:
(A) Landwirtschaft (2. M. 34:21): Säen, Pflügen usw., zusammen 8;
(B) Nahrungszubereitung (2. M. 16:5 ff.): Mahlen, Kneten, Backen, zusammen 3;
(C) Handwerk (Stiftszelt):
  (a) Textil:
    1. Wolle: Scheren, Bleichen usw., zusammen 4;
    2. Weben: Spinnen usw., zusammen 7;
    3. Nähen: Nähen, Trennen, zusammen 2;
  (b) Leder: Jagen, Schlachten, Häuten usw., zusammen 9;
  (c) Bauen: Bauen, Einreißen, zusammen 2;
  (d) Metall (2. M. 35:3): Feuer anzünden usw., zusammen 3;
  (e) Transport (Jer 17:21): 1.

14. פסיקתא רבתי כג *Pessiktá Rabbatí 23*:
Es sagte R. Judan: [Seiner] zu gedenken, erteilte

nach denen aus dem Schriftwort logisch neue Folgerungen gezogen werden dürfen. Sie heißt קל וחומר *kal wachómer* und ist der Schluß *a fortiori*, d. h. von einem leichteren auf einen schwereren Fall.

4 R. Akivá versteht unter dem ,,jemand'' in dem von ihm zitierten פסוק *passúk* (= Vers) sogar einen כהן *Kohén* (= Priester), der sich anschickt, ein Pflichtopfer darzubringen.

5 Die מילה *milá* (= Beschneidung) muß am achten Tag nach der Geburt stattfinden, auch wenn dieser ein שבת *Schabbát* ist, an dem sie eigentlich als מלאכה *melachá* (= Werk) untersagt wäre. Sie verdrängt jedoch den שבת *Schabbát*, weil sie, als das zweite der 613 Gebote schon in בראשית *Bereschít* (1. M.), Kap. 17 vorgeschrieben, dem viel später erteilten שבת-Gebot vorausgeht.

6 Diesem und Schemuél waren die Beweise der vier vorher genannten Gelehrten überliefert worden.

7 Sie wird so genannt in משלי *Mischléj* (Sprüche) 20:27.

8 Dieser Schluß vom Worte *Licht* her auf dasselbe an einer anderen Stelle folgt einer der 13 hermeneutischen Regeln, die R. Jischmaél für die Interpretation des Schriftwortes als zulässig erklärte. Sie ist der Analogieschluß, גזירה שוה *geserá schawá* genannt.

9 Diese Quelle liest aus den beiden verschiedenen Anfangswörtern der zwei Dekalog-Versionen heraus, daß der שבת *Schabbát* länger als 24 Stunden dauern soll. Seiner im voraus gedenkend, möge man sein Werk beizeiten unterbrechen, und ihn ,,wahrend'', d. h. bewahrend und nur allmählich sich von ihm losreißend, möge man ihn ein wenig verlängern und etwas vom קודש ,,Heiligen'' ins ,,weniger Heilige'' der Woche mitnehmen.

ER den Völkern der Welt, [ihn] zu wahren, erteilte ER Israel.[10]

15. *R. P. Peli: Torah Today, S. 96*:
Jegliches Werk an der Errichtung des אוהל מועד *óhel moéd* (= Stiftshütte) muß mit Anbruch des שבת Schabbats eingestellt werden. Die Zeit wurde von Gott selbst geheiligt (1. M. 2:3), während der Raum vom Menschen geheiligt werden kann und soll. Somit geht die Heiligkeit des שבת über die des zu bauenden Heiligtums hinaus [. . .]. Ihn mit allen mit ihm verbundenen Einschränkungen zu beachten ist nicht ohne Probleme, wenn eine Gesellschaft dabei ist, einen modernen Staat aufzubauen, zu verteidigen und zu verwalten. Das Werkverbot am שבת Schabbát garantiert, daß die Nation, erfüllt vom Impetus zu bauen, dabei nicht übersieht, worauf sie ausgerichtet ist.

16. מכילתא *Mechiltá, z. St.*:
,,dein Sohn usw.'' – damit sind [vielleicht] erwachsene [Kinder] gemeint? Folgere dagegen [so]: Diese sind [ja schon] für sich selbst [durch das Wort *du*] verwarnt [und darum können nur unmündige gemeint sein].[11]

17. *Y. T. Radday*:
Eine Todesstrafe, im vorliegenden Falle סקילה *ssekilá* (= Steinigung, d. h. Hinabstürzen von einem Felsen) aufgrund von במדבר *Bemidbár* (4. M.) 15:32, kann überhaupt nur dann verhängt werden, (a) wenn vor der עבירה *averá* (= Übertretung) die vorgeschriebene אתראה *atraá* (= Verwarnung) erfolgt ist, (b) wenn der Übertreter sich ausdrücklich über sie hinwegzusetzen beabsichtigt hat und (c) wenn seine Tat von zwei Zeugen, die nicht nur ihn, sondern auch einander gesehen haben müssen, beobachtet wurde. Abgesehen von obiger Stelle in במדבר *Bemidbár*, wo ein Exempel statuiert werden sollte, kann mit großer Sicherheit behauptet werden, daß nie jemand wegen חילול שבת *chillúl schabbát* (= Entweihung des Schabbáts) hingerichtet wurde. Da nun die genannten drei Vorbedingungen kaum erfüllt werden können, wird dieses Vergehen mit כרת *karét* geahndet, was die Mehrzahl der Autoritäten als מיתה בידי שמים *mitá bi-jdéj schamájim* (= Tod durch die Hand eines himmlischen Gerichts) ohne die geringste irdische Einmischung auslegt. Der Zeitpunkt, wann, und die Art, wie dieses Urteil vollzogen wird, entzieht sich menschlicher Kenntnis.

18. *Nach R. A. Steinsaltz: Talmúd la-Kol, S. 82–88 (stark gekürzt und zusammengefaßt)*:
Die am שבת *Schabbát* verbotene מלאכה *melachá* ist in keiner Weise mit dem mit ihr verbundenen Aufwand an körperlicher Anstrengung oder mit dem für sie ausgezahlten Lohn korreliert. Sie bedeutet hauptsächlich eine absichtlich ausgeführte schöpferische Tätigkeit in der physischen Welt.[12] Eine umfassende abstrakte Definition findet sich wie so oft nicht im Talmúd, weil er konkret denkt. Statt ihrer gründet er die verbotenen Tätigkeiten auf dem Muster jener, die bei der Errichtung des Wanderheiligtums notwendig waren, und zählt ihre 39 אבות־מלאכה *avót-melachá* (= ,,melachá-Väter'', d. h. Prototypen) in bab. Schabbát 73b auf. Zu ihnen kommen ihre verschiedenen Derivate תולדות *toladót* (= *melachá*-,,Nachkommen''), zu denen er mit Hilfe der ihm eigentümlichen Logik gelangt. So z. B. ist das Melken als ,,Nachkomme'' des Dreschens untersagt, weil beide eine Gemeinsamkeit verbindet: Eßbares aus einer Hülle zu gewinnen, welche zur Zeit nicht als Nahrung dient. Ein anderer zu bedenkender Aspekt ist der quantitative, d. h. bis zu welchem Stadium eine im Grunde verbotene Tätigkeit eigentlich noch gar keine ist und von welchem an sie eine ,,vollendete'' wird. Als Beispiel diene das am שבת *Schabbát* untersagte Schreiben: einen einzelnen Buchstaben zu schreiben ist noch keine Übertretung; mindestens zwei können ein hebräisches Wort bilden und sind demnach eine. Um als מלאכה *melachá* zu gelten, muß eine Tätigkeit auch eine qualitative Bedingung erfüllen, nämlich konstruktiv sein. Ist der Einsturz einer Mauer von jemandem zufällig verursacht, bedeutet es nicht חילול שבת *chillúl schabbát* (= Entweihung des Sabbats), tat er aber dasselbe, um anstelle der Mauer oder aus ihrem Material ein anderes Bauwerk herzustellen, hat er den Tag entweiht. In der rabbinischen Literatur werden diesbezügliche feine Nuancen bis ins einzelne diskutiert. Nun neigten in manchen Epochen

10 Dazu bemerkt S. R. Hirsch: ,,Dieses Zusammenfallen von Gedenken und Wahren ist Protest gegen jeden Versuch, den Sabbat in ‚geistiges Gedenken' zu verflüchtigen und ihm die Enthaltung von Werk, die שביתה *schevitá*, wonach er heißt, zu rauben. Wer ihm diese nimmt und sich mit jenem begnügen zu können glaubt, zerstört die ganze Institution.''

11 Daraus resultiert, daß unter den ,,Ruhenden'', die der Dekalog nennt, außer dem Angesprochenen nur diejenigen gezählt sind, für die er verantwortlich ist. Daß aber die Frau unter ihnen fehlt, beweist, daß die Torá sie als für sich selbst verantwortlich hält und nicht unter die Kontrolle ihres Mannes stellt, wie sie es mit den restlichen ,,Ruhenden'' tut.

12 Der Unterschied zwischen עבודה *avodá* (= Arbeit) und מלאכה *melachá* (= Werk) und was letzterer Begriff besagt, wird am besten aus einer Anekdote klar:
Den gefeierten englischen Schriftsteller Oscar Wilde fragte einmal beim Fünf-Uhr-Tee eine Bewunderin, was wohl jemand wie er am Vormittag getan hätte. Wilde antwortete, er hätte gelesen, was er am Tage zuvor geschrieben hätte und dann ein Komma ausgestrichen. ,,Hochinteressant,'' sagte die Dame, ,,und was taten Sie, bevor sie nachmittags hierher kamen?'' – ,,Ich las das Ganze noch einmal und sorgfältiger und setzte dann das Komma an derselben Stelle wieder ein.'' – Das war ein *Tagwerk* ohne Arbeit.

חז"ל *chasál* (= unsere Gelehrten gesegneten Andenkens) dazu, die Beobachtung des Werkverbotes zu erleichtern, in anderen (und häufigeren), es strikter zu interpretieren. Jedenfalls bauten sie um die verbotenen ,,Nachkommen'' noch einen סייג *ssejág* (= Zaun), eine Art *cordon sanitaire*, hier שבות *schevút* genannt. Der Begriff umfaßt jene Dinge, die an und für sich nicht מלאכה *melachá* sind, aber dazu angetan sein könnten, das erhebende Gefühl der Werkunterbrechung zu beeinträchtigen. Darauf ist es zurückzuführen, daß Geschäft, Handel und jeglicher Umgang mit Geld am שבת *Schabbát* nicht stattfinden dürfen. Noch weiter geht das Verbot des מוקצה *mukzé* (= ungefähr: abgetrennt), wonach Geräte, mit denen eine מלאכה *melachá* ausgeführt werden könnte, gar nicht in die Hand genommen werden sollen. Auch hierin gehen die Entscheidungen der erschwerenden und der mildernden Autoritäten bis heute auseinander.

19. ירושי' שבת ב,א *jer. Schabbát 2,1*:
Alles, was von selbst geschieht, ist gestattet.

20. שבת מו ב' *bab. Schabbát 46b*:
Unterliegt einer Handlung keine Absicht, ist sie erlaubt.

21. שבת קיז ב' *bab. Schabbát 117b*:
,,Allerart Werk'' – man lehrte ihn R. Jischmaéls Lehrhaus: Ausgenommen [z. B.] ein Horn zu blasen und [fertig gebackenes] Brot aus dem Ofen zu holen, was Geschicklichkeit und kein Werk ist.

22. שבת קו א' *bab. Schabbát 106a*:
Wer zerstört, ist schuldlos. [Zerstört man zwecks Reparatur, heißt es Übertretung.]

23. מכילתא *Mechiltá, z. St.*:
,,Gedenke . . .'' – R. Elasár ben Chananiá sagt: Denke an ihn schon am ersten Wochentag! Findest du ein schönes Stück [Fleisch], bereite es für שבת *Schabbát* vor.

24. ר' עובדיה ספורנו *R. Ovadiá Sefórno, z. St.*:
,,Gedenke'' ist die Mahnung an den Menschen, seine Angelegenheiten an den Werktagen so zu ordnen, daß er sich ihnen am שבת *Schabbát* entziehen kann.

25. פסחים קו א' *bab. Pessachím 106a*:
,,Gedenke . . .'' – R. Jizchák sagte: Zähle die Wochentage nicht nach der Art der [anderen] Völker, sondern zähle sie in Bezug auf den שבת *Schabbát*.[13] – ,,Gedenke . . .'' unsere Meister lehrten: Gedenke seiner bei seinem Eingang mit Wein[14] – aber woher [entnehmen wir], wir sollten seiner schon gedenken, solange es noch Tag ist, [also] davor? Die תורה *Torá* sagt ja selbst ,,Sabbat-*Tag*'' [und nicht Abend].

26. ר' עובדיה ספורנו *R. Ovadiá Sefórno, z. St.*
,,Gott segnete den siebenten Tag und heiligte ihn'' (1. M. 2:3) – und zwar für die Zukunft, daß der Mensch an ihm mehr als an allen anderen Tagen für eine höhere Seele [vielleicht besser: ein höheres Leben] empfänglich sei.

27. רש"י *RaSCHI, z. St.*:
,,Gott vollendete am siebenten Tag sein Werk'' (1. M. 2:2) – was fehlte der Welt noch [nach der Schöpfung]? Ruhe! Mit ihm kam die Ruhe, und so war die Schöpfung vollendet.[15]

28. שבת ע א' *bab. Schabbát 70a*:
Es wird gelehrt: Das Anzünden war zuerst in den מלאכות *melachót* inbegriffen – warum aber wurde es ausgenommen [und separat untersagt]? Um von ihm [etwas] abzuleiten und dir zu sagen, daß, so wie das Anzünden ein אב־מלאכה *av-melachá* (= Prototyp einer Werktätigkeit) ist und [daß, so wie] man sich [bei Übertretung] seinetwegen *per se* schuldig macht, dasselbe [auch] für jede einzelne andere Werktätigkeit gilt [die man an ein und demselben שבת *Schabbát* verrichtet].

29. ר' עובדיה ספורנו *R. Ovadiá Sefórno, z. St.*:
[. . .] das Entzünden von Feuer ist verboten, weil es bei allen oder [wenigstens] den meisten מלאכות *melachót* (= Werktätigkeiten) ein [notwendiges] Mittel ist.

30. רש"י *RaSCHÍ, z. St.*:
Manche unserer Meister sagen, das Anzünden stehe separat, um zu lehren, daß dieses [nur] ein [einfaches] Verbot sei[16], und andere, daß [jede einzelne verbotene Tätigkeit] getrennt betroffen ist.[17]

13 Das Hebräische hat bis heute keine Namen für die Wochentage, sondern nennt den Sonntag ,,Ersten Tag'', den Montag ,,Zweiten Tag'' usw., den Freitag entweder ,,Sechsten Tag'', doch besser ערב־שבת *Érev-Schabbát* (= [Vor-]Abend des Sabbats oder Rüsttag).

14 Woher lernen die Meister den Wein? Der Verbalstamm זכר (= gedenken) kehrt in Hos 14:8 im Worte זכרו *sichró* wieder, welches dort so viel wie die Blume des Weines bedeutet – ein willkommener Anhaltspunkt, an ihn die Vorschrift anzuknüpfen, den Eingang des שבת *Schabbát* mit Weingenuß zu begehen – selbstverständlich, ohne sich zu betrinken.

15 RaSCHI stößt sich daran, daß es ja heißen müsse, die Schöpfung sei am sechsten Tag bereits vollendet gewesen. Er liest daher den hebräischen Text als ,,*mit* dem siebenten Tag'', d. h. durch ihn, was sprachlich absolut legitim ist. So ist die Schwierigkeit gelöst, ohne die Torá zu korrigieren, anders als es die moderne Kritik tut, die das Wort ,,siebenten'' kurzerhand durch ,,sechsten'' ersetzt.

16 D. h., daß keine Todesstrafe darauf stehe, ungleich den anderen verbotenen Handlungen.

17 Was hier zur Frage steht, ist, ob die Entweihung ein und desselben Schabbáts durch mehrere Übertretungen

31. מכילתא *Mechiltá, z. St.*:
,,am Tage des Sabbats'' – an diesem Tage zündest du nicht an, aber am Rüsttag zündest du an [und darfst das Feuer brennen lassen].

32. ר׳ אברהם איבן עזרא *R. Avrahám ibn Esrá, z. St.*:
[Die Warnung ist hier vonnöten] weil die Schrift [zwar auch] beim Péssachfeste (2. M. 12:16) jedwede מלאכה *melachá* verbietet, aber [trotzdem] im selben Vers die Zubereitung der [notwendigen] Nahrung [für den betreffenden Tag!] gestattet, während hier [trotz identischem Gebrauch von מלאכה] Backen und Kochen [durch das Feuerverbot] untersagt ist. Der Gaón Rav Saadiá hat ein ganzes Buch von Gutachten gegen jene verfaßt, die in Bezug auf [das Anzünden des] נר־שבת *ner-schabbát* (= Sabbatlicht) unseren [großen] Vorgängern widersprechen.[18]

33. יבמות ו ב׳ *bab. Jevamót 6b*:
Im weiteren (4. M. 35:29) heißt es ,,Rechtssatzung für eure Geschlechter in allen euren Siedlungen'' – wie Siedlungen dort ein בית־דין *bet-din* (= Gerichtshof) betreffen, so betreffen sie auch hier ein solches. Somit verdrängt ein Todesurteil nicht den שבת *Schabbát*.[19] Daraus [folgt], gerichtliche Urteilssprechung [und Sitzung] geht dem שבת *Schabbát* nicht vor.

34. שבת כ א׳ *bab. Schabbát 20a*:
,,in allen euren Siedlungen'' – in ihnen verbrennst du nichts, aber die inneren Teile der Opfer verbrennst du.[20]

35. ערובין נא א׳ *bab. Eruvín 51a*:
,,Wegziehe niemand von seinem Ort am siebten Tag'' (2. M. 16:29) – R. Chissdá sagte: Wir entnehmen [den Sinn von diesem] ,,Ort'' aus [dem Sinn des in 2. M. 21:13 genannten] ,,Ort'' [. . .] und [den Sinn von diesem] aus der ,,Grenze'' [der Zufluchtstadt in 4. M. 35:26–27] und [den Sinn der] ,,Grenze'' aus dem Schriftwort ,,und messet außerhalb der Stadt 2000 Ellen'' (4. M. 35:5).[21]

als ein einziges Vergehen gilt oder ob jede Übertretung für sich ein solches ist. Das letztere ist die rezipierte הלכה *Halachá*. Hier findet die folgende der dreizehn hermeneutischen Regeln des R. Jischmaél Anwendung: ,,Jedes Teil, das einer Gesamtheit entnommen ist, um [etwas] zu lehren, belehrt nicht nur über sich allein, sondern über jedes andere Detail der Gesamtheit.''

18 Es fragt sich, ob das hebräische Verbum für *anzünden* auch *angezündet lassen* umfaßt. Es war wahrscheinlich die Absicht der Rabbinen und lag ihnen am Herzen, den שבת *Schabbát* und speziell die erste Abendmahlzeit an ihm durch Beleuchtung möglichst freudig zu gestalten. Diese Überlegung wird sie wohl bewogen haben, sich für den ausgedehnteren Sinn des Wortes zu entscheiden [d. h. anzünden und brennen lassen]. Ibn Esrá spielt auf das Responsum an, welches Rav Saadiá Gaón gegen die Karäer geschrieben hatte. Diese hielten sich an den engen Sinn der Schrift im allgemeinen und des strittigen Wortes im besondern und pflegten deswegen die Zeit zwischen dem Untergang der Sonne am Freitag und ihrem Aufgang am Schabbát in Finsternis zu verbringen und die feierliche Abendmahlzeit in Finsternis einzunehmen.

19 Weil eines der möglichen Urteile zum Feuertode führen könnte. Obzwar an jener Stelle von Strafrecht gesprochen wird, dehnt die הלכה *Halachá* obiges auch auf Zivilrecht, ja auf jegliche Gerichtssitzungen aus, die demnach nicht am שבת stattfinden dürfen. Die Vorschrift wurde danach auch auf Festtage erweitert. Die obige הלכה *Halachá* gründet sich auf einen Analogieschluß (גזירה שווה *geserá schawá*) von einem Wort auf dasselbe an einer anderen Stelle, die zweite der dreizehn logischen Interpretationsreglen des R. Jischmaél.

20 An einem Tage, an dem im בית־המקדש *bet ha-mikdásch* aus irgend einem Grunde viele Opfer dargebracht wurden, durften deren innere Teile nach נעילת־שערים *neilát schearím* (= Sperrung der Tore) während der darauf folgenden Nacht verbrannt werden. War ein solcher Tag ein Freitag, bedurfte es der obigen Auslegung, um dergleichen nach Eintritt des שבת *Schabbát* zu gestatten.

21 Die Beweisführung folgt der hermeneutischen Regel גזירה שווה *geserá schawá* (= Analogie) des R. Jischmaél in Ssifrá – siehe Anmerkungen Nr. 8 und 19. Der תחום שבת *techúm schabbát* (= Sabbatgrenze für Fußgänger) ist demnach 2000 Ellen, d. h. ungefähr 1¼ Kilometer, und zwar quadratisch gemessen jenseits der jeweiligen Ortsgrenze in den vier Himmelsrichtungen, so daß der Endpunkt in der Diagonale entfernter liegt. Dabei bleibt die Ausdehnung des Ortes unbeachtet, und so kann das ,,freie'' Gebiet für Bewohner einer Großstadt vielhundertfach weiter sein als für Dorfbewohner. Dieser Mangel an Konsequenz ist aber nur ein scheinbarer, denn man kann den Gelehrten getrost zutrauen, daß sie ihn nicht übersehen haben. Sie trafen anhand der Überlegungen des R. Chissdá die הלכה *Halachá* wahrscheinlich nach Vertiefung in die Absichten der Schriftlichen Lehre dergestalt, daß Familienmitglieder und Freunde ,,am Orte'' einander am שבת *Schabbát* besuchen können. Außerdem fanden sie folgende Möglichkeit, den תחום שבת *techúm schabbát* um das Doppelte zu erweitern. Der *terminus technicus* dafür heißt עירוב *erúv* (= Vermischung). Man hinterlegt am Wochentage an der Grenze selbst Nahrungsmittel im Maße von zwei Mahlzeiten und gewinnt durch diese *fictio legalis* – als ob man an der Grenze wohnte! – weitere 2000 Ellen. Der Einwand, dies sei eine Finte und sei, wie ein nichtjüdischer Theologe vorbringt, ,,einer Religion unwürdig'', ist nicht stichhaltig. Hier geht es um ein Gesetz, das ebenso verpflichtend – und schwer zu befolgen – ist wie jenes, das die Einkommenssteuer vorschreibt. In diesem Falle wie in dem der Sabbatgrenze setzt der einzelne alles daran, seine Pflicht zu erfüllen, scheut sich aber dabei nicht, einen Sachverständigen zu Rate zu ziehen, der ihm die Pflichterfüllung möglichst, jedoch immer innerhalb der Schranken des Gesetzes, erleichtert. Wahrscheinlich wird heutzutage vom עירוב *erúv* weit weniger Gebrauch gemacht als früher, weil bei der Ausdehnung der modernen Siedlungen, auch der ländlichen, mit der Erweiterung des תחום שבת *techúm Schabbát* um etwas mehr als einen Kilometer ohnedies kaum jemand gedient wäre.

36. *Y. T. Radday*:
Die Benutzung von Fahrzeugen stellt ein חילול־שבת *chillúl schabbát* (= Sabbatentweihung) dar, und zwar als Verletzung eines rabbinischen und nicht eines Torá-Gebotes. Diese Sabbatentweihung hat drei Gründe: Fahren kann „anzünden" implizieren, z. B. einen Motor anzulassen; und Fahren kann zur Übertretung der Sabbatgrenze führen. Der dritte Grund ist das Verbot des Transportes von einem „Bereich" (רשות *reschút*) in den anderen. Dies hier zu erläutern würde zu weit führen.

37. משנה חגיגה א,ח *Mischná Chagigá 1,8*:
Die Sabbatvorschriften gleichen Bergen, die an einem Haar hängen.

38. מנחות כט *bab. Menachót 29*:
Rav Jehudá sagte, Rav habe gesagt: Als משה Mosché nach oben abberufen wurde, fand er הקדוש ברוך הוא *ha-kadósch barúch hu* (= der Heilige, gelobt sei er), wie er da sitzt und kleine Krönchen auf den Buchstaben [eines ספר תורה *sséfer Torá*] vermerkte.[22] Da sagte er vor[23] ihm: Herr der Welt, wer hindert dich [, sie wegzulassen]? Er sagte ihm: Es gibt jemanden, der nach vielen Generationen leben, Akivá ben Josséf heißen und über jedes einzelne Krönchen Berge über Berge von הלכות *Halachót* aufhäufen wird. Er sagte vor ihm: ריבונו של עולם *ribbonó schel olám* (= Herr der Welt), laß mich ihn sehen. Er sagte ihm: Dreh dich um [und schaue] voraus. Er ging und setzte sich in die letzte der acht Reihen [der Studenten], aber er verstand nichts von dem, was man lehrte, und das tat ihm sehr weh. Als [aber R. Akivá] zu einer bestimmten Stelle kam und seine Schüler ihn fragten, Rabbi, woher [ist] dir [das bekannt]?, sagte er ihnen: הלכה למשה מסיני *halachá le-Mosché mi-Ssinái* (= Halachá ist es dem Mosché seit Ssinái). Da war Mosché zufrieden, kehrte um, kam vor הקדוש ברוך הוא *ha-kadósch barúch hu* und sagte vor ihm: ריבונו של עולם *ribbonó schel olám*, du hast so einen Mann und erteilst die Torá durch mich? Er sagte: So habe ich es geplant. Er sagte vor ihm: ריבונו של עולם, du hast mich seine Gelehrsamkeit sehen lassen, laß mich [jetzt auch] seinen Lohn sehen. Er sagte ihm: Dreh dich um [und schaue] voraus. Er drehte sich um und blickte hinab und sah, daß man [R. Akivás] Fleisch in einem Metzgerladen [zum Verkauf] abwog.[24] Er sagte vor ihm: Solche Torá und solcher Lohn? Er sagte: Schweig still! So habe ich es geplant.

22 Solche kleinen Krönchen (תגים *tagím*) werden bis heute der Tradition gemäß in jedem handgeschriebenen ספר תורה *sséfer Torá* vom Torá-Schreiber auf gewissen Buchstaben vermerkt.
23 *vor* statt *zu* aus Respekt.
24 R. Akivá wurde nach dem Zusammenbruch des Bar-Kochbá-Aufstandes von den Römern hingerichtet, indem man ihm die Haut vom lebendigen Leib abzog.

39. *Achad Ha'ám III, 79*:
Ohne Übertreibung können wir sagen: Mehr als die Juden für die Erhaltung des Sabbats getan haben, hat der Sabbat für die Erhaltung der Juden getan. Hätte er ihnen nicht allwöchentlich ihre Seele wiedergegeben und ihre geistige Spannkraft erneuert, so hätte die Fron der Werktage sie immer mehr herabgezogen, und sie wären dadurch schließlich auf die tiefste Stufe des Materialismus und der moralischen und geistigen Gesunkenheit gelangt. Darum braucht man wahrlich kein Zionist zu sein, um die ganze Herrlichkeit der geschichtlichen Weihe zu empfinden, die über diese „gute Gabe" gebreitet ist und sich mit aller Macht gegen diejenigen zu wehren, die den Sabbat antasten wollen.[25]

40. בראשית רבה יא *Bereschít Rabbá 11*:
R. Schimeón bar Jochái lehrte: Es sprach der שבת vor[26] dem Herrn der Welt: Alle Tage haben einen Partner, nur ich habe keinen. Da sagte הקדוש ברוך הוא *ha-kadósch barúch hu* (= der Heilige, gelobt sei er): Das Volk Israel sei dein Partner.[27]

41. איכה רבתי *Ejchá Rabbatí*:
Warum fiel [Bar-Kochbás Festung] Tur-Schimeón? Weil dort am שבת *Schabbát* Ball gespielt wurde.[28]

42. שבת קי״ח ב׳ *bab. Schabbát 118b*:
Es sagte R. Jochanán im Namen des R. Schimeón bar Jochái: Würde Israel zwei [aufeinander folgende] שבתות *Schabbatót* halten [wie es sein soll[29]], würde es sofort erlöst werden.

43. פסיקתא רבתי כג *Pessiktá Rabbatí 23*:
Wer שבת *Schabbát* hält, hält [sozusagen damit] die ganze תורה *Torá*.

25 Der Verfasser dieser Zeilen war sehr wohl Zionist, ja sogar einer der geistigen Führer des Kulturzionismus. Es äußert sich in diesen Zeilen, bei aller Ehrerbietung, die er der Institution des שבת *Schabbáts* zollt, die zwischen der jüdischen Religion und der zionistischen Idee herrschende ambivalente Beziehung: Diese sieht wie Achad Ha'ám in der Religion ein Instrument für den Fortbestand der Judenheit, jene in der Judenheit ein Instrument für die Verwirklichung des göttlichen Willens auf Erden. Dann wäre ein Judenstaat ohne Beachtung des Sabbats sinnlos. Der Konflikt zwischen den beiden Anschauungen ist seit Jahrzehnten das gewichtigste innenpolitische Problem im Staate Israel.
26 *vor* statt *zu* aus Respekt.
27 Die sechs Wochentage ergeben drei Paare.
28 Ballspiel in einem sog. Gymnasion (Sportplatz) war ein Zeichen der Assimilation an die hellenistische Kultur. Ihr schreibt diese אגדה *Aggadá* den Zusammenbruch der jüdischen Revolte gegen Kaiser Hadrian zu.
29 Die אגדה *Aggadá* meint, der erste חילול־שבת *chillúl-schabbát* (= Sabbatentweihung) in במדבר *Bemidbár* (4. M.) 15:32 sei schon am Schabbát nach der Offenbarung am Ssinái erfolgt.

44. מכילתא יתרו *Mechiltá Jitró*:
Wer den שבת *Schabbát* hält, legt Zeugnis für den Schöpfer ab.[30]

45. ר' יהודה הלוי, כוזרי *R. Jehudá ha-Levi, Kusari II,50*:
Die Beachtung des Sabbats bedeutet an sich schon, sich zu Gott zu bekennen, denn wer das tut, weil am Sabbat das Schöpfungswerk seine Vollendung fand, der hat ja damit die Schöpfung und mit ihr den Schöpfer anerkannt [. . .]. So führt שמירת שבת *schemirát schabbát* (= Wahrung des Sabbats) mehr zum Schöpfer hin als Askese und Einsiedelei.

46. *S. R. Hirsch*: *Der jüdische Sabbat, S. 36*:
[a] Der Sabbath geht der Zeit und Bedeutung nach der ganzen Institution des Judentums voran [. . .]. Aus ihm geht erst die Heiligkeit Isreaels und seiner Feste hervor, מקדש השבת וישראל והזמנים *mekkadésch, ha-Schabbát, Jissraél we-hasemanim* [= Sonderer (1) des Schabbáts, (2) Isra-éls und (3) der (Fest-)Zeiten]. Tilge den Sabbath und du hast Israel und seiner Religion den Boden zertrümmert [. . .]. [Es] konnten Tempel und Altar in Trümmer und Asche zerfallen, der Sabbath aber [. . .] ist das [. . .] Heiligtum, das den Juden überall und immer begleitet, das der Jude mit jedem siebenten Tage sich immer neu erbaut לעשות את השבת [*la-assót et ha-schabbat* = den Sabbát machen - 2. M. 31.16].
[b] Feierst du den Sabbath, so bezeugst du es und zeigst es deinem Gotte immer auf's Neue, daß du sein seiest, daß du ihm angehörest, daß du dich durch ihn heiligen lassest, und vollziehest immer neu das Bündnis, unterschreibst gleichsam immer neu deinen Bundesbrief mit Gott.
[c] Nicht heißt es, [. . .] wer am Sabbath nicht betet, [. . .] sondern also heißt es, wer am Sabbath Werk übt, der entwurzelt seine Seele aus dem Kreis seines Volkes, wer am Sabbath Werk übt, ist dem Tode verfallen. [. . .] Werkenthaltung ist das Zeichen, das Gott an jedem Sabbath erwartet, Werkenthaltung das Zeichen, woran er dich erkennen will, ob du noch Sein dich nennst. [. . .] Durch Werkenthaltung am Sabbath legst du dich und deine Welt huldigend auf Gottes Weihaltar.

47. מהר"ל *MaHaRáL, par. 171*:
Die materielle Welt hat sechs Dimensionen: die Himmelsrichtungen, unten und oben, und sie ist meßbar. Mit שבת *Schabbát* ward ihr eine siebte Dimension verliehen: die des Heiligen, durch die alles andere sinnvoll wird. Welchen Wert hat die Materie ohne Sinn? Liegt denn nicht gerade das Wertvollste im Leben jenseits aller Meßbarkeit wie die Liebe, die Treue und die Wahrheit? Und kann deswegen ihre Existenz geleugnet werden? Sie alle liegen außerhalb der Natur, die „gut", ja sogar „sehr gut" sein kann, doch an sich sinnlos ist, aber Sinn erhält, wird sie als von Gott in freier Absicht geschaffen angesehen. Dem Menschen ist es gegeben, die materielle Welt zu transzendieren. Dies zu bewerkstelligen, dazu verhilft ihm der „besondere Tag".

48. *R. Benjamin S. Jacobson*: *Meditations on the Torah, S. 121 ff.*:
Am שבת *Schabbát* hat der Mensch, der Herr der Natur und das schöpferischste Geschöpf, von seiner schöpferischen Überlegenheit abzulassen. Wie an ihm der Schöpfer die Schöpfung der Natur in Harmonie beendete, ebenso stelle an ihm der Mensch den harmonischen Zustand der Natur wieder her, wohin er dann als bloßes Geschöpf unter Nichteinmischung in die physische Welt zurückkehrt. Mit seinem Werkeinhalt bezeugt er, daß er ein abhängiger Untergebener und zum Herrn über die Natur nur zeitweise bestallt worden ist.

49. בראשית רבה נז *Bereschít Rabbá 57*:
שבת *Schabbát* ist [wie] ein Sechzigstel von „jener Welt".

50. ברכת המזון *Birkát ha-masón* (= *Tischsegen*):
Der Allerbarmer, er gewähre uns den Tag, der ganz und gar שבת *Schabbát* ist, und Ruhe im Weltzeitleben.

51. *E. Fromm*: *Ihr werdet sein wie Gott, S. 159 ff.*:
Der Sabbat symbolisiert einen Zustand der Einheit zwischen Mensch und Natur und zwischen Mensch und Mensch. Indem man nicht arbeitet - d. h., indem man an dem Prozeß von Veränderungen in der Natur und in der Gesellschaft nicht teilnimmt -, ist man frei von den Fesseln der Zeit, wenn auch nur an einem Tag der Woche.
Die volle Bedeutung dieser Idee kann man nur im Kontext der biblischen Philosophie von der Beziehung zwischen Mensch und Natur und im Zusammenhang mit dem Begriff der messianischen Zeit verstehen. Der Sabbat ist die Vorwegnahme der messianischen Zeit, welche manchmal auch als „die Zeit des ewigen Sabbats" bezeichnet wird; aber er ist nicht nur die *symbolische* Vorwegnahme der messianischen Zeit - er ist auch ihr realer Vorläufer. Der Talmud sagt dazu: „Wenn ganz Israel nur ein einziges Mal zwei Sabbate [nacheinander] voll und ganz einhalten würde, so wäre der Messias da"

30 Das Sabbat-Gebot ist das 4. im Dekalog und steht auf der ersten der beiden לוחות הברית *luchót ha-berit* (= Bundestafeln) dem 9. Gebot auf der zweiten Tafel gegenüber, und dieses warnt vor falscher Zeugenschaft.

(bab. Schabbát 118a).[31] Der Sabbat ist die Vorwegnahme der messianischen Zeit nicht durch ein magisches Ritual, sondern durch ein praktisches Verhalten, das den Menschen in eine reale Situation der Harmonie und des Friedens versetzt. Die andere Lebenspraxis verändert den Menschen. Diese Wandlung drückt der Talmud folgendermaßen aus: ,,Rabbi Simeon ben Lakisch sagte: Am Vorabend des Sabbats gibt der Heilige, gesegnet sei er, dem Menschen eine zusätzliche Seele, und am Ende des Sabbats nimmt er sie ihm wieder'' (bab. Bavá Meziá 16a).

,,Ruhe'' ist in der traditionellen Auffassung des Sabbats etwas völlig anderes als die ,,Ruhe'', die man als ,,nicht arbeiten'' oder ,,sich nicht anstrengen'' definiert (genau wie ,,Friede'' – *schalom* – in der prophetischen Überlieferung mehr ist als nur die Abwesenheit von Krieg; er drückt Harmonie und Ganzheit aus). Am Sabbat hört der Mensch völlig auf, ein Tier zu sein, dessen Hauptbeschäftigung es ist, um sein Überleben zu kämpfen und sein biologisches Leben zu erhalten. Am Sabbat ist der Mensch ganz Mensch, und er hat keine andere Aufgabe, als Mensch zu sein. In der jüdischen Überlieferung ist nicht die Arbeit der höchste Wert, sondern die Ruhe, der Zustand, der keinen anderen Zweck hat als menschlich zu sein [. . .] Er ist zu einem Tag der Freude und des Vergnügens geworden. Essen, Trinken, geschlechtliche Liebe neben dem Studium der Bibel und religiöser Schriften waren in den vergangenen zweitausend Jahren kennzeichnend für die jüdische Sabbatfeier. Aus einem Tag der Unterwerfung unter die bösen Mächte des Saturn wurde der Sabbat zu einem Tag der Freiheit und Freude.

Wir können den Wandel in der Stimmung und Bedeutung dieses Tages nur ganz verstehen, wenn wir uns die Bedeutung des Saturn vor Augen halten. Dieser symbolisiert nach alter astrologischer und metaphysischer Überlieferung die Zeit. Saturn ist der Gott der Zeit und daher der Gott des Todes. Insofern der Mensch wie Gott ist, begabt mit einer Seele, mit Vernunft, Liebe und Freiheit, ist er Zeit und Tod nicht unterworfen. Aber insofern der Mensch ein Tier mit einem Körper ist, der den Naturgesetzen unterworfen ist, ist er ein Sklave der Zeit und des Todes. Die Babylonier suchten den Herrn über die Zeit durch Selbstkasteiung zu besänftigen. Die Bibel unternimmt mit ihrer Auffassung vom Sabbat einen völlig neuen Versuch, das Problem zu lösen: Indem sie die Einmischung in die Natur einen Tag lang unterbricht, schaltet sie die Zeit aus; wenn es keine Veränderung, keine Arbeit, keine Einmischung des Menschen gibt, so gibt es auch keine Zeit. Anstelle eines Sabbats, bei dem sich der Mensch vor dem Herrn der Zeit beugt, symbolisiert der biblische Sabbat den Sieg des Menschen über die Zeit. Die Zeit ist aufgehoben; Saturn ist ausgerechnet an dem ihm geweihten Tag entthront. Der Tod ist aufgehoben, und das Leben regiert den Sabbat.

31 Vgl MATERIAL Nr. 42.

52. *A. Lohrbächer* (*mündliche Mitteilung*): Gefeiert wird Gottes Schöpfung nur bei den Juden und zwar einmal wöchentlich – an ihrem Sabbat.

53. קידוש *Kiddúsch*:

בָּרוּךְ אַתָּה יְיָ* אֱלֹהֵינוּ מֶלֶךְ הָעוֹלָם
אֲשֶׁר קִדְּשָׁנוּ בְּמִצְוֹתָיו וְרָצָה בָנוּ
וְשַׁבַּת קָדְשׁוֹ בְּאַהֲבָה וּבְרָצוֹן הִנְחִילָנוּ
זִכָּרוֹן לְמַעֲשֵׂה בְרֵאשִׁית,
כִּי הוּא יוֹם תְּחִלָּה לְמִקְרָאֵי קֹדֶשׁ
זֵכֶר לִיצִיאַת מִצְרָיִם,
כִּי־בָנוּ בָחַרְתָּ וְאוֹתָנוּ קִדַּשְׁתָּ מִכָּל־הָעַמִּים
וְשַׁבַּת קָדְשְׁךָ בְּאַהֲבָה וּבְרָצוֹן הִנְחַלְתָּנוּ.
בָּרוּךְ אַתָּה יְיָ מְקַדֵּשׁ הַשַּׁבָּת:

* Beim lauten (außer liturgischem) Lesen ist dieses Kürzel השם *ha-schem* auszusprechen.

Gelobt seist DU[32], unser Gott, König der Welt, der uns gesondert hat durch seine Gebote und erwählt und seinen heiligen Sabbat in Liebe und Wohlgefallen uns zum Anteil gegeben hat als Gedenken des Schöpfungswerkes; denn er ist der erste Tag der heiligen Zusammenkünfte, eine Erinnerung an den Auszug aus Ägypten. Ja, uns hast du gesondert von allen Völkern und deinen heiligen Sabbat uns in Liebe und Wohlgefallen zum Anteil gegeben. Gelobt seist DU, Sonderer[33] des Sabbats.

32 Das deutsche DU soll mit Buber/Rosenzweig dem hebräischen vierbuchstabigen göttlichen Namen (Tetragrammaton) J-H-W-H entsprechen, dessen Aussprache schon in uralten Zeiten vermieden wurde, bis sie ganz in Vergessenheit geriet. Aber auch ihn niederzuschreiben oder zu drucken wird möglichst umgangen. Deshalb steht in jeder der obigen vier ברכות *berachót* als drittes Wort das Siglum יי״. Es wird השם *ha-schem* (= der Name) ausgesprochen, im Gebet aber אדני *Adonáj* (= mein Herr). Siehe Anm. Nr. 1.

33 Zu dieser Übersetzung siehe LEITBLATT Nr. 5.

54. הבדלה *Havdala*:

בָּרוּךְ אַתָּה יְיָ אֱלֹהֵינוּ מֶלֶךְ הָעוֹלָם בּוֹרֵא פְּרִי הַגָּפֶן:
בָּרוּךְ אַתָּה יְיָ אֱלֹהֵינוּ מֶלֶךְ הָעוֹלָם בּוֹרֵא מִינֵי בְשָׂמִים:
בָּרוּךְ אַתָּה יְיָ אֱלֹהֵינוּ מֶלֶךְ הָעוֹלָם בּוֹרֵא מְאוֹרֵי הָאֵשׁ:
בָּרוּךְ אַתָּה יְיָ אֱלֹהֵינוּ מֶלֶךְ הָעוֹלָם
הַמַּבְדִּיל בֵּין קֹדֶשׁ לְחוֹל בֵּין אוֹר לְחֹשֶׁךְ, בֵּין
יִשְׂרָאֵל לָעַמִּים, בֵּין יוֹם הַשְּׁבִיעִי לְשֵׁשֶׁת יְמֵי
הַמַּעֲשֶׂה. בָּרוּךְ אַתָּה יְיָ הַמַּבְדִּיל בֵּין קֹדֶשׁ לְחוֹל:

Gelobt seist DU, unser Gott, König der Welt, Schöpfer der Weinstock-Frucht.

Gelobt seist DU, unser Gott, König der Welt, Schöpfer der Gewürzarten.

Gelobt seist DU, unser Gott, König der Welt, Schöpfer der Feuerleuchten.

Gelobt seist DU, unser Gott, König der Welt, der unterscheidet zwischen Heiligem und Nichtheiligem, zwischen Licht und Finsternis, zwischen Israel und den Völkern, zwischen dem siebten Tag und den sechs Werktagen. Gelobt seist DU, der unterscheidet zwischen Heiligem und Nichtheiligem.

1. Fünfundzwanzig Stunden Paradies

Am Freitagnachmittag drängt die Zeit. Die Sabbatuhr wird eingestellt, um das elektrische Licht vor dem Schlafengehen auszulöschen. Der שבת *Schabbát* beginnt je nach Jahreszeit und geographischer Lage zu verschiedener Zeit, d. h. immer ungefähr eine halbe Stunde vor Sonnenuntergang, und dauert bis ungefähr ebenso lange nach Sonnenuntergang, also über 25 Stunden. Im Sommer vor und im Winter nach seinem Eintritt lassen sich die Eltern von den Kindern berichten, was sie in der Schule zur פרשה *paraschá* (= Wochenabschnitt) gelernt haben. Man schaut auf die Uhr, bricht beizeiten ab, und Väter und Söhne gehen schnell (und selbstverständlich zu Fuß) in die Synagoge. Die Mutter und die Töchter entzünden die שבת-Lichter und sprechen danach die ברכת הנרות *birkát ha-nerót* (= Segensspruch über die Lichter), denn mit dem Entzünden haben sie bereits den שבת *Schabbát* ,,übernommen'', und Feuer darf dann nicht mehr angezündet werden.
Im בית הכנסת *bet ha-kenésset* (= Haus der Versammlung = Synagoge) wird kurz מנחה *Minchá* (= Nachmittagsgebet) gebetet, dann unterbricht man eine Weile, während der manchmal einer der Anwesenden eine דרשה *deraschá* (= Lehrvortrag) über ein Detail in der פרשה *paraschá* hält, dessen Schwierigkeit den meisten schon bekannt sein müßte, denn sie haben ja im Laufe der Woche täglich ,,ein Stück Torá'' gelernt.
Vor dem üblichen ערבית *Arvít* (= Abendgebet) beginnt man heute ausnahmsweise mit קבלת־שבת *kabbalát-schabbát* (= Empfang des Schabbát) und zwar mit sechs Jubelpsalmen und der Hymne לכה דודי *Lechá Dodí* (= Komm, mein Freund [nämlich der Braut entgegen]). Wie alle drei Pflichtgebete ist auch ערבית *Arvít* am שבת *Schabbát* verkürzt, denn die בקשות *bakkaschót* (= Bitten, Wünsche) sind gestrichen, ist doch der Tag ein so glücklicher, daß sie alle schon als wenigstens zeitweise erfüllt betrachtet werden - und wenn sie es nicht sind, ihrer gar nicht gedacht werden soll. Auch soll genügend Zeit fürs Studium bleiben. So geht man denn schon nach einer Stunde, diesmal gemächlich, nach Hause, begrüßt einander mit שבת־שלום *Schabbát-Schalóm* und unterhält sich auf dem Heimweg mit Freunden vergnügt über alles - nur nicht über den Beruf -, vorzüglich über die eben gehörte דרשה *deraschá* (= Lehrvortrag). Daheim segnet der Vater jedes seiner Kinder - auch die erwachsenen unter ihnen - mit den Worten des Priestersegens (siehe Arbeitsmappe 1, Abschnitt Nassó). Zu Ehren seiner Frau rezitiert er vergnügt Kap. 31 im Buche משלי *Mischléj* (Sprüche), und während die Mahlzeit aufgetragen wird, schlägt er noch rasch in den ספרים *Ssefarím* (= Büchern) einen strittigen Punkt des Vortrages nach, oder, hat er aus der Synagoge einen durchreisenden Gast eingeladen, redet ein wenig mit diesem, um herauszufinden, ob er gelehrt oder ungelehrt ist.
Jetzt kommt der קידוש *Kiddúsch*, die kurze Absonderungszeremonie des Tages von den sechs vorangegangenen. Stehend hält dabei jeder sein volles Weinglas in der Hand, der Hausherr verliest בראשית *Bereschít* (1. M.) 2:1–3, spricht die ברכה *berachá* über יין *jájin* (= Wein) und den Tag, und man trinkt sitzend.[34] Daraufhin wäscht man sich rituell die Hände (wie vor jedem Brotgenuß) mit ברכה *berachá*, das eine der beiden bisher verdeckten Brote wird angeschnitten, in Salz getaucht, und jeder der Tischgesellschaft verzehrt ein Stück von der Mindestgröße einer Olive. ,,Jetzt speist man nach Belieben'' - und unterhält sich, je bewanderter in Torá, desto besser. Hat ein Kind etwas beizutragen, wird es - zum Stolz der Eltern - sofort angehört. Die Unterhaltung geht natürlich auch zu Alltäglichem, aber nicht Werktäglichem über. Erwähnt jemand, ein Verwandter sei erkrankt, wünscht ihm der Hausherr Genesung, weist ihn aber sofort zurecht: שבת היא מלזעוק *schabbát hi mi-lis'ók* (= Es ist Schabbát, fern sei alles Klagen). Zwischen den Gängen werden זמירות *semirót* (= Gesänge zu Ehren des Tages) angestimmt. Schließlich wird bei noch nicht abgedecktem Tisch ברכת המזון *birkát ha-masón* (= Tischsegen) gesungen, zuvor aber Psalm 126: ,,Wenn ER Zions Exulanten zurückführe, wären wir wie träumend.'' Dieses Thema darf nie fehlen. Ehelicher Verkehr in der שבת-Nacht ist empfohlen als Teil der Sabbatfreude.
Nach שחרית *schacharít* (= Morgengebet) im בית־הכנסת *bet-ha-kenésset* wird aus einem handgeschriebenen ספר תורה *sséfer Torá* (= Torárolle) die פרשה *paraschá* nach einer über tausend Jahre alten Melodie und darauf der zu ihr gehörende Abschnitt aus den נביאים *Neviím* feierlich vorgelesen. Den Abschluß bildet מוסף *Mussáf* (= Zusatz), das neben den täglichen Gebeten zusätzliche שבת-Gebet, worauf man nach zwei Stunden wieder nach Hause geht. Dort wird nach wiederholtem קידוש *Kiddúsch* die zweite der drei vorgeschriebenen festlichen שבת-Mahlzeiten eingenommen, für die die Hausfrau überhaupt nichts anderes zu tun hat als sie aufzutischen, weil sie ja nicht kochen darf: Die Speisen sind auf einer dazu bestimmten Vorrichtung warm gehalten. Es folgen wieder זמירות *semirót*, ברכת־המזון *birkát ha-masón* - und Siesta. Ist im Sommer der Tag noch lang, verbringt man ihn, abgesehen vom Lernen eines anderen ,,Stückes Torá'', mit Spaziergang und Besuch bei Freunden (in der Nähe!), keineswegs bei Radiohören oder Fernsehen. Ohnedies werden z. B. in Israel beunruhigende Nachrichten außer in Notfällen am שבת nicht durchgegeben. Auf מנחה *Minchá* (= Nachmittagsgebet) mit kurzer קריאת־התורה *keriát ha-Torá* (= Vorlesung aus der Torá) aus der nächsten פרשה *paraschá* ißt man die dritte Mahlzeit, wieder begleitet von זמירות *semirót*, deren Thema, anders als am Abend zuvor, nicht jubelnd, sondern eher wehmütig-tröstlich ist,

34 Siehe MATERIAL Nr. 51.

und spricht die הבדלה *Havdalá* (= Unterscheidung). Eine Kerze wird angezündet, nach ברכה *berachá* ein wenig יין *jájin* (= Wein) getrunken, nach einer weiteren ברכה an wohlriechenden בשמים *bessamím* (= Gewürzen) gerochen, um den Übergang zum Alltag zu erleichtern, und nach ברכה die Kerze im Wein gelöscht.[35] Den Abschied bildet ein Lied von der bevorstehenden messianischen Zeit – wer weiß, vielleicht bricht sie in der kommenden Woche an? Man wünscht einander שבוע טוב *schavúa tov* (= eine gute Woche), und die נשמה יתרה *neschamá jeterá* (= besondere Seele) ist für eine Woche entflohen. Franz Rosenzweig sagte einmal, הבדלה *Havdalá* sei die Krisenstunde des Juden.

*

Es sei nicht geleugnet, daß in unzähligen jüdischen Häusern in der גולה *golá* (= Diaspora) der שבת *Schabbát* nicht auf diese Weise verläuft: In vielen wird er nicht so streng gehalten, und in anderen unterscheidet er sich in gar nichts von einem Wochentag. Statistische Daten über das Maß an שמירת שבת *schemirát Schabbát* (= Wahrung des Schabbáts) existieren nicht, u. a. weil sie sich genauer Messung entzieht. Keinesfalls jedoch ist die obige Schilderung die eines längst der Vergangenheit angehörigen Unikums oder eines noch nirgends verwirklichten zukünftigen Ideals. In Erez Israél ist der Stand der Dinge extremer – in beiden Richtungen.

Sabbat-Anfang.
Foto: foto-present/Herzog, Essen

35 Siehe MATERIAL Nr. 54

2. Der Tag des Menschen

Vom religiösen Standpunkt aus ist der Schabbát schon allseits diskutiert worden, dagegen wurden die anthropologischen und kulturwissenschaftlichen Aspekte weitgehend übersehen, auch von der jüdischen Orthodoxie selbst, die – wie genau sie es auch mit seiner Beobachtung nimmt – sich der einzigartigen, weitreichenden, kulturellen Konsequenzen der שמירת־שבת *schemirát Schabbát* (= Wahrung des Schabbáts) nicht selten nur wenig bewußt ist. In diesem Zusammenhang sind drei Gesichtspunkte wesentlich: (1) der anthropologische, der auf eine unvergleichliche, in der Schabbát-Beachtung gegebene Möglichkeit zur Selbsterfahrung des Menschen in seiner Geschöpflichkeit hinweist, (2) der sozialgeschichtliche, der vor allem die Auswirkung des Schabbát auf die Entwicklung eines bestimmten Familientypus aufzeigen kann, (3) der kulturwissenschaftliche, der einen besonderen Zeitbegriff im Zusammenhang mit einer bestimmten, von der Schabbáthaltung geprägten Zeiterfahrung reflektiert.

Der Philosoph und Anthropologe A. Gehlen hat in seiner Studie „Der Mensch: seine Natur und seine Stellung in der Welt" (1978) die These aufgestellt, daß die Technik für den Menschen ein Organersatz sei. Im Vergleich mit den Tieren ist der Mensch in seiner Organausstattung ein Mängelwesen: In seinem Geruchs-, Gehör- und Tastsinn, in Seh- und Körperkraft ist er weiten Teilen der Tierwelt deutlich unterlegen. Diese Nachteile werden jedoch durch seine hochentwickelte Intelligenz und die aus ihr entspringenden technischen Leistungen bei weitem wettgemacht, wodurch er als Gattung der gesamten Tierwelt überlegen wird. So positiv sich dieser Vorzug auch auswirkt, so ist es doch in der Moderne ein allgemein verbreitetes Phänomen, daß der Mensch von dem ihm entwickelten Organersatz abhängig wird, ja sich durch diese Abhängigkeit in gewisser Weise von sich selbst entfremdet und unter dieser Erfahrung leidet. Seine unerfüllte Sehnsucht, sich wieder als ein Stück Natur und in der Natur zu erleben, mit anderen Worten, wieder nichts als ein Geschöpf zu sein, drängt ihn in alle möglichen Aussteigeversuche, um sich – zumindest zeitweise – als „natürlich" zu erleben. Diese Art der Zivilisationskritik beruft sich oft auf sehr alte, ja prähistorische Kulturen, die ironischerweise meist auf völlig außerhalb der eigenen liegende Traditionen zurückführen.

Was verbindet nun diese Erscheinungen im modernen Leben mit der biblischen Institution des שבת *Schabbát*?

Die Einhaltung der wichtigsten Schabbát-Vorschriften stößt den Menschen sozusagen auf seine Geschöpflichkeit zurück und macht sie wieder erfahrbar, z. B. durch den Verzicht, im Laufe von fünfundzwanzig aufeinanderfolgenden Stunden pro Woche technische Geräte, so u. a. Telefon, Radio, Fernseher und Fahrzeuge, zu benutzen. Als zur Zeit der Ölkrise in einigen europäischen Ländern der

Versuch gemacht und auch durchgesetzt wurde, vier konsekutive sogenannte autofreie Sonntage einzuhalten, wurde dies einerseits von vielen – trotz ökonomischer Begründung – als Eingriff in die Freiheit des Individuums scharf kritisiert, von anderen dagegen als neue Erfahrung, die ein Stück Freiheit von der Technik brachte, begrüßt. Obgleich in erster Linie Streben nach Energieersparnis diesen Versuch motivierte und erst danach Schonung der Natur vor Beschädigung beabsichtigt war, lag in ihm doch ein wenig von einem Waffenstillstand im Kampf des Menschen mit der Natur. Was damals unter Schwierigkeiten und nur einmalig, für alles in allem vier Tage verwirklicht wurde, erzielt der שבת *Schabbát* allwöchentlich. Er zwingt gleichsam den Menschen, sich auf sich selbst zu besinnen und sich zu fragen ,,Wer bin ich eigentlich?'' Durch das Fahrverbot wird er auf jenes Gebiet zurückverwiesen, das er mit eigener Körperkraft bewältigen kann (die erlaubte Wegstrecke ist unter diesem Gesichtspunkt nebensächlich); die Beschränkung auf unmittelbare Kommunikation rückt Menschen seiner nächsten Umgebung ins Zentrum seines Erlebens. Die freie Zeit muß er aus den eigenen Ressourcen gestalten, Anregung, aber auch Beeinflussung durch Massenmedien (außer Zeitung) werden ausgeschaltet.

Greifen wir aus den Schabbátvorschriften das Verbot, Feuer zu entzünden, heraus. Mythen aus aller Welt berichten, das Feuer sei ein wohlbehütetes Geheimnis der Götter gewesen, das ihnen irgendwann vom Menschen entwendet wurde und – von nun an sein kostbarster Besitz – als Herdfeuer bewacht werden mußte, um nie zu verlöschen. In den ersten Kapiteln der תורה *Torá*, die die Weltschöpfung zum Thema haben, wird kein Wort über das Feuer verloren, geschweige denn seine Nutzung dem Menschen ausdrücklich vorenthalten. Dafür darf es aber am שבת *Schabbát* weder entzündet noch ausgelöscht werden, was jeglicher inneren Logik zu entbehren scheint, seine Benutzung aber gerade dadurch als selbstverständlich gegeben voraussetzt. Nun ist jedoch die Beherrschung des Feuers der entscheidende Schritt in der Entwicklung der menschlichen Zivilisation, in der praktisch nichts ohne Feuer machbar ist – weder die Herstellung von Werkzeugen noch auf Dauer die von Nahrung. Somit lenkt das allsabbatliche Feuerverbot direkt darauf hin, dem Menschen seine Geschöpflichkeit zu Bewußtsein zu bringen.

Oft wird gerade in diesem Zusammenhang den שומרי־שבת *schomeréj-Schabbát* (= Schabbát-Beachtern) Inkonsequenz vorgeworfen, da Elektrizität ja von ihnen benutzt wird, nur eben nicht an- und ausgeschaltet werden darf. Tatsächlich haben die Karäer das Feuer-Verbot in extremer Form durchgeführt, vor Schabbátbeginn die Feuer gelöscht und dann den Vorabend und die Nacht des Schabbát im Dunkeln verbracht. Damit haben sie aber den anderen gleich wichtigen Erfahrungsanspruch des Schabbát aufgehoben: Der ,,Vorgeschmack'' der messianischen Zeit ist mit Entbehrung, Freudlosigkeit und Verzicht auf Genuß unvereinbar.

Der Schabbát ist nicht eine Form der Zivilisationskritik und sein Prinzip nicht ,,zurück zur Natur'', sondern ,,zurück zur Schöpfung''. Das ,,Stop'' ergibt nur Sinn vor dem Hintergrund einer Ethik, die die Welt in Richtung einer moralischen und materiellen Verbesserung weiterentwickeln will.

Sozialgeschichtlich ist seit der Zerstörung des Tempels der Tisch der jüdischen Familie der Altar des Judentums. Dieses Zitat aus dem Talmúd (bab. Chagigá 27a) ist alles andere als eine idyllische Verklärung jüdischen Familienlebens. Vielmehr ist nicht ,,trotz gegenteiliger Vorstellungen die Synagoge [. . .] der Brennpunkt des Judentums. Der Mittelpunkt jüdischen Lebens war, ist und wird immer das jüdische Haus sein'', versichert M. Meiselman (1978, S. 16). Es kann daher auch nicht verwundern, daß in Fraubergers jüdischer Kunstgeschichte (1970, S. 67) festgestellt wird: ,,Die Zahl der im Privathause zur Verwendung kommenden [rituellen] Gegenstände ist noch größer als die in der Synagoge gebräuchlichen.'' Diese Feststellung trifft besonders auf die Feste und den שבת *Schabbát* zu und verleiht der häuslichen Feier eine kultische Dimension.

Mit חורבן בית שני *churbán bájit scheni* (= Zerstörung des Zweiten Tempels) verlor die bisher an diesen Ort gebundene Ordnung des geistigen, kulturellen und religiösen Lebens ihre lokale Verankerung. Statt des Priesters übernahm nun der Familienvater das Ritual. So wurde bereits zu jenem frühen Zeitpunkt ein Familientyp initiiert, der nach Lauterer-Pirner (1983, S. 63–83) im christlichen Abendland erst eineinhalb Jahrtausende später auftauchte, nämlich mit der Reformation. Er setzte sich dort erst nach weiteren Jahrhunderten, als die Großfamilie im Zuge der Industrialisierung infolge der Trennung des Arbeitsplatzes von der Wohnung aufgelöst wurde, zum allgemein verbreiteten Typ der modernen (Klein-)Familie – siehe H. Rosenbaum (1983) – durch, die sich durch intime Beziehungen zwischen den nächsten Angehörigen – unter Ausschluß von Fremden – auszeichnet. Dagegen läßt sich schon auf den ältesten jüdischen ,,Familienbildern'', als die man die Illustrationen zum Ssé-der-Mahl an פסח *Péssach* in hebräischen Handschriften aus dem Mittelalter (ab ca. 1230) einstufen kann, eine Zentrierung auf die Kleinfamilie und auf die Kinder nachweisen, wie sie sich in der christlichen Kunst erst in der Neuzeit finden – vgl. Schultz (1985, S. 181–203). Die Trennung von Arbeitsplatz und Wohnung wurde durch die allwöchentliche Ausschaltung von Arbeit, Beruf und Werk aus der Privatsphäre vorweggenommen. Es gibt jüdische Hausfrauen, die vor Schabbát einige mit Werk assoziierte Gegenstände wie Schreibtisch und Fernsehapparat verhängen, was dieses Ausblenden von Arbeit in die Wirklichkeit umgesetzt demonstriert.

Die ausdrückliche Einbeziehung der Kinder in das Ritual (vgl. LIMMÚD Nr. 1 und Abbildung auf S. 40) verstärkt die Familienzentrierung. Vor allem aber impliziert das Verständnis von Werkverbot, wohlgemerkt auch der Haus- und Küchenarbeit, Freiheit und Freizeit für Frauen und Kinder, wie sie in keiner anderen Kultur verwirklicht worden sind. Verbot von Kinderarbeit, wenn auch nur für einen Tag in der Woche, bedeutete für Kinder in den vergangenen, vorwiegend durch Armut, Unterdrückung und Ausnutzung geprägten Jahrhunderten ein lebenswichtiges Atemschöpfen. Der Frau brachte es einen wirklich freien Tag und den Kindern eine Mutter, die Zeit hat, beides außerhalb des Judentums in dieser Form auch heute noch keine Selbstverständlichkeit. Rechnet man die שבתות *Schabbatót* und die Feiertage eines Jahres zusammen, so ergibt sich, daß es der jüdischen Frau an durchschnittlich 6 Tagen im Monat, d. h. während eines Fünftels des Monats, strengstens verboten war und ist, sich abzurackern (vgl. Schultz, 1988, S. 246–257).

Für diesen ,,Vorgeschmack der messianischen Zeit'' ist allerdings ein Preis zu zahlen: eine planmäßige Vorbereitung und Zeiteinteilung, die, kulturwissenschaftlich betrachtet, in der jüdischen Gesellschaft schon sehr früh zur Entwicklung eines modernen Zeitbegriffs beitrug, nämlich bereits in einer Epoche, für die, gemäß Leclercq (1974, S. 3) ,,eine Indifferenz der Zeit gegenüber'' zur Einstellung der Mehrheit gehörte und deren ,,erstes Charakteristikum [. . .] ihre Ungenauigkeit war'', selbst bei den ,,Meistern der Zeiteinteilung'', wie Leclercq (ebenda, S. 5) die Mönche nennt. Zwar blieb, so der renommierte Mediävist LeGoff (1984, S. 3), die ,,immerhin noch ungenaue Zeitkenntnis das Vorrecht einer Minorität, der Kleriker'', sie war aber, so Schultz (1987, S. 179–229), in jeder jüdischen Familie eine grundsätzliche Voraussetzung für die Ausübung der Orthopraxis, der religiösen Lebensgestaltung, in der die Frage nach dem richtigen und genauen Zeitpunkt die vielleicht stärkste Form der Alltagsstrukturierung darstellt. Dies gilt – um nur zwei Beispiele anzuführen – schon für die Frage, ab und bis wann am Abend das שמע *Schemá* rezitiert werden darf/kann/soll, ein Problem, dem der תלמוד *Talmúd* seine ersten Seiten widmet, ebenso wie für die unterschiedlichen Abstände zwischen milchigen und fleischigen Mahlzeiten und umgekehrt. Die Befolgung einer Vielzahl religiöser Vorschriften, allen voran wohl der Sabbatverbote, führte zu einer sehr frühen Verbreitung des modernen Zeitbegriffs im Judentum.

In seinem Aufsatz ,,Die Zeit der Händler'' beschreibt LeGoff (1977) den Wandel vom alten zum neuen Zeitbegriff, der sich an der Wende vom 13. zum 14. Jh. vollzog. Ausschlaggebend dafür war das neue, in den Städten heranwachsende Bürgertum, das seine Zeiteinteilung an den beruflichen Erfordernissen der Handwerker und der Kaufleute orientierte. Damit verbunden machten die Arbeiter der beginnenden Textilindustrie ihren Anspruch auf geregelte Freizeit geltend. All diesem kam die Erfindung der Uhr zugute, genauer, deren Entwicklung wurde dadurch vorangetrieben. Obwohl die Juden sowohl von der Orthopraxis als auch von ihrer mehrheitlichen Zugehörigkeit zu der Berufsgruppe der Händler ihren Alltag schon sehr früh durch dieses neuzeitlichen Zeitbewußtsein leiteten, unterscheiden sich ihr Zeitbegriff und der von LeGoff beschriebene ganz wesentlich hinsichtlich der sozialen und ethischen Dimension voneinander. Denn während LeGoff (1977, S. 408) konstatiert: ,,Der Mensch mit dem neuen Zeitbegriff ist Herr über seine Zeit wie über alles übrige'', so ist das Charakteristikum des jüdischen Umgangs mit der Zeit gerade nicht die freie Verfügung über sie, sondern das festlegende Gebot. Mit dieser Verankerung in der Orthopraxis bleibt die Zeit der Juden aber eine demokratische Zeit, die nie Zeit einer privilegierten Gruppe wurde, wie bereits das biblische Gebot zur Sabbatheiligung die Begrenzung der Arbeitszeit als das Recht aller sieht, der Kinder, der Bediensteten, des Fremdlings, ja des Viehs. Vor allem aber verdankt die Zeit der Orthopraxis ihre Entstehung nicht einer Veränderung der gesellschaftlichen Produktionsbedingungen, wie nach LeGoff (1984, S. 36) die moderne christliche Zeit, die er als Ergebnis einer veränderten Arbeitsorganisation beschreibt (S. 34): ,,Die Arbeiter in der neu entstehenden Tuchindustrie kämpfen darum, Herren ihrer Arbeitszeit zu sein: zunächst zweifelsohne der Wunsch, gegen die Willkür der Brotherren in diesem Bereich geschützt zu sein, genaugenommen jedoch das Bedürfnis, neben der Arbeitszeit eine Mußezeit auszugrenzen und neben der reglementierten Lohnarbeit Zeit zu finden, um für sich selbst oder schwarz zu arbeiten.''

Die Zeit der Orthopraxis dagegen ist grundsätzlich nicht an der Arbeitszeit, sondern im Gegenteil an der Freizeit, an der Werkruhe der Feste und des Schabbáts orientiert.

THESEN

1. Die große Mehrheit der jüdischen Autoritäten sieht in מקרא *mikrá* (= Bibel) und speziell in der תורה *Torá* ein Erziehungsbuch und damit einen Erziehungsversuch. In diesem Rahmen und zu diesem Zweck ist der שבת *Schabbát* schon allein dadurch, daß er periodisch-rhythmisch in kurzen Abständen wiederkehrt, das vornehmlichste Instrument, denn:

(a) Die Zählung von 1 bis 7, von Klerus und anderen Mittlern völlig unabhängig, ist dem Individuum überlassen, erhöht damit dessen Eigenwert und verhindert, da auch von Astronomie unabhängig, das Aufkommen oder zumindest das Überhandnehmen von Aberglauben.

(b) Die kurzfristige Wiederkehr des Tages erfordert Planung, vor allem wegen der Definition der Hausarbeit als Werk.

(c) Da der שבת *Schabbát* auch an keinen Ort gebunden ist, stattet er den, der ihn hält, mit einer mobilen Heimat aus.

(d) 4. Er gleicht soziale Unterschiede aus, indem der Arbeitnehmer nicht zu schaffen braucht, der Arbeitgeber nicht schaffen lassen darf und die Frau an ihm und durch ihn ihre Gleichberechtigung gegenüber dem Mann durch Verbot der Hausarbeit erfährt.

(e) Er festigt das nationale Gefüge, das familiale Gefüge und das eine durch das andere.

(f) Sein A und O ist im Grunde - neben der Ruhe und über sie hinausgehend - Selbstbesinnung und Lernen, aus denen ein „höheres Leben" resultiert, und er formt damit Charakter und schärft den Intellekt.

(g) Er bejaht, obzwar oft mit dem Jenseits verglichen, eindeutig das Diesseits mit seinen Genüssen und lehrt, das Leben zu schätzen.

(h) Die am שבת *Schabbát* auferlegten Beschränkungen erziehen, gerade weil auf ihre Mißachtung keine Sanktionen folgen, zu Selbstdisziplin, die nichtsdestoweniger nicht mit Askese, sondern - siehe These (g) - mit Freude und Genuß gepaart ist.

2. Es läßt sich nicht leugnen, daß die gegenwärtige פרשה zu lernen, obgleich sie hier aufs stärkste verkürzt und vereinfacht ist, dem Uneingeweihten schwerfallen wird. Doch ist es an der Zeit, das Vorurteil abzubauen, Bibelstudium müsse leichtgemacht werden: Wer Karl Jaspers studiert, muß sich auch redlich abmühen. Aber nicht nur um die Philosophie steht es so, denn ebenso erfordert materielle Absicherung fürs Leben unbeschreibliche Mühsal. Warum soll es dann einfacher sein, sich ein existentielles Lehrgebäude zu erarbeiten?

In dieser פרשה *paraschá* geht es um einen Sonderfall. Im Unterschied zu anderen soll hier nicht nur ein Text analysiert, sondern zusätzlich ein Eindruck von einem besonderen Erlebnis vermittelt werden. Für den שומר שבת *schomér Schabbát*, den Juden, der den שבת *Schabbát* hält, ist die Kenntnis der Vorschriften eine Selbstverständlichkeit, über die er sich nicht von Woche zu Woche von neuem den Kopf zerbricht: er hat sie längst in die Organisation des Tages integriert. Solche *Lernende* werden vor allem aus jenen Teilen des vorgelegten MATERIALS Gewinn ziehen, die sich mit der Ableitung der ihnen geläufigen Bräuche befassen.

Viel schwerer haben es jene, die mit der Praxis des שבת *Schabbát* nicht vertraut sind. Indem sie sich durch die zahlreichen Kommentare zu den Vorschriften durchkämpfen und dabei im Labyrinth der Details nicht zurechtfinden, kann es leicht passieren, daß ihnen der Zugang zum Erlebnis eher versperrt als erleichtert wird. Der unserer Meinung nach geeignetste Weg zum Verständnis und zum Erlebnis des שבת *Schabbát* ist, anders als bisher üblich, mit einem MATERIAL-Stück, und zwar Nr. 51, zu beginnen. Seinem Autor E. Fromm gelingt es hier, sozusagen den Wald trotz der vielen Bäume sichtbar zu machen. Eventuell kann als Kontrast der mißverstandene שבת *Schabbát* des MATERIALS Nr. 52 eingeschaltet werden. Als zweiter Schritt ist die Lektüre von LIMMÚD Nr. 1, der Beschreibung des idealtypischen Verlaufs des Tages, zu empfehlen. Nach dieser Vorbereitung kann in der üblichen Reihenfolge weiter verfahren werden: TEXT mit Übersetzung, FRAGEN, MATERIAL, LIMMÚD Nr. 2.

Falls nicht ausreichend Zeit zur Verfügung steht, das umfangreiche MATERIAL durchzunehmen, können die folgenden Schwerpunkte ausgewählt und hervorgehoben werden:

1. Die Besonderheit des שבת *Schabbát* im Gegensatz einerseits zu anderen jüdischen Festen, andererseits zu nichtjüdischen, vermeintlich analogen Tagen der Rast. Dazu FRAGE Nr. 2 (und anschließend LEITBLATT) mit MATERIAL Nr. 1.
2. Das Werkverbot, sein Wesen, seine Ableitung und seine praktische Auswirkung. Dazu FRAGEN Nr. 12, 16, 17, 20 (und anschließend LEITBLATT) mit MATERIAL Nr. 12-22, 35, 36.
3. Die existentielle Bedeutung des Tages als ein Bestandteil des Schöpfungsplanes. Dazu FRAGE Nr. 26 (und anschließend LEITBLATT) mit MATERIAL Nr. 45-51, 52.
4. Das unabdingbare Element der Freude, die Voraussetzung der שבת-„Heiligung" als „Vorgeschmack der messianischen Zeit". Dazu FRAGE Nr. 4 (und anschließend LEITBLATT) mit MATERIAL Nr. 3-6, 53, 54.

AUG' UM AUG'

ODER

DAS VERHÄNGNISVOLLE MISSVERSTÄNDNIS

Wajikrá (3. M.) 24:17–22 ויקרא כד, יז־כא

Buber/Rosenzweig	
17 Wenn jemand irgendein Menschenwesen erschlägt, sterben muß er, sterben.	וְאִישׁ כִּי יַכֶּה כָּל־נֶפֶשׁ אָדָם מוֹת יוּמָת׃ 17
18 Wer ein Tierwesen erschlägt, bezahle es, Wesenersatz für Wesen.	וּמַכֵּה נֶפֶשׁ־בְּהֵמָה יְשַׁלְּמֶנָּה נֶפֶשׁ תַּחַת נָפֶשׁ׃ 18
19 Wenn jemand seinem Volksgesellen ein Gebrest zufügt: wie	וְאִישׁ כִּי־יִתֵּן מוּם בַּעֲמִיתוֹ כַּאֲשֶׁר 19
er tat, so werde ihm getan,	עָשָׂה כֵּן יֵעָשֶׂה לּוֹ׃
20 Bruchersatz für Bruch, Augersatz für Auge, Zahnersatz für Zahn,	שֶׁבֶר תַּחַת שֶׁבֶר עַיִן תַּחַת עַיִן שֵׁן תַּחַת שֵׁן 20
wie er dem Menschen Gebrest zufügte, so werde ihm zugefügt.	כַּאֲשֶׁר יִתֵּן מוּם בָּאָדָם כֵּן יִנָּתֶן בּוֹ׃
21 Wer ein Tier erschlägt, soll es bezahlen, wer einen Menschen erschlägt, soll sterben.	וּמַכֵּה בְהֵמָה יְשַׁלְּמֶנָּה וּמַכֵּה אָדָם יוּמָת׃ 21
22 Einerlei Recht sei euch	מִשְׁפַּט אֶחָד יִהְיֶה לָכֶם 22
gleich sei der Gast, gleich der Sproß,	כַּגֵּר כָּאֶזְרָח יִהְיֶה
denn ICH bin euer Gott.	כִּי אֲנִי יְהוָה אֱלֹהֵיכֶם׃

Ergänzungstext

Schemót (2. M.) 21:22–25 שמות כא, כב־כה

22 Wenn sich Männer raufen und verletzen dabei ein schwangeres Weib, daß ihr die	וְכִי־יִנָּצוּ אֲנָשִׁים וְנָגְפוּ אִשָּׁה הָרָה וְיָצְאוּ 22
Kinder abgehn, aber es geschieht nicht das Ärgste,	יְלָדֶיהָ וְלֹא יִהְיֶה אָסוֹן
wird er mit Bußleistung gebüßt, wie der Gatte	עָנוֹשׁ יֵעָנֵשׁ כַּאֲשֶׁר יָשִׁית עָלָיו בַּעַל
des Weibs ihm ansetzt, doch gebe er nur nach Schiedspruch.	הָאִשָּׁה וְנָתַן בִּפְלִלִים׃
23 Geschieht das Ärgste aber,	וְאִם־אָסוֹן יִהְיֶה 23
dann gib Lebenersatz für Leben –	וְנָתַתָּה נֶפֶשׁ תַּחַת נָפֶשׁ׃
24 Augersatz für Auge, Zahnersatz für Zahn, Handersatz für Hand, Fußersatz	עַיִן תַּחַת עַיִן שֵׁן תַּחַת שֵׁן יָד תַּחַת יָד רֶגֶל 24
25 für Fuß, Brandmalersatz für Brandmal, Wundersatz für Wunde, Striemersatz für Strieme.	תַּחַת רָגֶל׃ כְּוִיָּה תַּחַת כְּוִיָּה פֶּצַע תַּחַת 25
	פָּצַע חַבּוּרָה תַּחַת חַבּוּרָה׃

Vers 20:
Alternative deutsche Übersetzungen

Buber/Rosenzweig:	Augersatz für Auge
Luther:	Auge um Auge
Voss:	Auge für Auge
Hirsch:	Auge Ersatz für Auge
Jewish Publication Society:	eye for an eye

1. Warum steht das Gesetz der Vergeltung mit fast denselben Worten wie hier im Wochenabschnitt **אמור** *Emór* schon im Buche **שמות** *Schemót*?

2. Warum werden gerade diese Gliedmaßen aufgezählt? Dient das Auge nur als Beispiel, dann sind die übrigen unnötig. Gilt jedoch das Gesetz nur für die aufgezählten, wie wird dann der Verlust eines Fingers, einer Zehe, eines Armes, der Nase usw. vergolten?

3. Wer vollstreckt die Vergeltung? Das Opfer mit seiner nunmehr einzigen Hand? Wie konnte die Torá diesen wesentlichen Punkt übergehen?

4. Wenn solche primitive Grausamkeit nicht nur erlaubt, sondern sogar vorgeschrieben war, muß es unzählige Verstümmelte und Krüppel in der biblischen Gesellschaft gegeben haben!

5. Finden sich in der Bibel, die von so vielen Gewalttaten erzählt, Fälle der Vollstreckung eines Racheaktes dieser Art?

6. Wie können die Übersetzungen einer so nebensächlichen Präposition wie **תחת** *táchat* derart auseinandergehen?

1. Nicht nur in ihren Erzählungen, auch in der Anordnung ihrer gesetzlichen Teile ist die Torá eigenartigerweise und anders als sonstige Codices und Bürgerliche Gesetzbücher von Assoziationen und ästhetischen, literarischen sowie anderen Beweggründen geleitet, die dann auch Wiederholungen erfordern können. Manche dieser Doubletten sind aber nur scheinbare und bedingen einander, was hier zum Teil der Fall sein könnte.

2. Das Auge - eines von nur zweien! - und der Zahn - einer von zweiunddreißig! - gleichen einander nicht im Wert. Auch wächst ein Kinderzahn nach und ist ein Zahn leichter ersetzbar als ein Auge. Sicher aber steht das Auge hier nur exemplifikatorisch für andere Gliedmaßen. RaSCHÍ kommentiert zu 2.M. 21:26, es stünde für vierundzwanzig „Gliederspitzen", und zwar für die zehn Finger und die zehn Zehen, die Ohren, die Nase und das männliche Glied.

3. Aus dem Fehlen einer diesbezüglichen Angabe kann man schließen, daß diese Aufgabe - wenn sie überhaupt erfüllt werden muß - dem Gericht obliegt. Vgl. Anm. **3** zu MATERIAL Nr. 3.

4. Dies ist die zentrale Frage. Das ganze MATERIAL dieses Abschnittes beschäftigt sich fast ausschließlich mit ihr.

5. Nein.

6. Die Beantwortung der unter (4) als zentral bezeichneten Frage hängt eigentlich von der Bedeutung dieser Präposition ab. Die präzise Bedeutung eines Wortes festzustellen ist immer problematisch, weil ein und dasselbe Wort vielerlei bedeuten kann und weil sich seine Bedeutung im Laufe der Sprachgeschichte ändert. Die Schwierigkeit nimmt selbstverständlich zu, wenn das Wort in einer so uralten Literatur wie der Bibel vorkommt und zu dem Vokabular einer Sprache gehört, deren unaufhörliche semantische Entwicklung sich über drei Jahrtausende erstreckt. In manchen, aber eher seltenen Fällen hilft die Etymologie, nicht aber in dem vorliegenden. Um keinen Preis ist auf Übersetzungen Verlaß, denn diese sind zwangsläufig nicht wenig von dem Ermessen des jeweiligen Übersetzers und seiner eigenen Gedankenwelt determiniert und sollen ja im Gegenteil die Urbedeutung wiedergeben und nicht sie festlegen. Der einzige Ausweg ist, in einer Konkordanz nachzuschlagen und aus ihr und den dort angeführten Textzusammenhängen zu entnehmen, welche Übersetzung der Bedeutung des Wortes im untersuchten Text am nächsten kommt. Der Befund betreffend der besagten Präposition befindet sich in MATERIAL Nr. 7, 11, 18 und speziell in Nr. 20.

1. *J. Burnston: A New Light Will Shine, S. 41:*
Klarer als jede andere Bibelstelle beleuchtet diese die alttestamentliche Gesinnung. Man pocht auf sein Recht, fordert unerbittlich Vergeltung, und mildernde Umstände fallen nicht ins Gewicht. Freilich, denn er, der von sich sagt „Mein ist die Rache und die Heimzahlung" (5. M. 32:35), erlaubt hier nicht nur, sondern gebietet sogar grausame Verunstaltung des Mitmenschen. Da weht eben ein anderer Wind als später.

2. *B. Baentsch: Exodus - Leviticus - Numeri, z. St.:*
An dem häufigen Vollzug der hier befohlenen grausamen Prozedur wird, wenigstens für die ältere Zeit, nicht zu zweifeln sein [. . .], bei den Arabern kommt zuweilen noch heute das *ius talionis*[1] zur Anwendung.[2]

3. *D. Liebs: Römisches Recht, S. 216:*
Gleich die erste Bestimmung [. . . auf] den Zwölf Tafeln [d. h. dem ältesten römischen Gesetzeskodex . . .] lautet (8.2): „Wenn jemand ein Körperglied zerrissen wird, soll, wenn er [= der Täter] sich mit ihm [d. h. dem Opfer] nicht vergleicht, Wiedervergeltung sein." Die Bestimmung betrifft Körperverletzungen, bei denen Blut geflossen ist [. . .]. Der Täter soll das gleiche Übel erleiden, das er seinem Opfer zugefügt hat, wie im Gesetz Moses (2. M. 21:23-25). Dabei obliegt die Vollstreckung dem Opfer selbst bzw. seiner Sippe, nicht einem staatlichen Organ[3] [. . .]. Die Vergeltung [. . .] war ursprünglich nicht etwa eine besonders harte Rechtsfolge, sondern im Gegenteil Schranke gegen unmäßige Vergeltungsmaßnahmen bei einer Privatrache, die stets ins Uferlose sich auszuweiten droht.[4]

4. *R. de Vaux: Ancient Israel, S. 149 f.:*
Israelitische Gesetzesgebung zeichnet sich von anderen orientalischen, auch der hittitischen, die die mildeste unter ihnen ist, durch die Menschlichkeit der Strafen aus. Körperverstümmelung ist nur in einem einzigen Falle vorgeschrieben (5. M. 25:11-12).[5] [. . .] Die *lex talionis*, d. h. das Gesetz der Vergeltung, ist freilich in seiner ganzen Roheit ausgedrückt: „Leben um Leben usw." Diese Formel scheint aber an Kraft verloren zu haben, indem sie nur das Prinzip der propotionellen Entschädigung feststellt. Im 2. M. folgt auf sie unmittelbar das Gesetz, das die Befreiung eines Sklaven als Entschädigung für ein ausgeschlagenes Auge oder für einen ausgeschlagenen Zahn festsetzt, und ihm geht ein anderes voraus, das bloß finanzielle Entschädigung und Rückerstattung ärztlicher Behandlungskosten für Verwundung vorschreibt [. . .]. Die Israeliten konnten mit Genugtuung die Worte des 5. M. 4:8 wiederholen: „Welches große Volk gibt es, dessen Gesetze und Gebräuche so gerecht sind wie dieses ganze Gesetz?"

5. *Z. W. Falk: Hebrew Law in Biblical Times, S. 80:*
Ursprünglich war das Opfer berechtigt, dem Angreifer denselben Schaden zuzufügen [. . .]. *In praxi* konnte jedoch der Beklagte den Schaden durch Zahlung einer vom Betroffenen festgesetzten Pön [= Strafe] wiedergutmachen.

6. *J. Morgenstern: Univ. Jew. Encyclopedia, s. v. „Retaliation" (gekürzt):*
Die besondere Signifikanz dieses Gesetzes entspringt dem Umstand, daß es bei Matthäus 5:38-42 [. . .] vorkommt und daß von dieser Stelle abgeleitet wird [. . .], es sei ein kardinales Prinzip des Juden-

1 *ius* bedeutet Recht und *talio*, auch lateinisch, ist die Heimzahlung von Gleichem mit Gleichem.

2 Diese Feststellungen beziehen sich zwar auf שמות *Schemót* (2. M.) 21:23 im Ergänzungstext, doch würde Baentsch den Haupttext nicht anders beurteilen, denn da wie dort lehrt die תורה *Torá* tatsächlich oder angeblich *ius talionis*. Der Vergleich mit den arabischen Gebräuchen stimmt nur teilweise. Richtig ist, daß das muslimische Recht (*Scharía*) zu gerichtlichen Verstümmelungen verurteilt und daß dergleichen in Saudi-Arabien und in anderen islamischen Staaten auch heutezutage ausgeführt wird. Schreibt Baentsch aber, „bei den Arabern" käme zuweilen die *talio* zur Anwendung, so übersieht er, daß christliche Araber von dieser Verallgemeinerung ausgeschlossen werden müßten, und prescht mit seinem Urteil recht eilfertig vor. Zweitens ist der Vergleich unzutreffend, weil im muslimischen Recht gar keine *talio* vorliegt, sondern dem überführten Dieb die Hand abgehauen wird und nicht demjenigen, der einem anderen dessen Hand abgeschlagen hat. Drittens ist der Vergleich auch irrelevant, weil er weder zum Verständnis des Schriftwortes beiträgt noch „die befohlene grausame Prozedur" zu entschuldigen vermag. Ein Satz wie obiges Zitat aus dem Kommentar eines angesehenen Bibelforschers genügt, um ein negatives Vorurteil gegen eine ganze Disziplin hervorzurufen - aber man darf nicht generalisieren!

3 Bezeichnend ist, daß im Gegensatz zu der hier vertretenen Meinung die Torá durch die Verwendung passiver Verbalformen („so werde ihm zugefügt") andeutet, daß die Vollstreckung durch eine Behörde, also durch ein בית דין *bet-din* (= Gerichtshof) zu erfolgen hat. Daß jemand einen Menschen von Rechts wegen eigenhändig verstümmelt, ist schwer vorstellbar für den, der mit den Rechtsideen der Torá vertraut ist.

4 Diese Bemerkung des Verfassers trifft sicherlich auch auf das Torá-Gesetz zu. In einer Gesellschaft, der es an einer wirklichen Exekutivgewalt mangelt, sind Blutrache und *talio* die einzigen Mittel, die dem schutzlosen Individuum zu seiner Sicherheit zur Verfügung stehen.

5 Es ist äußerst fraglich, ob auch dies jemals in Wirklichkeit umgesetzt wurde. Jedenfalls ist nirgends in den geschichtlichen Büchern der Bibel dergleichen vermerkt. Die detaillierte Auseinandersetzung mit dieser Vorschrift gehört nicht hierher.

tums, welches demnach eine Religion der Rache [. . .] und Grausamkeit sei [. . .] . Tatsächlich finden wir nirgends, nicht einmal in der Bibel selbst, daß die Lex Talionis je buchstäblich und mechanisch in irgend einem Falle angewandt wurde [. . .]. Die sorgfältige Untersuchung der drei Bibelstellen, die die Lex bringen, [. . .] zeigt, daß die Formel [. . .] in keiner der dreien ein integraler Teil des Gesetzes ist [. . .]. [In 2. M. paßt es nicht in den Zusammenhang, weswegen] Budde und andere behaupten, V. 23–25 sei nach V. 18–19 zu versetzen, wohin sie aber genau so wenig passen. [. . .] Die einzige befriedigende Lösung ist die Annahme, daß V. 23–25 eine frühere, vermutlich mildere Anweisung ersetzen [. . .], in 5. M. 19:21 [scheint etwas Ähnliches vorgefallen zu sein,] so daß [auch] hier V. 21 eine späte und sinnlose Interpolation ist. [Mit 3. M. 24:17–20 steht es nicht anders:] Sie sind nicht original, sondern ein spätes und einigermaßen störendes Einschiebsel eines Redaktors.[6] [. . .] Es ist weder unmöglich noch unwahrscheinlich, daß im frühesten Stadium [. . .] das Gesetz in gewissen Fällen Anwendung fand, doch scheint es, es sei recht bald in der Entwicklung der biblischen Gesetzgebung vollständig überwunden worden. [. . .] Nach [dem Exil, um] 540 mag eine Reaktion dagegen in Richtung extremer Strenge eingesetzt haben, [. . .] obzwar auch für jene Zeit kein Beweis vorliegt, dies grausame Prinzip sei in Wirklichkeit ausgeführt worden. Ein paar Jahrhunderte danach, zu Beginn der rabbinischen Periode, wurde es regelmäßig und auf legale Weise umgangen. Es hatte schon damals längst nicht mehr mit dem Geist des Judentums übereingestimmt.

7. *D. Daube*: *Studies in Biblical Law, S. 107*:
Die wohlbekannte rabbinische Exegesis erfordert wörtlich genommene Wiedervergeltung überhaupt nicht, sondern finanzielle Entschädigung [. . .]. Die Präposition תחת „an Stelle von" wäre dann eindeutig das einzig passende Wort hierfür. Es ist jedoch schwierig zu glauben, daß die Formel der Vergeltung immer diese freundliche Bedeutung hatte [. . .]. Die Sadduzäer interpretierten nicht nur „Leben für Leben" wörtlich, sondern auch die folgenden Glieder der Formel. Obzwar dies möglicherweise ihrer allgemeinen Einstellung zuzuschreiben ist, die die wörtliche Interpretation der Schrift den komplizierten Deduktionen der Pharisäer vorzog, können wir dennoch nicht sicher sein, ob sich nicht wenigstens in diesem Falle in der sadduzäischen Lehre ein frühes Stadium der Anwendung des Gesetzes widerspiegelte [. . .]. Nicht daß ich mich [mit dieser Vermutung] von der orthodoxen rabbinischen Anschauung dissoziiere [. . .]. Wenn die Rabbinen der Idee [der Entschädigung] eine prominente oder vielleicht sogar ausschließliche Rolle in der Wiedervergeltungsformel zuordneten, arbeiteten sie lediglich heraus, wovon zumindest die Anfänge bereits vorhanden waren. Es ist hier am Platze zu erwähnen, daß, wenn eine auf den ersten Blick willkürliche rabbinische Ausnutzung eines Schriftwortes einer genaueren Analyse unterzogen wird, sie sehr häufig sich als echte und verständnisvolle, wenngleich progressive Exegese des alten Materials erweist.

8. *U. Cassuto*: *A Commentary on the Book of Exodus, z. St.*:
Apologetisch waren die [klassischen jüdischen] Kommentatoren bemüht zu zeigen, daß diese Formel auch im alten Hebräisch bereits [Entschädigung] bedeutete, was aber unmöglich ist. Die archaische Doktrin „Maß für Maß" spiegelt sich noch[7] im Codex Hammurabi. [. . .] Allerdings treten dann zwei Schwierigkeiten auf. Es ist unverständlich, warum jemand, der eine schwangere Frau zufällig verletzt, im Falle ihres Todes selbst des Todes schuldig sein sollte, wo doch kurz zuvor[8] festgelegt wird, daß jemand, der unabsichtlich eines anderen Tod verursacht, nicht hingerichtet werden soll. Es ist auch sonderbar, daß in einem Gesetz bezüglich jemandes, der eine Schwangere verletzt, von Augen, Zähnen, Füßen, Brand, Wunden und Beulen gesprochen wird, was ja nicht zu einem solchem Fall gehört. Das letztere Problem löst sich auf, wenn man annimmt, daß hier eine stereotype Formel zitiert wird, die sich zu Beginn auf Verlust des Lebens bezieht und dann in Gänze fortgesetzt wird. Mit dieser Annahme kommen wir auch der Lösung des ersten Problems nahe. Wir können für sicher erachten, daß es sich um eine uralte Formel handelt, die ursprünglich das Prinzip der *talio* buchstäblich ausdrückte und die in ihrer originalen Fassung kristallisiert beibehalten wurde, auch nachdem im Laufe der Entwicklung der Rechtsüberlieferung, wie sie in der Reform des hittitischen Gesetzes zu finden ist, finanzielle Entschädigung den Platz körperlicher Bestrafung eingenommen hatte [. . .]. In der juridischen Terminologie heißt dergleichen Schlichtung, d.h. ein Kompromiß zwischen den beiden Parteien, wonach der schuldigen gestattet ist, Lösegeld zu bezahlen [. . .]. Wenn dem so ist [nämlich, daß im assyrischen Recht und auch hier der Ausdruck „Leben für Leben" besagt, für die unabsichtliche Verletzung der schwangeren Frau, in-

6 Siehe dagegen MATERIAL Nr. 21.

7 Noch, d. h. immer noch, denn einerseits steht die Formel bei Hammurabi, andererseits ist auch dort schon der alternative, materielle Schadenersatz vorgesehen. Der Codex dieses babylonischen Königs stammt aus dem 17. Jh. v. u. Z.

8 Und zwar im 2. M. 21:13: „Hat er ihm aber nicht nachgestellt [und trotzdem seinen Tod verursacht], sondern Gott hat's seiner Hand widerfahren lassen, will ich dir einen Ort festsetzen, wohin er fliehen soll." Gemeint sind die sechs Zufluchtsstätten bei fahrlässiger Tötung, wie sie im 4. M. 35 vorgesehen sind.

folge derer ihr Tod oder der Verlust des Foetus eintritt, habe der Täter ihrem Gatten den Gegenwert ihres Lebens oder den ihrer Kinder zu erstatten], dann zogen die Anfangsworte der Formel ihre Fortsetzung mit sich, ohne daß diese mit dem Falle selbst direkt in Verbindung stünde.[9]

9. *J. Petuchowski: Wie unsere Meister die Schrift erklären, S. 58 f.*:
Es ist gar nicht so ausgemacht, wie es auf den ersten Blick erscheinen mag, daß die *lex talionis*, das Vergeltungsgesetz in [. . .] Levitikus 24,19–20, so primitiv ist, wie oft behauptet wird. In einer wirklich primitiven Gesellschaft gibt man seinen Gefühlen freien Lauf und übt gefühlsmäßig Rache – wobei es dann nicht so genau darauf ankommt, ob die Rache zu ,,einem Auge für ein Auge'' oder zu ,,einem Leben für ein Auge'' führt [. . .]. Dennoch wurde selbst das biblische Gesetz von den Pharisäern und ihren Nachfolgern, den Rabbinen, nicht wörtlich verstanden, sondern als Verordnung, daß der Täter dem Beschädigten Wiedergutmachung zahlen muß. Die Mischnah [. . .] findet es schon gar nicht mehr nötig, die *lex talionis* hermeneutisch zu behandeln. Sie konstatiert ganz einfach: ,,Wer seinen Nächsten verwundet, ist ihm fünf Dinge dafür schuldig: Schadenersatz, Schmerzensgeld, Heilungskosten, Entschädigung für Versäumnis der Arbeit und Strafgeld für die Beschämung'' (M. Baba Qamma 8,1) [. . .]. Ob die *lex talionis* wörtlich zu verstehen ist oder nicht, scheint ein Streitpunkt zwischen Pharisäern und Sadduzäern gewesen zu sein. Jedenfalls wird in einer Quelle aus dem frühen zweiten Jahrhundert [. . .] der 14. Tag des Monats Tammus erwähnt [als ein Freudentag], an dem das ,,Buch der Entscheidungen'' abgeschafft wurde, [weil an ihm] die Pharisäer die Oberhand im Synedrion gewannen und das Strafgesetzbuch der Sadduzäer abschafften. In diesem Strafgesetzbuch soll u. a. gestanden haben, daß die *lex talionis* wörtlich zu verstehen ist. Das heißt also, daß der Kampf um die Auslegung der *lex talionis* noch zu Zeiten des Tempels ausgetragen wurde und daß die pharisäische Auffassung am Ende siegte.

9 Cassuto folgert hier auf diese Weise: (a) Der fahrlässige Töter ist nicht des Todes schuldig; (b) wer unabsichtlich einer schwangeren Frau einen solchen Schlag versetzt, daß entweder sie stirbt oder ihr Foetus abgeht, gilt als fahrlässiger Töter; (c) obzwar aufgrund von (a) er nicht des Todes schuldig ist, heißt es von ihm ,,Leben für Leben'', was doch nur Entschädigung meinen kann, um so mehr, als von solcher als dem Gatten gebührend ausdrücklich gesprochen wird (2. M. 21:22); (d) impliziert aber der Grundsatz ,,Leben für Leben'' hier Zahlungspflicht, dann kann die Fortsetzung des Rechtsspruchs betreffs des Auges usw. nur dasselbe implizieren und hier, da ja den Augen usw. der Frau kein Leid geschehen ist, ein alter Rechtsspruch sein, der an dieser Stelle von der Torá nur sozusagen à propos zitiert ist.

Um so beklagenswerter ist es, daß man [. . .] in manchen Kreisen noch bis zum heutigen Tage den Juden vorwirft, [dieses Schriftwort] wörtlich zu verstehen.

10. כתובות לח א׳ *bab. Ketubót 38a*:
Man lehrte im (Lehr-)Haus des Chiskiá: Auge, und nicht Auge samt Leben.[10]

11. בבא קמא פד א׳ *bab. Bavá Kamá 84a*:
Aug' um Aug' – Mammon und nicht Mensch.[11] Sage ich [vielleicht] Mensch? Rav Aschí sagte: Man lernt [das] von ,, [der Vergewaltiger] soll geben [נתן *natán* wie in unserem Text!] dafür [תחת *táchat* wie in unserem Text!], daß er sie gebeugt hat''[12] (5. M. 23:29), [denn] wie dort ממון Mammón [gezahlt wird], so auch hier.

12. בבא קמא פד א׳ *bab. Bavá Kamá 84a*:
Es wird gelehrt: R. Eliéser sagt ממש *mammásch* (= buchstäblich, wirklich) [Einwand:] Buchstäblich?! [Was] fällt dir ein? Es sagte Rav Aschí: [R. Eliéser will damit bloß] sagen, daß man [den Schaden] nicht nach dem Geschädigten, sondern dem Schädiger schätzt.[13]

10 Dieser Satz, so lehrte man dort, sei nicht wörtlich zu nehmen, weil Blendung Tod verursachen könnte, was dann ,,Auge samt Leben'' bedeuten würde. Siehe ausführlich LIMMÚD Nr. 1.

11 Das hebräische Wort ממון *mammón* bedeutet Geld. Im Original lautet die Alternative ממון *mammón oder* ממש *mammásch* (= wirklich), zwei Wörter, die sich nur in einem Konsonanten voneinander unterscheiden. In ihrer obigen Wiedergabe wurde für ממש *mammásch* das deutsche *Mensch* gewählt, um dem Wortspiel einigermaßen zu entsprechen. Siehe ausführlich LIMMÚD Nr. 1.

12 Buber/Rosenzweigs möglichst wortgetreue Übersetzung. Gemeint ist eine Vergewaltigung. Rav Aschí geht nach einem Analogieschluß vor, der auf dem Vorkommen des entscheidenden Wortes תחת *táchat* auch in דברים *Devarím* basiert. Dort wird dem Mann eine Geldstrafe auferlegt dafür (תחת *táchat*), daß er eine Frau vergewaltigt hat. Würde der Kanon ,,Aug' um Aug' '' Maß für Maß bedeuten, müßte der Vergewaltiger vergewaltigt werden! Die logische Methode, die hier zur Anwendung kommt, heißt גזרה שוה *geserá schawá* und ist eine der 13 hermeneutischen מידות *middót* (= Regeln) des R. Jischmaél.

13 R. Eliéser, einer der fünf eminenten Schüler des Rabbán Jochanán ben Sakkái, weicht hier allein von der Meinung aller seiner Kollegen ab, was nicht verwunderlich ist, zumal er für seinen Konservativismus so berühmt war, daß er in den Verruf kam, ein Sadduzäer zu sein (siehe MATERIAL Nr. 19). Rav Aschí versucht hier – vier Jahrhunderte später – eine Ehrenrettung, indem er R. Eliéser in den Mund legt, sein Bestehen auf ,,Buchstäblichkeit'' beziehe sich gar nicht auf Verstümmelung des Schuldigen, sondern lediglich darauf, daß, im Gegensatz zu der Ansicht der anderen Tannaím, der Täter sein eigenes Auge mit Geld auszulösen habe und nicht jenes, das er ausgeschlagen hatte. Auf den ersten Blick

13. רש"י *RaSCHÍ, z. St.*:
23. So gib Leben für Leben, unsere Lehrer sind darüber verschiedener Ansicht; manche sagen wörtlich, Leben, und manche sagen, Geld und nicht wörtlich Leben; denn, wenn einer die Absicht hatte, den einen zu töten, und einen anderen tötete, so ist er frei von Todesstrafe und zahlt den Erben den Wert, wie er auf dem Markte verkauft worden wäre. 24. Auge für Auge, hat er das Auge des anderen gewendet, gibt er ihm den Wert seines Auges, wieviel sein Wert geringer geworden, ihn auf dem Markte zu verkaufen; und so in allen diesen Fällen; aber nicht, daß man ihm wörtlich das Glied nimmt; so erklären unsere Lehrer (in Bab. kam. 84a).[14] 25. Brandmal für Brandmal, Wunde durch Feuer; bis jetzt spricht er von einer Verletzung, die mit einer Verminderung des Wertes verbunden ist; und jetzt, wenn keine Verminderung des Wertes entstanden ist, sondern nur ein Schmerz; wenn er ihn z. B. mit einem Spieß auf seinen Nägeln gebrannt hat, schätzt man ab, wieviel ein Mensch so wie er beanspruchen würde, um einen solchen Schmerz zu erdulden. Wunde ist eine Verletzung, aus der Blut kommt, wenn er ihm das Fleisch verletzt hat; *navrure*[15] in anderer Sprache; es kommt ganz darauf an, wie sich die Sache verhält; wenn eine Verminderung des Wertes eingetreten ist, gibt er ihm Schadenersatz; wenn er aufs Lager gefallen ist, gibt er ihm Versäumnis, Heilung, Beschämung und Schmerzensgeld; dieser Vers scheint übrig zu sein; in Bab. kam. 84a haben ihn unsere Lehrer so erklärt, daß man ihn zu Schmerzensgeld verpflichtete außerdem, daß er Schadenersatz zu leisten hat; wenn er ihm auch den Wert seiner Hand ersetzt hat, befreit man ihn doch nicht von Schmerzensgeld, daß man sage, weil er seine Hand erworben hat, dürfe er sie abschneiden, auf welche Weise er wolle; sondern man sagt, er hätte sie auch durch ein Gift abnehmen können, wodurch er nicht solche Schmerzen gehabt hätte, während er sie ihm durch Eisen abgenommen und ihm Schmerzen bereitet hat. Beule ist ein Schlag, durch den das Blut gerinnt, aber nicht herauskommt; sondern das Fleisch ist an der Stelle gerötet; das Wort heißt *taka*[16] in anderer Sprache; und warum aber stehen Zahn und Auge? Wenn Auge stehen würde und nicht Zahn, so hätte ich gesagt, wie das Auge mit geboren ist, so nur bei dem, was mitgeboren ist; der Zahn aber ist nicht mitgeboren; und wenn Zahn stehen würde und nicht Auge, so hätte ich gesagt, selbst ein Kinderzahn, der wieder nachwächst, darum steht Auge.

14. רשב"ם *RaSCHBáM, z. St.*:
[Auge, Zahn und Fuß] – alle [diese] betreffen [den möglichen Verlust von] Gliedmaßen; bei Verbrennung, die nicht [unter Gliedmaßen] inbegriffen ist, schuldet er Schmerzensgeld, [Strafe für] Beschämung, und zusätzlich Arztkosten; ebenso bei einer Schwertwunde und bei einem Schlag auf seine Nägel, [auch wenn] das nicht viel ausmacht.

15. ר' אברהם אבן עזרא *R. Avrahám Ibn Esrá, z. St.*:
Es sagte Rav Saadiá, wir könnten diesen Vers nicht wörtlich interpretieren. Wenn nämlich einer das Auge eines anderen so schwer verletzt, daß dieser ein Drittel seines Augenlichtes verliert, wie ist es denkbar, [den Täter genau] so zu verletzen, ohne daß ihm dabei mehr oder weniger Schaden zugefügt wird [als er verursacht hat]? Vielleicht erlöscht gar sein Augenlicht dann vollkommen?! Noch schwieriger ist es bei einer Verwundung, Verbrennung oder Beule: Sie sind an einer lebensgefährlichen Stelle [am Körper des Verletzten, der sie dennoch überlebt hat, erfolgt, können sie den Täter, an derselben Körperstelle heimgesucht, das Leben kosten], und das läßt die Vernunft nicht zu. [Ein gewisser Karäer] Ben Sutá wandte ein, es stünde doch [ausdrücklich] geschrieben (3. M. 24:20) „Wie er dem Menschen Gebrest zufügt, so werde ihm zugefügt"! Der Gaón [Rav Saadiá] antwortete darauf, wir fänden [in der Schrift mehrere Male anderswo] „an ihm" statt „auf ihm", und so ist [demnach] der Vers zu verstehen als „ihm *auf*erlegt" und nicht „ihm angetan". Ben Sutá widerlegte ihn mit „Wie er tat, so werde ihm getan" (ebenda), aber der Gaón brachte vor, daß Schimschón (Richter 15:11) gesagt hat, „Wie sie mir taten, so tue ich ihnen" und trotzdem ihnen [die ihm seine Frau weggenommen hatten] nicht ihre Frauen wegnahm und sie nicht jemandem anderen gab, sondern ihnen nur heimzahlte. Ben Sutá fuhr fort: „Und wenn der Täter zu arm ist, um [die Buße zu bezahlen], was ist

könnte man glauben, dies entspräche wenig den Worten des R. Eliéser, weil ja eben doch geschätzt und daraufhin eine geldliche Entschädigung geleistet wird, und somit wenig von seinem ממש *mammásch* übrig bliebe. Bei näherer Überlegung kann aber der Widerspruch ausgeglichen werden. Kommt nämlich das Auge des Täters bei der Schätzung in Betracht, dann bezieht sich diese ja auf ein „wirkliches", d. h. noch existierendes Auge (also ממש!), anders als bei der Schätzung des ausgeschlagenen, das ja nicht mehr ממש (= wirklich) vorhanden ist. Substituiert man dieses durch jenes bei der Schätzung, ist es möglich, daß der Geschädigte besser wegkommt, denn er war vielleicht bei der Schlägerei der schwächere und unterlag. Dann aber war das gesunde Auge des Täters von Beginn an das kostbarere. Mag sein, daß Rav Aschí und, was nicht völlig ausgeschlossen ist, auch R. Eliéser diesen Aspekt im Sinne hatten.

14 Siehe MATERIAL Nr. 11 und 12.

15 Die „andere Sprache" ist die französische, wie man sie zu RaSCHIs Zeiten sprach. *Je suis navré* bedeutet heute: Das Herz blutete mir dabei; *navrure* ist nicht mehr in Gebrauch.

16 Dieses altfranzösische Wort existiert heute als *tache* und bedeutet *Flecken, Makel.*

[dann] seine Strafe [oder geht er straflos aus, was doch ungerecht ist]? [Diesen Einwand] beantwortete der Gaón [so]: Wenn ein Blinder einem Sehenden ein Auge ausschlägt, was geschieht ihm dann? [D. h., absoluter Ausgleich ist dabei auch ausgeschlossen!] Auch kann der Arme in der Zukunft zu Geld kommen, dagegen kann der Blinde nie wieder zu einem [sehenden] Auge kommen, [nur damit] es ihm daraufhin gleich wieder zur Strafe für seine Tat ausgeschlagen [würde]! Überhaupt können wir die Torágebote nicht richtig verstehen, es sei denn, daß wir uns auf die Worte der חז"ל *chasál* stützen. Ja, so wie wir die [schriftliche] Torá von unseren Vorfahren erhalten haben, so erhielten wir [von ihnen] eine mündliche, und kein Unterschied [an Autorität] besteht zwischen beiden. Aus all dem hier ist klar, daß mit ,,Aug' um Aug'" gemeint ist, dem einen gebühre zwar das Auge des anderen, wenn er es nicht mit Geld abbüßt [d. h., dies wäre der einzige Ausweg aus dem Dilemma, ist aber unausführlich, weil eben ein Auge nicht übertragbar ist]. [Auch] sagte der Gaón [als letzten Beweis dafür, daß nur finanzielle Entschädigung in Betracht kommen kann], für einen Zahn sei wenig zu zahlen, wenn der Angegriffene ein Kind ist, weil dessen Zahn, wenn ausgeschlagen, noch einmal nachwachsen wird [so daß das Ausschlagen eines Zahnes des Angreifers eine ungleich schwerere Strafe wäre, was alles nicht im Sinne der תורה *Torá* sein kann, die Gerechtigkeit fordert]. Sie erwähnt [also] den Zahn [anscheinend überflüssigerweise nur] aus diesem Grunde [nachdem sie – siehe oben – das Auge auch zur Beweisführung von finanzieller Entschädigung erwähnt hat]. Diese drei [Auge, Zahn und Fuß] sind aufgezählt wegen ihrer Wirklichkeitsnähe [und die anderen Gliedmaßen nicht, aber darin eingeschlossen]: Schlägt [nämlich] einer den anderen, trifft er ihn entweder ins Auge, weil dieser ihm gegenüber steht, am Mund [aus demselben Grund], an der Hand, mit der [sein Gegner] kämpft und sich wehrt, oder am Fuß, wenn dieser vor ihm flieht.

16. רמב"ם *RaMBáM, Jad Chasaká, Hil. Chovél 1*:
Wer einem anderen körperlichen Schaden verursacht, muß ihm fünf Dinge bezahlen, und zwar: Schadenersatz, Schmerzensgeld, ärztliche Behandlung, Verdienstausfall und Beschämung [. . .]. Wie [wird] Schaden [ersetzt]? Hat er dem anderen eine Hand oder einen Fuß abgeschlagen, schätzt man, wieviel dieser wert gewesen wäre, hätte man ihn als Sklaven auf dem Markt verkauft, und wieviel er jetzt wert ist, und [demgemäß] bezahlt [der Täter] den Verlust, den [der Beschädigte] erlitten hat, wie geschrieben steht ,,Aug' für Aug'". Aufgrund der mündlichen Überlieferung haben [die Weisen] gelernt, daß das ,,für" ממון *Mammón* (= Geld) lehrt. Wenn aber in der תורה *Torá* steht ,,Wie er dem Menschen Gebrest zufügte, so werde ihm zugefügt", so ist [damit] nicht [gemeint], jemanden Körperschaden anzutun, wie dieser jenem angetan hat, sondern daß es jenem zustehen würde, diesen um eines seiner Gliedmaßen zu bringen [. . .,] wie er getan hatte, er jedoch jenem den entsprechenden Schadenersatz erstattet. Denn sieh, sie [= die Schrift] sagt ,,Nehmt nicht Lösegeld an für das Leben eines Mörders, der schuldig ist zu sterben" (4. M. 35:31) – [also] nur für einen Mörder allein gibt es kein Lösegeld, aber für den Verlust von Gliedmaßen und Körperschaden gibt es ihn. Wenn es aber [zu dem auch] heißt ,,Nicht schone sein dein Auge" (5. M. 19:13,21), [so bezieht sich das] auf finanzielle Entschädigung, auf daß du nicht sagest ,,Jener ist arm und verursachte den Schaden unabsichtlich, darum erbarme ich mich seiner" – [nur] deswegen heißt es ,,Nicht schone sein dein Auge". Und woher wissen wir, daß, was für Gliedmaßen festgesetzt wurde, nämlich ,,Aug für Aug", sich auf Zahlungen bezieht? Weil es [einerseits] heißt ,,Brandmal für Brandmal" und [andererseits] ,,wenn einer den anderen schlägt mit einem Stein oder mit der Faust, gebe er ihm [nur] den Verdienstausfall und lasse ihn heilen" (2. M. 21:19), so lernst du [daraus], daß [das Wort] תחת *táchat* beim Brandmal finanzielle Entschädigung bedeutet. Dasselbe gilt vom תחת *táchat* beim Auge und bei Gliedmaßen. Ja, obgleich diese Dinge [auch] aus der תורה שבכתב *Torá sche-bi-chetáv* (= Schriftliche Lehre) ersichtlich und alle aus dem Munde unseres Lehrers משה *Mosché* seit סיני *Ssinái* klar ausgedrückt sind, so sind sie [auch] aufgrund der תורה שבעל פה *Torá sche-be-ál pe* (= Mündliche Lehre) klar praktizierte הלכה *Halachá* in unserer Hand. So sahen sie unsere Vorfahren und entschieden demnach im בית־דין של יהושע *bet-din schel Jehoschúa* (= Josuas Gerichtshof) wie auch in dem des שמואל *Schemuél* (= Samuel) aus Ramá und in jedem בית־דין *bet-din*, das je seit den Tagen von משה רבנו *Mosché rabbénu* (= unser Lehrer Mosché) bis heute getagt hat.

17. רמב"ן *RaMBáN, z. St.*:
In der wohlbekannten Überlieferung unserer Meister ist hier Entschädigung gemeint. Diesen Gebrauch [des operativen Wortes תחת *táchat*] finden wir [eindeutig] in ויקרא *Wajikrá* (3. M.) 24:18. R. Avrahám Ibn Esrá bemerkt dazu, daß die Schrift einen solchen Ausdruck benutzt, um darauf hinzuweisen, daß [der Angreifer] wirklich die Strafe verdient [,ein Auge zu verlieren], wenn er es nicht auslöst. Die Schrift hat uns ja verboten, Lösegeld für das Leben eines des Todes würdigen Mörders zu nehmen (4. M. 35:31), nicht aber von einem Bösewicht für eine von ihm an einem anderen verübte Gliedverletzung. Wir werden deshalb nie und nimmer eines seiner Glieder abhauen, sondern ihm Entschädigung auferlegen, und fehlt es ihm an Geld, bleibt er sie schuldig, bis er zahlungsfähig ist. Ein Beweis für die Ansicht der Weisen liegt im vorangegangenen [Vers 19 im Buche שמות *Schemót* Kap. 21, wo der Täter dem Angegriffenen zum Ersatz für Zeitverlust und Heilungskosten verpflichtet ist].

Würden wir ihm Gleiches mit Gleichem vergelten, warum hätte er dann obendrein auch noch Entschädigung [für Zeitverlust und Heilung] zu zahlen? Er wäre ja in diesem Falle selbst berechtigt, daraufhin für seinen Zeitverlust und seine eigene Heilung entschädigt zu werden [. . . wie immer auch wir uns bemühen, einen Ausweg aus den Schwierigkeiten zu finden], das generelle Prinzip und die erreichte Konsequenz, sind:] die [talmudische] Überlieferung ist [*per eliminationem*] die [einzig] richtige.

18. *J. H. Hertz*: *Pentateuch und Haftorahs, z. St.*: *Stück um Stück*. Dies ist ein gesetzlicher Ausdruck, der mit ,,angemessener Entschädigung'' gleichbedeutend ist; er kann nicht so verstanden werden, daß etwa jemand, der ein Tier erschlagen hat, dadurch sein eigenes Leben verwirkt hat! Ebenso sind die Wendungen: ,,So wie er getan, so geschehe ihm'' in *V.* 19, ,,Auge um Auge'' und ,,Zahn um Zahn'' in *V.* 20, nur technische Bezeichnungen für die Forderung, daß für den angerichteten Schaden ein angemessener und gerechter Ersatz nach genauer gerichtlicher Schätzung zu leisten ist. Es gibt in der jüdischen Geschichte kein Beispiel dafür, daß das Gesetz der Vergeltung - Auge um Auge, Zahn um Zahn - je *wörtlich* aufgefaßt worden ist. Den Talmudisten bedeuteten die biblischen Worte *Auge um Auge* nichts als einen Ausdruck für den Grundsatz der Gleichheit. ,,Keines der späteren (rabbinischen) Gesetzbücher kommt auch nur auf den Gedanken, die Vergeltung als geeignetes Mittel in Vorschlag zu bringen, ungeachtet des Beispiels der zeitgenössischen europäischen und asiatischen Rechtssysteme, die das Gegenteil lehren'' (D. W. Amram). Der letzte Satz erinnert uns an ein Paradoxon der Weltgeschichte: Das Judentum, die sogenannte Religion ,,strenger Gerechtigkeit'', verwarf die wörtliche Anwendung des Vergeltungsgesetzes und kannte weder Folter im Prozeßverfahren noch Verstümmelungen als gesetzliche Strafe. In den christlichen Ländern hingegen waren Verstümmelung und Folter von der Mitte des 13. bis zum Ende des 18. und in manchen Ländern bis zur Mitte des 19. Jahrhunderts und länger zu nahezu unentbehrlichen Begleiterscheinungen der Justiz geworden.

19. *Y. T. Radday*:
Zu welchem Zeitpunkt in der israelitischen Geschichte die Regel עין תחת עין *ájin táchat ájin* zum ersten Male nicht in Form von ממש *mammásch*, sondern von ממון *mammón*[17] gerichtlich angewandt wurde, entzieht sich unserer Kenntnis und so wird es voraussichtlich auch bleiben. Alle Anzeichen sprechen dafür, daß dieser Umschwung lange vor der biblischen Epoche stattgefunden haben muß, da aus dieser Epoche, die immerhin ein Jahrtausend andauerte, auch nicht ein einziger Fall von ממש *mammásch* auf uns gekommen ist und das bei all der Gewaltsamkeit, die in ihr herrschte. Darum wird uns wohl für immer nicht nur verborgen bleiben, wann, sondern auch wie sich der Übergang von ממש *mammásch* zu ממון *mammón* vollzogen hat: ob allmählich oder plötzlich, ob aus humanitären oder praktischen Erwägungen, ob unangefochten oder unter heftigen Debatten. Wann diese zugunsten der übertragenen Auffassung ein für alle Male endeten, werden wir auch nie erfahren. Als R. Eliéser sein דעת־יחיד *dáat jachíd* (= Minoritätsvotum) ablegte[18], womit er sich als einziger von allen zeitgenössischen Tannaím lossagte, muß ja der ,,wörtliche'' Standpunkt längst überwunden gewesen sein, außer wenn wir Rav Aschís redliche Bemühung akzeptieren, R. Eliéser vom *odium* eines dem Gesetze gemäß - siehe 5. M. 17:8 ff. - eigentlich des Todes schuldigen זקן ממרה *sakén mamré* (ein sich dem richterlichen Majoritätsbeschluß nicht unterwerfender Beisitzer) zu bewahren. Rav Aschís immerhin weithergeholte Argumentation zeigt vielleicht, daß der *mammásch*-Standpunkt noch nicht ganz überwunden war und jede, auch eine an einem Haar hängende Beweisführung gegen ihn immer noch gern aufgegriffen wurde. Nun lesen wir allerdings bei Josephus[19], zu seiner Zeit hätten die Sadduzäer dazu tendiert, der ממש *mammásch*-Interpretation von neuem beizupflichten. Josephus ist in dieser Hinsicht höchstwahrscheinlich verläßlich, bezeugt aber nicht, daß ממש *mammásch* zu seiner Zeit, auf die er sich mit seiner Feststellung ja bezieht, zur aktuellen Anwendung kam und nicht nur das Thema einer theoretischen Diskussion war. Zusätzlich zu den Auseinandersetzungen in der גמרא *Gemará*, die die Impraktibilität von ממש *mammásch* zu demonstrieren versuchen[20], und zusätzlich zur Abwesenheit jeglicher belegter Präzedenzfälle sind nun doch einige weitere Argumente zu berücksichtigen, die für ממון *mammón* schon vom Beginn der Gesetzgebung an sprechen. So hält die Torá den Körper des Menschen nicht minder als sein Wesen für ein Wunderwerk des Schöpfers, das weder verbessert, noch verunstaltet werden darf. In der Tat verbietet sie letzteres mit großem Nachdruck dreimal. Wir lesen in ויקרא *Wajikrá* (3. M.) ,,Abrundet nicht die Ecke eures Haupthaars, verdirb nicht die Ecke deines Bartes, Ritze um Tote gebt nicht an euer Fleisch'' (19:28) und ,,Sie sollen nicht ihrem Haupt eine Glatze ausglätten, den Rand ihres Bartes sollen sie nicht scheren, in ihr Fleisch Ritzung nicht ritzen'' (21:5). Die dritte Verwarnung steht in דברים *Devarím* (5. M.): ,,Söhne seid ihr IHM eurem Gott! Zerfurchet euch nicht, und legt nicht eine Glatze zwischen euren Augen an um einen Toten.'' Alle drei Stellen verbieten selbst freiwillig von einer Person

17 Diese Begriffe sind in Anmerkung 11 erläutert.

18 Siehe MATERIAL Nr. 12.
19 In seinen *Altertümern* 4,8;35.
20 Siehe MATERIAL Nr. 10-16.

an ihrem eigenen Körper angebrachte Verunstaltungen, insbesondere, wie damals üblich, aus Trauer um einen Toten. Dann aber dürfte eine vom Gericht selbst und erst recht von einer Privatperson an einem Mitmenschen zu vollziehende Verstümmelung für die Torá unvorstellbar sein. Die einzigen beiden Ausnahmen sind das Gebot der מילה *milá* (= Beschneidung) in בראשית *Bereschít* (1. M.) Kap. 17 und die Anweisung in שמות *Schemót* (2. M.) 21:6, ,,Es pfrieme (= durchsteche) das Ohr[-läppchen] sein Herr mit dem Pfriem'' einem Knecht, der die Freilassung verschmäht. Diese beiden Eingriffe an einem menschlichen Leib, soweit sie solche sind, betreffen dennoch nur Körperstellen, die dem Auge der Öffentlichkeit nicht oder kaum sichtbar sind, und beide - ja, beide! - nicht den weiblichen Körper - siehe die Kommentare zu דברים *Devarím* 15:12 ff.

Und noch mehr. Zum Beispiel fragt sich, was unter folgenden Umständen geschieht. Die Nachkommen Aharóns, genannt כהנים *Kohaním*, versehen den Dienst im בית־המקדש *bet-ha-mikdásch* (= Heiligtum, Tempel) und wechseln einander dabei nach einem gewissen Schema ab. Doch dürfen nur diejenigen unter ihnen dieser Aufgabe nachgehen, denen nicht der geringste körperliche Makel anhaftet. Disqualifiziert ist u. a., gemäß ויקרא *Wajikrá* (3. M.) 21:18–21, jeder blinde und lahme כהן *Kohén*. Ist aber nun ein כהן *Kohén* der Schädiger und wird עין תחת עין *ájin táchat ájin* nach dem Prinzip ממש *mammásch* gehandhabt, dann hat er nicht bloß die *Talio*-Strafe zu erleiden, sondern er geht darüber hinaus z. T. auch seines Berufes und seines Lebensunterhaltes verlustig. Um das zu vermeiden, müßte die תורה *Torá* für כהנים *Kohaním*, die unter das *Talio*-Gesetz fallen, eine Sonderregel vorgesehen haben, desgleichen sie aber nicht getan hat und was außerdem schon nach dem Schriftwort ,,Von meiner Schlachtstatt hinweg hole ihn, daß er sterbe'' (2. M. 21:14) unzulässig ist. Dieses bezieht sich nämlich der Tradition zufolge auf einen des Mordes verdächtigten כהן *Kohén* und schließt damit grundsätzlich die Möglichkeit eines Ausnahmestatus für כהנים *Kohaním* aus. Wenn jedoch dieser Ausweg verschlossen ist, auch weil, wie so oft in der גמרא *Gemará* zitiert, ,,einerlei Recht'' für alle Gruppen herrschen soll; wenn Straflosigkeit nicht in Frage kommt; und wenn obendrein die Regel ממש *mammásch* sich als inapplikabel herausgestellt hat, weil sie den Täter übermäßig bestrafen würde, so resultiert daraus, daß sie seit jeher unausführbar gewesen sein muß.

Der heutige Leser, dem es wahrscheinlich schwer fällt, im Worte ‚*Auge*' etwas anders zu erkennen als eben ein Auge, und der leugnet, daß mit ihm der Geldwert eines Auges gemeint sein kann, muß daran erinnert werden, daß altertümliche Rechtssatzungen derartigen konkreten Ausdrucksweisen vor abstrakt formulierten Rechtsprinzipien den Vorzug geben. Im Magdeburger Stadtrecht (1188) steht der Spruch ,,Gänse haben kein Recht'', worin es aber gar nicht um Geflügel oder Tierschutz im allgemeinen geht, sondern um gewissen menschlichen Rechtspersonen innerhalb der Stadtmauern gebührende Ansprüche, Privilegien usf. Und wer sich weigert, das in dieser פרשה *Paraschá* erwähnte Auge im übertragenen Sinne aufzufassen, der sollte konsequent auch jenes andere und viel zitierte Auge konkret nehmen, das man ausreißen soll, wenn es einen ärgert.

20. *Y. T. Radday*: *Befund der Konkordanz*:
Das Wort תחת *táchat* bedeutet zuerst (nicht unbedingt ursprünglich!) als Adverb *unten* und als Präposition *unter* (örtlich), danach als Nomen den Ort selbst, auf dem jemand steht, d. h. seinen Standort, und, wiederum als Präposition, *an seiner Stelle*, *an seiner Statt*, daher gleichfalls *anstelle* und *anstatt*, und endlich *an Ort und Stelle*, d. h. *sofort*, mit Bedeutungswandel vom Örtlichen zum Zeitlichen, ähnlich wie im Lateinischen *stante pede*, im Englischen *on the spot*, im Französischen *sur-le-champ* und *maintenant* und auch im Deutschen *auf der Stelle*. Die Konkordanz der hebräischen Bibel zählt über 480 Stellen auf, in denen das Wort תחת *táchat* in einer seiner Formen vorkommt. Da sich die obigen Bedeutungen zum Teil überschneiden und auch eine ganze Reihe der Vorkommnisse nur mit Vorsicht dieser oder jener Bedeutung zugeordnet werden kann, bleiben mehr als 10% der Stellen unberücksichtigt, weil unentschieden. Von den restlichen 420 sind 17% als mit *unten*, *unter*, *unterhalb* zu verstehen, alle anderen gehören mehr oder weniger einer der folgenden drei semantischen Gruppen an: Sukzession (Nachfolge: ,,und X wurde König תחת *táchat* seinem Vater Y''), Substitution (Vertretung:,,תחת *táchat* Eisen bringe ich Silber und תחת Hölzer Kupfer und תחת Steine, Eisen'') oder Retribution (Rückerstattung: ,,Undank תחת Wohltat vergüten''). Nur sehr gezwungen läßt sich die Idee der Retaliation (Vergeltung) in wenige Fälle hineinlesen.

21. *Y. T. Radday: Strukturanalyse des Abschnittes:*

A Er redete zu Mosché, sprechend (V. 13)
B Führe den Lästerer außer Lagers (V. 14)
C sollen sie ihn verschütten (V. 14)
D zu den Söhnen Israéls rede, sprechend (V. 15)
E wenn er seinen Gott lästert . . . SEINEN Namen antastet (V. 15–16)
F gleich Gast gleich Sproß (V. 16)
G wenn jemand ein Menschwesen erschlägt, sterben muß er (V. 17)
H wer ein Tierwesen erschlägt, bezahle es (V. 18)
I ein Gebrest zufügt (V. 19)
J Bruchersatz für Bruch, Augersatz für Auge, Zahnersatz für Zahn (V. 20)
I dem Menschen Gebrest zufügte (V. 20)
H wer ein Tier erschlägt, soll es bezahlen (V. 21)
G wer einen Menschen erschlägt, soll sterben (V. 21)
F gleich sei der Gast, gleich der Sproß (V. 22)
E ICH bin euer Gott (V. 22)
D Mosché redete zu den Söhnen Israéls
B wegführten sie den Lästerer außer Lagers (V. 23)
C verschütteten ihn mit Steinen (V. 23)
A wie Mosché geboten hatte (V. 23)

1. דף של גמרא *Daf schel Gemará*
(= Ein Blatt Gemará)

Die Übersetzung eines Blattes aus der **גמרא** *Gemará* (בבא קמא פג ב׳ bab. Bavá Kamá 83b ff.), nur eines jener vielen, auf denen das Problem der körperlichen Wiedervergeltung diskutiert wird, diene neben der Erörterung im MATERIAL als Beispiel, wie **רבנן** *Rabbanán* (= unsere Meister) eine solche Diskussion führten. Die Übersetzung ist fast wörtlich, abgesehen von erläuternden, eckig eingeklammerten Ergänzungen. Denn das Original - typisch für den **תלמוד** *Talmúd* - ist ein sehr gekürztes Protokoll von Unterredungen, die zwischen Juristen stattfanden und in denen diese sich eines Berufsjargons bedienten, wie er unter Kollegen üblich, Laien jedoch weitgehend unverständlich ist. In rabbinischer Literatur ist es gang und gäbe, Parteien in einem Streitfall ihrer Anonymität zuliebe immer einfach Reuvén und Schimeón zu nennen, ein Usus, der auch hier, obgleich er sich im Original nicht findet, zum besseren Verständnis beibehalten wurde.

*

Es wurde gelehrt: R. Dostái ben Jehudá sagt: **עין תחת עין** *ájin táchat ájin*[21] bedeutet finanzielle Entschädigung. [*Einwand*:] Du zitierst ihn als ,,finanzielle Entschädigung'', aber vielleicht ist dem gar nicht so, sondern **ממש** *mammásch* (= wirklich, nämlich Ausstechen eines Auges) ist gemeint? [*Antwort*:] Was würdest du sagen, wenn das Auge des Reuvén groß und das des Schimeón klein ist - wie kann ich dann die Regel **עין תחת עין** *ájin táchat ájin* anwenden? Sagst du aber, daß [nur] in einem solchen Fall Entschädigung [statt Vergeltung] zu akzeptieren ist, antwortet dir die **תורה** *Torá* [selbst] ,,Einerlei Recht sei euch'' (3. M. 24:22), was befiehlt, nach demselben Prinzip in allen Fällen vorzugehen [und nicht einmal Entschädigung und einmal Vergeltung zu verhängen]. [*Einwand*:] Könnte man aber nicht sagen, daß dafür, daß [der Täter] Reuvén den [geschädigten] Schimeón seiner Sehkraft beraubt hat [und daß das Wort *Auge*, konkret sprechend, Augenlicht bedeutet:], [somit] das göttliche Gesetz vorgeschrieben hat, Reuvén [auch] um seine Sehkraft zu bringen [ohne Berücksichtigung der Größe der jeweiligen Augen, da wir ja auch deren Farbe nicht in Betracht ziehen]? Stimmst du aber dem nicht zu, wie kann dann [in einem hypothetischen Fall] ein Zwerg zum Tode verurteilt werden, wenn er einen Riesen erschlagen hat? ,,Einerlei Recht sei euch'' kann also nur heißen, unter ein und dasselbe Recht fallen alle Modalitäten, wo ja doch das göttliche Gesetz für Lebensverlust den Lebensverlust des Mörders fordert [ungeachtet dessen, daß Täter und Opfer nicht vom selben Gewicht sind]? Warum sagen wir also nicht [auch] hier [nicht das Auge, sondern] das Augenlicht [des Reuvén] muß ihm dem göttlichen Gericht gemäß entzogen werden? [Hierauf bricht die Debatte ab, weswegen die **גמרא** *Gemará* jetzt andere [, die einen schlagenderen Beweis als R. Dostái wissen,] sagen [läßt]:

R. Schimeón bar Jochái sagt: **עין תחת עין** *ájin táchat ájin*, das ist Entschädigung. [*Einwand*:] Du sagst **ממון** *mammón* [= Entschädigung], aber ist es nicht dennoch **ממש** *mammásch* [= tatsächlich] zu nehmen? [*Antwort*:] Was tust du dann, wenn ein blinder [Reuvén] einem sehenden [Schimeón] ein Auge ausschlägt? Oder ein Krüppel einem Gesunden die Hand abhaut [. . .], wenn doch die **תורה** *Torá* schreibt ,,Einerlei Recht sei euch'' in jedem Fall [so daß Schimeóns vom blinden Reuvén ausgeschlagenes Auge diesem zu vergelten unmöglich ist] ? [*Antwort*:] Wo ist die Schwierigkeit? Warum sagen wir nicht, **ממש** *mammásch* wenn möglich, sonst aber, wenn unmöglich, geht er [= Reuvén] straflos aus? [Deine voraussichtliche Antwort, nie dürfe ein Täter straflos ausgehen, widerlege ich mit der Frage:] Wie löst du den im Traktat Sanhedrín 78a erörterten Fall eines todkranken [Reuvén], der einen gesunden [Schimeón] getötet hat [und, weil ohnedies sterbend, straflos ausgeht]? Du bist gezwungen zuzugeben, daß nur wenn die Möglichkeit von **ממש** *mammásch* vorliegt, wir zu ihr Zuflucht nehmen, sonst jedoch [Reuvén] frei davongeht. [Hier bricht auch diese Debatte ab. Die **גמרא** geht jetzt zu einem neuen Ansatz über:]

Abbajé sagt: [Das Prinzip **ממון** *mammón*] läßt sich von der Lehre der Schule des Chiskijá ableiten. Dort lehrte man, [es stünde allerdings] *ájin táchat ájin* [, aber daneben auch] **נפש תחת נפש** *néfesch* (= Leben) *táchat néfesch*, aber nirgends [stünde] *ájin* als auch *néfesch táchat ájin*! Angenommen, **ממש** *mammásch* sei gemeint, kann es doch manchmal geschehen, daß Reuvén [für das von ihm ausgeschlagene Auge des Schimeón] sein Auge samt seinem Leben [z. B. durch Blutvergiftung bei der Blendung] einbüßt. [*Einwand*:] Wo liegt die Schwierigkeit? Vielleicht ist gemeint, wir sollten abschätzen [ob Reuvén die Operation überleben kann] und nur wenn er dazu imstande ist, **ממש** ausführen, sonst aber nicht?

R. Aschí lehrte: [Alles] ist aus [dem Worte] **תחת** *táchat* zu schließen, das auch beim [von Reuvén erschlagenen] Ochsen des Schimeón steht: ,,bezahlen soll er Ochs *táchat* Ochs'' (2. M. 21:36) - wie [beim Ochsen ausdrücklich neben **תחת** *táchat*] ,,bezahlen'' [steht], so ist auch hier [beim Auge, neben dem ebenso **תחת** *táchat* steht,] Bezahlung gemeint. [*Einwand*:] [Der Vergleich hinkt:] Wie kannst du von [dem Worte] **תחת** bei einem Ochsen [auf **תחת** bei einem Menschen] schließen? Schließe vielmehr vom **תחת** beim Menschen, wo geschrieben steht **נפש תחת נפש** *néfesch* (= Leben) *táchat néfesch* (2. M. 21:23) - und wenn dort **ממש** *mammásch*, dann gleichfalls hier [beim Ochsen] **ממש**. [*Antwort*:] Ich sage dir, [nicht die Verschiedenheit von Tier und Mensch ist aus-

21 Weil die Pointe der Diskussion die Bedeutung des zweiten Wortes ist, muß der Ausspruch unübersetzt bleiben.

schlaggebend, sondern] man folgere [aufgrund der Ähnlichkeit] von Schädigung auf Schädigung [einerlei, ob sie bei Tier oder Mensch erfolgt ist]. [*Neuer Einwand*:] Genau umgekehrt: Man schließe [nicht aufgrund der Ähnlichkeit des zugefügten Schadens, betrifft er nun Tier oder Mensch, sondern aufgrund der Ähnlichkeit der betroffenen Wesen] bezüglich Menschen[schädigung] von der Menschen[tötung] und nicht bezüglich Menschen[schädigung] von Tier[schädigung]. [*Antwort*:] Keineswegs, denn wir entnehmen [R. Aschís Ansicht, daß תחת *táchat* Bezahlung bedeutet, gerade aus deinem Argument, nämlich dem Schluß von Mensch auf Mensch] aus [dem Schriftwort] ,,Dafür [= תחת *táchat*!], daß er sie vergewaltigt hat'' (5. M. 22:29) [wo Reuvén wörtlich zur Zahlung verpflichtet ist, obzwar oder weil hier תחת *táchat* steht] in der Tat [und ganz auf deinen Wunsch gefolgert] bezüglich eines Menschen [d. h. Reuvéns] von einem Menschen [d. h. dem Mädchen auf einen Menschen, und zwar Schimeón] und zugleich auch bezüglich der Schädigung [des Schimeón] von der Schädigung [des Mädchens].

2. *Behördlich angeordnete Verstümmelungen?*
,,Die Zwangs- und Strafmittel eines [autonomen jüdischen] Gerichts [in Mitteldeutschland des 13. Jh.s] waren [. . .] zuweilen auch körperliche Züchtigung und bei Wiederholung des Vergehens Verstümmelung wie Abhauen der Hand.'' Zu diesem Ergebnis gelangt H. J. Zimmels aufgrund der Untersuchung der תשובות *Teschuvót* (= Gutachten, Responsen) des R. Meír ben Barúch, genannt מהר"ם *MaHaRáM*, aus Rothenburg (geb. 1215?). Er bemerkt dazu folgendes: ,,Die Strafe des Verlustes gewöhnlich der rechten Hand begegnet uns [. . .] in einem Kapitular Karls des Großen [. . .] und in einem Privileg des Herzogs von Österreich Friedrich II. vom Jahre 1244. Notorische [jüdische] Denunzianten wurden geblendet, oder es wurde ihnen die Zunge herausgeschnitten. Am weitesten ging die Strafgerichtsbarkeit des Rabbiners zu Nördlingen, wo Strafen wie Gliederabschneiden vollstreckt wurden [. . .]. Den Gegnern des Maimonides in Montpellier [wurde] mit Bewilligung des Königs die Zunge ausgeschnitten [. . .]. Es ist möglich, daß R. Aschér ben Jechiél diese Art der Strafe aus Deutschland [nach Spanien und Südfrankreich] mitgebracht hat, da die Gemeindemitglieder [in Montpellier] nicht wußten, wie sie [den Verurteilten] strafen [. . .] sollten. R. Aschér wundert sich [übrigens] über das Recht der Juden [in Spanien], Todesstrafen zu verhängen, und meint, er hätte nicht zugelassen, daß man ein Menschenleben vernichtet [. . .]. Nun traf es sich [auch], daß ein [jüdischer] Denunziant in Barcelona [hingerichtet] wurde. Nach dessen Tode wurden von den Verwandten Einwände erhoben mit der Behauptung, die Hinrichtung sei ungerechterweise erfolgt [. . ., denn es] sei für die Verhängung der Todesstrafe ein Gerichtshof von 23 Mitgliedern notwendig. R. Salomó ben Adrét wandte sich darauf in einem Sendschreiben an die nordfranzösischen Rabbinen um deren Gutachten.'' Fast einstimmig sprachen sich die Angeschriebenen gegen das Vorgehen der Richter in Barcelona aus. Was die Untersuchung der Responsa des מהר"ם *MaHaRáM* aus Rothenburg ergibt, ist im Zusammenhang mit עין תחת עין *ájin táchat ájin* in zweierlei Hinsicht bedeutend. Zum einen läßt sich aus ihnen das eigenartige Phänomen erkennen, daß die spätrabbinische Rechtsprechung weniger human war als die frührabbinische und als die talmudische. Dabei fragt sich allerdings, ob letztere jemals und besonders in ihrem Kriminalverfahren überhaupt zur Anwendung kam. Die Beantwortung dieser Frage übersteigt jedoch den Rahmen dieser Arbeitsmappe, denn sie hängt davon ab, ob rabbinischen Gerichten in Erez Israél und in der Diaspora von den nichtjüdischen Obrigkeiten Autonomie verliehen war, was sich von Periode zu Periode und außerhalb von Erez Israél auch von Land zu Land änderte. Genossen sie aber eine solche Autonomie nicht, dann standen die talmudischen Vorschriften nur auf dem Papier. Zum anderen hat sich ergeben, daß Fälle wie die aus Nördlingen und Barcelona so unerhörte Ausnahmen waren, daß in ihnen die lokalen jüdischen Behörden nicht genügend bewandert waren, und sie ein solches Aufsehen erregten, daß die דיינים *dajjaním* (= Richter) in Südfrankreich Sendschreiben an ihre Kollegen in Nordfrankreich und in Deutschland verschicken mußten, um deren Zustimmung, und sei es *ex post factum*, einzuholen. Es lohnt sich, mit diesen Tatsachen die Zustände zu vergleichen, die nicht viel später woanders herrschten. Als ein Beispiel, das an Stelle unzähliger anderer stehen möge, diene ein Auszug aus der mittelalterlichen schweizerischen Chronik ,,Das Weiße Buch von Sarnen'' (1470)[22]:
,,Nun war [um 1290, d. h. genau zu MaHaRáMs Lebzeiten] in Sarnen ein Herr von Landenberg [. . .], der vernahm, daß im Melchi einer wäre, der ein hübsch Gespann Ochsen hätte. Da sandte er einen seiner Knechte [und] ließ die Ochsen ausspannen und [. . .] dem armen Mann sagen, die Bauern sollen den Pflug selber ziehen. Der Knecht tat nach des Herrn Geheiß und wollte die Ochsen nach Sarnen treiben. Der arme Mann hatte einen Sohn, dem gefiel das nicht. Er schlug mit dem Stock drein und brach dem Knecht einen Finger [. . .]. Der Sohn entfloh, doch der Herr ließ seinen Vater holen [. . .] und blendete ihn [. . .], nahm ihm, was er hatte, und tat ihm großes Leid an.''
Zu diesem Vorfall bemerkt der schweizerische Historiker Karl Meyer, die Blendung sei ,,eine der gebräuchlichsten Strafen des Mittelalters'' gewesen.[23]

22 Quellenwerk zur Entstehung der Schweizerischen Eidgenossenschaft. Bd. I. Hrsg. v. d. Geschichtsforschenden Gesellschaft der Schweiz. Zürich 1947.
23 Meyer, Karl: Die Urschweizer Befreiungstradition. Michaelis: Luzern 1927.

Die beiden Zwischenfälle in Barcelona und in Sarnen haben wenig Gemeinsames, und keiner hat mit der *Lex talionis* etwas zu tun. Der letztere ist hier nur angeführt, weil er, mit dem ersteren fast zeitgleich, beleuchtet, was für Zustände in der damaligen nichtjüdischen Gesellschaft herrschten: hier das eigenmächtige, eigennützige und von einer zynischen Bemerkung des Machthabers begleitete Unrecht desselben an einem völlig Schuldlosen, wie es gang und gäbe war, dort die gerichtliche Verurteilung eines gemeingefährlichen Angebers, die ein aufsehenerregender Einzelfall war und Debatten erweckte, an denen sich die Juristen der halben damaligen europäischen Judenheit beteiligten. In der Tat war er so selten, daß die jüdischen Rechtsgelehrten in Spanien und in der Provence noch volle vier Jahre nach der Vollstreckung des Urteils von tiefen Gewissensbissen geplagt waren.

Mit der Vorstellung von einem alttestamentlichen Gott der Rache und der von ihm erlassenen hartherzigen Gesetzgebung, der später von einem Gott der Liebe und seinem leichteren Joch abgelöst wurde, müßte endlich aufgeräumt werden.

THESE

Die משפטים *mischpatím* (= Rechtssatzungen) der תורה *Torá* sind, u. a. ihrer Kürze wegen, an sich so kompliziert, daß man sich hüten sollte, ohne genügende Vertiefung in ihre Gedankenwelt und in alle ihre Details Aussagen zu machen, noch sich auf leichtfertige und populäre, auf keinem eingehenden Studium fundierte gedruckte Klischees zu verlassen.

Die in den übrigen פרשיות *Paraschiót* empfohlene Methode, Fragen zum Text zu provozieren oder, falls keine gestellt werden, jene auf dem Blatt FRAGEN vorzulegen und sich dann mit ihnen aufgrund des MATERIALS auseinanderzusetzen, eignet sich hier nicht. Auch die vorgeschlagenen FRAGEN sind an Zahl in Anbetracht der komplizierten Materie viel zu gering und zum Teil fast nebensächlich. Eigentlich stößt sich, ja entsetzt sich der *Lernende* wahrscheinlich nur an einem einzigen Punkt: Wie konnte solcherlei in der תורה *Torá* der Juden, welche, wie sie behaupten, eine תורה משמים *Torá mischamájim* (Weisung vom Himmel), d. h. göttlicher Herkunft ist, vorgeschrieben sein, wenn ihr Gott, wie dieselben Juden ihn begreifen, ein barmherziger ist. Wir glauben deswegen, daß eine andere Prozedur geeigneter ist. Gewiß können zu Beginn die FRAGEN kurz anhand des LEITBLATTS beantwortet werden. Auf ihm fehlen jedoch diesmal die üblichen Hinweise auf das MATERIAL, und dieses ist es doch, was den Inhalt des Studiums ausmacht. Nach Erledigung dieses ersten Schrittes raten wir, das MATERIAL der Reihe nach durchzunehmen. Es ist in vier aufeinander folgende Kategorien eingeteilt:

(a) Zitate, die die strittige Regel buchstäblich auslegen (Nr. 1–2);
(b) Zitate, die einen sehr frühen, frühen oder etwas späteren Übergang von ממש *mammásch* zu ממון *mammón* unterstellen (Nr. 3–9);
(c) Zitate aus der talmudischen und rabbinischen Literatur, die herausarbeiten, ממון *mammón* sei die ursprüngliche Intention der תורה *Torá* gewesen und ממש *mammásch* niemals zur Anwendung gekommen (Nr. 10–17);
(d) Zitate aus modernen Werken, die den Standpunkt (c) unterstützen (Nr. 18–21).

Wurde das diesmal nicht einfache MATERIAL erst gründlich durchstudiert, sollten die *Lernenden* zu ihm Stellung nehmen und sich für diese oder jene Ansicht erklären, als ob sie selbst richterlich zu entscheiden hätten. Um sich in die Lage eines בית־דין *bet-din* (= Gerichtshof) versetzen zu können, sollten sie davor LIMMÚD Nr. 1 mitzudenken versuchen, wo die Schwierigkeit einer talmudischen Diskussion demonstriert ist. Wie immens die Schwierigkeit ist, läßt sich ermessen, wenn die eingeklammerten, im Original fehlenden Stellen bei der ersten Lektüre übersprungen werden. Dabei ist noch zu bedenken, daß dieses Original nicht hebräisch, sondern in einem babylonischen Dialekt des Aramäischen vorliegt und daß es ihm an allen Satzzeichen wie Kommas, Schlußpunkten, Fragezeichen, Heraushebung von Zitaten u. dgl. mangelt.

Zuletzt steht noch LIMMÚD Nr. 2 zur Verfügung mit seinen beiden illustrativen Teilen. Der eine möge zeigen, wie weit nicht nur die talmudische, sogar schon die biblische und angeblich archaische Rechtssprechung derjenigen überlegen ist, die noch Jahrhunderte später in Mitteleuropa allgemein gepflogen wurde. Der andere dagegen demonstriert – um dem Vorwurf der Voreingenommenheit zu begegnen –, daß zur selben Zeit jüdische Autoritäten, obzwar nur in den allerseltensten Fällen, Verstümmelung als Strafe verhängten, jedoch nie im Sinne der *talio*, sondern zum Selbstschutz der Gemeinde.

DIE LAGERSTÄTTEN IN DER WÜSTE

ODER

ZAHLEN UND STRUKTUREN

Bemidbár (4. M.) 33:2–48 במדבר לג, ב־מח

2 וַיִּכְתֹּב מֹשֶׁה אֶת־מוֹצָאֵיהֶם לְמַסְעֵיהֶם עַל־פִּי יְהוָה וְאֵלֶּה מַסְעֵיהֶם לְמוֹצָאֵיהֶם:

5 וַיִּסְעוּ בְנֵי־יִשְׂרָאֵל מֵרַעְמְסֵס וַיַּחֲנוּ בְּסֻכֹּת: 6 וַיִּסְעוּ מִסֻּכֹּת וַיַּחֲנוּ בְּאֵתָם

7 וַיִּסְעוּ מֵאֵתָם וַיָּשָׁב עַל־פִּי הַחִירֹת 8 וַיִּסְעוּ מִפְּנֵי הַחִירֹת וַיַּחֲנוּ בְּמָרָה:

9 וַיִּסְעוּ מִמָּרָה וַיָּבֹאוּ אֵילִמָה 10 וַיִּסְעוּ מֵאֵילִם וַיַּחֲנוּ עַל־יַם־סוּף

11 וַיִּסְעוּ מִיַּם־סוּף וַיַּחֲנוּ בְּמִדְבַּר־סִין 12 וַיִּסְעוּ מִמִּדְבַּר־סִין וַיַּחֲנוּ בְּדָפְקָה

13 וַיִּסְעוּ מִדָּפְקָה וַיַּחֲנוּ בְּאָלוּשׁ: 14 וַיִּסְעוּ מֵאָלוּשׁ וַיַּחֲנוּ בִּרְפִידִם

15 וַיִּסְעוּ מֵרְפִידִם וַיַּחֲנוּ בְּמִדְבַּר סִינָי: 16 וַיִּסְעוּ מִמִּדְבַּר סִינָי וַיַּחֲנוּ בְּקִבְרֹת הַתַּאֲוָה

17 וַיִּסְעוּ מִקִּבְרֹת הַתַּאֲוָה וַיַּחֲנוּ בַּחֲצֵרֹת 18 וַיִּסְעוּ מֵחֲצֵרֹת וַיַּחֲנוּ בְּרִתְמָה

19 וַיִּסְעוּ מֵרִתְמָה וַיַּחֲנוּ בְּרִמֹּן פָּרֶץ 20 וַיִּסְעוּ מֵרִמֹּן פָּרֶץ וַיַּחֲנוּ בְּלִבְנָה

21 וַיִּסְעוּ מִלִּבְנָה וַיַּחֲנוּ בְּרִסָּה 22 וַיִּסְעוּ מֵרִסָּה וַיַּחֲנוּ בִּקְהֵלָתָה

23 וַיִּסְעוּ מִקְּהֵלָתָה וַיַּחֲנוּ בְּהַר־שָׁפֶר 24 וַיִּסְעוּ מֵהַר־שָׁפֶר וַיַּחֲנוּ בַּחֲרָדָה

25 וַיִּסְעוּ מֵחֲרָדָה וַיַּחֲנוּ בְּמַקְהֵלֹת 26 וַיִּסְעוּ מִמַּקְהֵלֹת וַיַּחֲנוּ בְּתָחַת

27 וַיִּסְעוּ מִתָּחַת וַיַּחֲנוּ בְּתָרַח 28 וַיִּסְעוּ מִתָּרַח וַיַּחֲנוּ בְּמִתְקָה

29 וַיִּסְעוּ מִמִּתְקָה וַיַּחֲנוּ בְּחַשְׁמֹנָה 30 וַיִּסְעוּ מֵחַשְׁמֹנָה וַיַּחֲנוּ בְּמֹסֵרוֹת

31 וַיִּסְעוּ מִמֹּסֵרוֹת וַיַּחֲנוּ בִּבְנֵי יַעֲקָן 32 וַיִּסְעוּ מִבְּנֵי יַעֲקָן וַיַּחֲנוּ בְּחֹר הַגִּדְגָּד

33 וַיִּסְעוּ מֵחֹר הַגִּדְגָּד וַיַּחֲנוּ בְּיָטְבָתָה 34 וַיִּסְעוּ מִיָּטְבָתָה וַיַּחֲנוּ בְּעַבְרֹנָה

35 וַיִּסְעוּ מֵעַבְרֹנָה וַיַּחֲנוּ בְּעֶצְיֹן גָּבֶר 36 וַיִּסְעוּ מֵעֶצְיֹן גָּבֶר וַיַּחֲנוּ בְמִדְבַּר־צִן הִוא קָדֵשׁ

37 וַיִּסְעוּ מִקָּדֵשׁ וַיַּחֲנוּ בְּהֹר הָהָר 41 וַיִּסְעוּ מֵהֹר הָהָר וַיַּחֲנוּ בְּצַלְמֹנָה

42 וַיִּסְעוּ מִצַּלְמֹנָה וַיַּחֲנוּ בְּפוּנֹן 43 וַיִּסְעוּ מִפּוּנֹן וַיַּחֲנוּ בְּאֹבֹת

44 וַיִּסְעוּ מֵאֹבֹת וַיַּחֲנוּ בְּעִיֵּי הָעֲבָרִים 45 וַיִּסְעוּ מֵעִיִּים וַיַּחֲנוּ בְּדִיבֹן גָּד

46 וַיִּסְעוּ מִדִּיבֹן גָּד וַיַּחֲנוּ בְּעַלְמֹן דִּבְלָתָיְמָה 47 וַיִּסְעוּ מֵעַלְמֹן * וַיַּחֲנוּ בְּהָרֵי הָעֲבָרִים

48 וַיִּסְעוּ מֵהָרֵי הָעֲבָרִים וַיַּחֲנוּ בְּעַרְבֹת מוֹאָב: * דִּבְלָתָיְמָה

Buber/Rosenzweig

2 Mosche schrieb ihre Ausfahrten nieder zu ihren Zügen auf SEIN Geheiß.
Dies sind ihre Züge nach ihren Ausfahrten:*
5 Die Söhne Jissraéls zogen von Ramsséss und lagerten in Ssukkót
6 Sie zogen von Ssukkót und lagerten in Etám*
7 Sie zogen von Etám, man wendete über Pi Hachirót*
8 Sie zogen von vor Hachirót* und lagerten in Mará
9 Sie zogen von Mará und kamen nach Elím*
10 Sie zogen von Elím und lagerten am Schilfmeer
11 Sie zogen vom Schilfmeer und lagerten in der Wüste Ssin
12 Sie zogen von der Wüste Ssin und lagerten in Dofká
13 Sie zogen von Dofká und lagerten in Alúsch
14 Sie zogen von Alúsch und lagerten in Refidím*
15 Sie zogen von Refidím und lagerten in der Wüste Ssinái
16 Sie zogen von der Wüste Ssinái und lagerten in Gräber-des-Gelüsts
17 Sie zogen von Gräber-des Gelüsts und lagerten in Chazerót
18 Sie zogen von Chazerót und lagerten in Ritmá
19 Sie zogen von Ritmá und lagerten in Rimmón Pérez
20 Sie zogen von Rimmón Pérez und lagerten in Livná
21 Sie zogen von Livná und lagerten in Rissá
22 Sie zogen von Rissá und lagerten in Keheláta
23 Sie zogen von Keheláta und lagerten am Berge Schéfer
24 Sie zogen vom Berge Schéfer und lagerten in Charadá
25 Sie zogen von Charadá und lagerten in Makhelót
26 Sie zogen von Makhelót und lagerten in Táchat
27 Sie zogen von Táchat und lagerten in Térach
28 Sie zogen von Térach und lagerten in Mitká
29 Sie zogen von Mitká und lagerten in Chaschmoná
30 Sie zogen von Chaschmoná und lagerten in Mosserót
31 Sie zogen von Mosserót und lagerten in Bené Jaakán
32 Sie zogen von Bené Jaakán und lagerten in Chor Hagidgád
33 Sie zogen von Chor Hagidgád und lagerten in Jotváta
34 Sie zogen von Jotváta und lagerten in Abroná
35 Sie zogen von Abroná und lagerten in Ezjón Géver
36 Sie zogen von Ezjón Géver und lagerten in der Wüste Zin, das ist Kadésch
37 Sie zogen von Kadésch und lagerten am Berge Hor*
41 Sie zogen vom Berge Hor und lagerten in Zalmoná
42 Sie zogen von Zalmoná und lagerten in Punón
43 Sie zogen von Punón und lagerten in Ovót
44 Sie zogen von Ovót und lagerten in Ijjím der Jenseite*
45 Sie zogen von Ijjím und lagerten in Divón Gad
46 Sie zogen von Divón Gad und lagerten in Almón Divlatájim
47 Sie zogen von Almón Divlatájim und lagerten im Seitengebirg*
48 Sie zogen vom Seitengebirg und lagerten in den Steppen Moabs.

* Im Text, der im Original aus 822 Wörtern besteht, sind hier an einigen Stellen insgesamt erklärende 120 Wörter weggelassen, damit das Studium auf die Namensliste konzentriert werden kann. Die Übersetzung folgt dem so verkürzten hebräischen Text. Die betreffenden Stellen in der Übersetzung sind mit * gekennzeichnet.

1. In Vers 2 heißt es „auf SEIN Geheiß". Was geschah „auf sein Geheiß" - die Niederschrift oder die Zickzackzüge?
2. Gab es für Mosché in der Torá nichts Wichtigeres zu schreiben als dieses Register, das sich wie ein Fahrplan liest?
3. Normalerweise genügt es, bei einer Reise den Ausgangspunkt und das Ziel anzugeben, wie es z. B. in Bereschít (1. M.) 29:1 auch geschieht. Wozu brauchen wir den Namen so vieler ganz nebensächlicher Ortschaften zu wissen?
4. Die Aufzählung ist viel zu langatmig, und könnte, wenn überhaupt nötig, um die Hälfte gekürzt werden, wenn nicht jeder Ort das erste Mal als Beginn und ein zweites Mal als Ende eines Zuges genannt würde.
5. Die Zahl der Ortsnamen schwankt je nach Zählung zwischen 40 und 45. Welche Zahl trifft zu? Und wenn es 40 sind, wie verhält sich diese Zahl zu den 40 Jahren der Wüstenwanderung - hielten die Israeliten sich an jedem Ort durchschnittlich ein Jahr auf?
6. Sind diese Ortschaften bekannt? Wo genau liegen sie?
7. Läßt sich die Route des Auszugs rekonstruieren?
8. Manche Namen klingen gar nicht wie Ortsbezeichnungen und eher komisch, z. B. übersetzt das Lexikon Charadá mit *Angst, Schrecken* und Táchat sogar mit *Gesäß*.

1. Das ist tatsächlich strittig und wird in MATERIAL Nr. 1 auf eine Weise und in MATERIAL Nr. 2 (Schluß) auf eine andere aufgefaßt. Was für und gegen jeden der beiden פרשנים *Parschaním* (= Kommentatoren) spricht, ist reiflicher Überlegung wert.
2. Auch dieses Detail hat schon den Alten zu schaffen gemacht. In בראשית *Bereschít* (1. M.) wird überhaupt nicht geschrieben, und zwar nicht, weil - wie mancherorts behauptet wird - man damals noch nicht schreiben konnte (denn wie sollte יוסף *Josséf* Ägypten verwaltet haben, wenn er des Schreibens unkundig gewesen wäre!), sondern, weil sich die תורה *Torá* das erstmalige Vorkommen des Verbums כתב *katáv* bis zum Buche שמות *Schemót* (2. M.) und für משה *Mosché* aufhebt. Er ist in der ganzen תורה *Torá* der einzige Mensch, der schreibt, und auch dies wird uns nur ganz selten mitgeteilt: hier, in שמות *Schemót* 17:14 anläßlich des Kampfes mit Amalék (vgl. Arbeitsmappe 1, Abschnitt Beschallách), ebenda 24:4, als der Bund zwischen Gott und Israel besiegelt wird, und ebenda 34:28 bei der Niederschrift der zweiten Tafeln. Also muß es schon etwas Wichtiges sein, was den Inhalt unseres Kapitels ausmacht. Was aber so wichtig an ihm ist, wird sich erst am Ende seines Studiums herausstellen (MATERIAL Nr. 7). Bis dahin muß genügen, was MATERIAL Nr. 2, 3 und 4 dazu beitragen.
3. und **4.** Die Liste scheint, wenn nicht ganz überflüssig, so doch viel zu detailliert zu sein - außer im Fall, daß sie mehr als ein lapidarer Reisebericht sein will - wie es in MATERIAL Nr. 4 vermutet wird. Dann aber möge man sich durch Wiederholung das kleinste Detail einprägen. Siehe dazu MATERIAL Nr. 2, 3 und 6.
5. MATERIAL Nr. 3 kennt 42 Stationen, doch die Zahl der Zwischenhalte ist gerade darum eben genau 40. Darüber ausführlich in LIMMÚD Nr. 1.
6. Leider bisher nicht, sagen die Archäologen und Historiker; glücklicherweise nicht, sagen jene, die nach der תורה *Torá* erziehen wollen. Denn letztere sind der Ansicht, die Botschaft der תורה solle sich dem Leser einprägen und nicht der Schauplatz der in ihr berichteten Geschehnisse. Die Route läßt sich nicht feststellen, weil viele Lagerstätten obskur sind, und viele dieser Stätten wiederum sind obskur, weil die Route unbekannt ist.
7. Das ist sehr richtig bemerkt: Die Namen sind in hohem Maße ungewöhnlich, wie MATERIAL Nr. 5 beweist, und desgleichen ihre Anordnung - siehe ebenda. Dort wird aber auch klar, daß gerade hier der Schlüssel zum Verständnis des Kapitels liegt: siehe MATERIAL Nr. 7.

1. ר' אברהם איבן עזרא *R. Avrahám Ibn Esrá, z. St.*:
,,Gemäß Gottes Geheiß'' gehört zu dem Worte ,,ihre Züge''.[1]

2. רמב"ן *RaMBáN, z. St.*:
[. . .] und jetzt nahm er [der Verleiher der Torá? Mosché?] sich vor, die Züge niederzuschreiben, und tat damit die göttlichen Gnaden dar [usw., wie רש"י RaSCHI in seinem Kommentar schreibt]. Und dazu bemerkt der Meister[2] im מורה נבוכים *Moré Nevochím* (= Führer der Verwirrten): Der Zweck der Kenntnis [der Stationen] ist sehr groß. Denn die Wunder und Zeichen waren zwar unleugbar für alle, die sie mit eigenen Augen ansahen, doch in Zukunft würden sie zu bloßen Gerüchten werden, und wer dann von ihnen hört, wird an ihnen vielleicht zweifeln. Z. B. wie die Israeliten 40 Jahre in der Wüste überstehen und das מן *man* (= Manna) täglich finden konnten u. ä., wo sie doch an von menschlicher Behausung entlegenen Orten waren, auch an Orten, die für Menschen nicht bewohnbar sind [wie geschrieben steht in במדבר *Bemidbár* (4. M.) 20:5]: ,,Ein Ort nicht von Saat, Feige, Rebe, Granatbaum'' und [in דברים *Devarím* (5. M.) 29:5] ,,Brot aßet ihr nicht, Wein und Rauschsaft tranket ihr nicht'' und alle in der Tat wundervollen Zeichen, die dem Auge sichtbar sind. Und weil der בורא *boré* (= Schöpfer), Er sei gepriesen, wußte, all dem würde widerfahren, was [eben] geschichtlichen Ereignissen [immer] widerfährt, nämlich daß jene, die von ihnen [nur] hören, sie nicht glauben, sondern denken werden, daß Israels Überleben in der Wüste [nur dadurch möglich] war, daß sie nahe den Wohnorten waren, wo Menschen leben, wie in den Wüsten, in denen heute Araber hausen, oder wo es Pflug- und Saatland gibt oder Gräser und Pflanzen wachsen oder Wasserzisternen gegraben sind. Darum hat er [Er?] den Sinn der Menschen von solchen [falschen] Gedanken abwenden und diese Zeichen alle durch Erwähnung der Wanderungen einprägen wollen, damit die kommenden Geschlechter sie sehen [aufsuchen?] und die großen Zeichen erfahren können, durch die die Söhne Israels 40 Jahre an derartigen Orten überleben konnten. Bis hier seine [= des Meisters] Worte. Und siehe, die Niederschrift der Züge ist [nun tatsächlich aufgrund der ausdrücklichen] Anweisung Gottes [erfolgt] zu den oben erwähnten Zwecken oder aus anderen Gründen, deren Geheimnis uns nicht offenbart worden ist. Denn [die Worte] ,,gemäß Gottes Geheiß'' gehören zu ,,Mosché schrieb'' und nicht, wie R. Avrahám[3] vermutet, der sie zu ,,gemäß ihren Zügen'' zieht. Denn letzteres [nämlich, daß sie ,,auf Sein Geheiß zogen und lagerten''] hat er [Er?] uns ja schon in ,,auf Gottes Geheiß lagerten sie und auf Gottes Geheiß zogen sie'' (4. M. 9:20) mitgeteilt.

3. רש"י *RaSCHÍ, z. St.*:
Warum sind die Züge mitgeteilt? Um die Wohltaten Gottes zu verkünden. Wiewohl er über sie verhängt hatte, in der Wüste hin und her zu wandern, möge niemand denken, daß sie 40 Jahre lang von Lagerstatt zu Lagerstatt wanderten und nirgends Ruhe finden durften. Denn es sind hier nur die 42 Stätten aufgezählt.[4] Von diesen subtrahiere man die 14, an denen sie im ersten Jahre vor der Bestrafung [wegen der Verleumdung des Landes durch die Kundschafter – siehe במדבר *Bemidbár* (4. M.) 14:26–35 und Arbeitsmappe 3, Nr. 4] waren, nachdem sie von Ramsséss aufgebrochen waren und bevor sie nach Ritmá kamen. Denn von dort wurden die מרגלים *meraggelím* (= Kundschafter) ausgeschickt. Wie dort (12:16) geschrieben steht ,,Darauf zogen sie von Chazerót fort . . .'' und sogleich danach ,,Schicke dir Männer aus'', und hier steht ,,Sie zogen aus von Chazerót und lagerten in Ritmá'', woraus du lernen kannst, daß [Ritmá] in der Wüste Parán lag [von wo die Kundschafter ausgesandt wurden]. Jetzt subtrahiere [von den 42] noch 8 Lagerstätten, wo sie im 40. Jahre nach Ableben Aharóns zwischen dem Berge Hor und den Steppen Moábs waren. Das Ergebnis ist, daß sie während der ganzen 38 Jahre nur durch 20 Lagerstätten zogen. Diese [Berechnungen] haben ihre Wurzel bei R. Mosché ha-Darschán. Eine andere Möglichkeit [, das Vorkommen dieser Liste zu rechtfertigen,] führt R. Tanchumá an: [Ein Beispiel: Es gleicht] einem König, dessen Sohn krank war und der diesen in die Ferne brachte, wo man ihn heilen würde. Als sie wieder zu Hause angekommen waren, begann der Vater alle Plätze aufzuzählen und zu ihm zu sagen: Hier haben wir übernachtet, hier haben wir uns erfrischt, hier hattest du Kopfweh.[5]

4. רשב"ם *RaSCHBáM, z. St.*:
[Die Schrift] zählt immer wieder alle Züge und Stationen auf, um zu vermerken, wo sie lagerten.[6]

1 Gemeint ist, daß nicht die Niederschrift der Züge, sondern deren Richtung auf göttliches Geheiß erfolgte (zu der langen Liste hat dieser Kommentator nur noch wenig anderes zu sagen).
2 Damit ist RaMBáM gemeint.
3 Damit ist Ibn Esrá gemeint – siehe MATERIAL Nr. 1.
4 RaSCHÍ gelangt zu dieser Zahl, indem er den Ausgangspunkt des Exodus, nämlich Ramsséss, und die letzten Stationen vor der Landnahme, nämlich die moabitischen Steppen, mitzählt. Ohne diese war die Zahl der Stationen genau 40.
5 Bereschít Rabbá fährt hier fort: ,,So befahl der Heilige, gelobt sei Er, dem Mosché: Zähle ihnen alle Orte auf, an denen sie mich erzürnten.'' RaSCHÍ läßt diesen peinlichen Schlußsatz aus – um ihn seiner Leserschaft zu ersparen?
6 Zu der langen Liste hat dieser Kommentator nur diesen einen Satz zu bieten.

5. בעל הטורים *Báal ha-Turím, z. St.*:
סוכות *Ssukkót* (= Hütten) – hier wurden sie von den Wolken der [göttlichen] Glorie gehütet[7]. חירות *Chirót* [weil חירות *cherút* Freiheit bedeutet], auf daß ihr freie Menschen seiet. מדבר סין *Midbár Ssin* (= Wüste Ssin) hieß sie im Anfang und später Ssinái, indem ihr der Buchstabe י׳ *Jod* (= j, i) angehängt wurde [dessen Zahlenwert 10 ist[8]] wegen der Zehn Gebote. Auch war משה *Mosché* סין *Ssin*[9] Tage auf dem Berg. דפקה *Dofká* (= ungefähr: Puls, Antrieb), denn dort pulsierte ihr Herz, weil sie kein Brot zu essen hatten. רתמה *Ritmá* wegen der Kundschafter, wie es heißt (Ps 120:4) „[Die falsche Zunge] ist wie [. . .] Feuerglut in רתמים *retamím* (= Ginstersträuche)"[10]. *Rissá* (= Zerschmetterung), weil sie dort zerschmettert waren. קהלתה *Keheláta* (= Zusammenrottung), weil es [von dort in 4. M. 16:19] heißt „Und Korách rottete gegen sie die ganze Gemeinde zusammen." מקהלות *Makhelót* (= Zusammenscharung), weil es [4. M. 16:3] heißt „Sie scharten sich gegen Mosché und Aharón zusammen". [Das Wort] במקהלות *be-Makhelót* (= in Makhelót) [kommt insgesamt] zweimal [vor, und zwar] hier und noch (Ps 68:27) „In Versammlungen [Chören?] lobet Gott". Wir interpretieren [mittels der דרש *Derásch*-Methode[11]] daher, daß sie, obwohl [diejenigen, die sich später unter Koráchs Anführung zusammenrotteten, beim Auszug aus Ägypten noch ungeboren waren, durch Empörung gegen משה *Mosché*] Übertreter [wurden], im Mutterleib das Lied am Meer (2. M. 15) sangen. Darum steht dann „Sie zogen von חרדה *Charadá* (= Angst)", d. h. die Angst vor den Ägyptern, „und lagerten in מקהלות *Makhelót*", d. h., sie wurden zu Chören, um zu singen.

6. ר׳ עובדיה ספורנו *R. Ovadiá Sefórno, z. St.*:
Der Heilige, gelobt sei er, wollte die Stationen niedergeschrieben haben, um die Verdienste der Israeliten für immer festzuhalten, die in einem „saatlosen Land" (Jer 2:2) ihm nachfolgten. [Und deswegen] „schrieb משה *Mosché*" die Namen ihrer Ziele und Ausgangspunkte auf. Denn manchmal war der Ort, zu dem sie hinzogen, ungünstig [von Natur] und der, von dem sie wegzogen, ein angenehmer, [und trotzdem weigerten sie sich nie und folgten der Wolkensäule]. Manchmal geschah allerdings das Gegenteil [und sie erreichten einen günstigeren]. משה notierte alle Einzelheiten der Züge, weil einige von ihnen bedeuteten, unvorhergesehen und fast plötzlich aufzubrechen, was sehr beschwerlich war. Bei all dem hielten sie sich an die Befehle. Ja, jedes Mal wird mitgeteilt, daß sie von einem gewissen Platz aufbrachen und an einem gewissen anderen lagerten [wobei die abermalige Wiederholung nur sagen wollen kann, daß] beides, das [ständige] Abbrechen und Aufschlagen des Lagers, anstrengende Unternehmen waren[12].

7. *Y. T. Radday*: *Vom Humor*:
Um den Gegenstand der תחנות *tachanót* (= Stationen) genau zu überblicken, seien diese zuerst einmal aus dem Zusammenhang der Erzählung herausgegriffen und notiert. Gleichzeitig sind die Stellen, an denen sie, wenn überhaupt sonst, in der תורה *Torá* erwähnt sind, in Klammern hinzugefügt.

1 Ssukkót (2. M. 13:2)
2 Etám (2. M. 13:20)
3 Pi ha-Chirót (2. M. 14:2)
4 Mará (2. M. 15:23)
5 Elím (2. M. 15:27)

7 „Gehütet", um das hebräische Wortspiel mit dem Namen *Ssukkót* = Hütten im Deutschen irgendwie wiederzugeben.

8 Jeder hebräische Buchstabe hat einen Zahlenwert, z. B. א *Alef* = 1, ב *Bet* = 2 usw. Der Buchstabe י *Jod* steht für 10.

9 Gemeint ist nicht der Buchstabe שׂ *Ssin*, sondern ס *Ssámech*, gleichfalls als *scharfes ß* ausgesprochen, ein Irrtum, der wohl einem Kopisten dieses Kommentars zuzuschreiben ist. Zahlenwert von ס ist 60, der des Buchstabens נ *Nun* (= N) ist 50. Die Quersumme der drei Buchstaben ergibt 120 = 3 x 40 Tage, die משה *Mosché* auf dem Berge סינ(י) = סין *Ssinái* verbrachte.

10 Der Báal ha-Turím leitet Ritmá vom Worte רותם *rótem* (= Ginster) ab, das im zitierten Psalmvers wiederkehrt, wo von Verleumdung die Rede ist. Das bildet die Verbindung mit den Kundschaftern, die, von משה *Mosché* ausgeschickt, das Land zu beurteilen, es herabsetzten und verleumdeten, die Israeliten dadurch bewogen, nach Ägypten zurückkehren zu wollen und damit die Strafe der 40jährigen Wüstenwanderung heraufbeschworen.
Der Gedankengang des Báal ha-Turím hier ist nicht einfach. Drei Dinge bringt er zusammen, um den Namen einer der Stationen zu erläutern. Das eine ist, daß in der ganzen Schrift das Wort Makhelót nur zweimal vorkommt, und zwar hier als Ortsname und in den Psalmen im Sinne von Chören. Das zweite ist, daß im Buche במדבר *Bemidbár* (16:32) uns mitgeteilt wird, daß Kórach und alle seine Familienmitglieder untergingen, daß aber dennoch die Überschriften von 11 Psalmen (z. B. 42:1) diese den בני קורח *Benéj Kórach* zuschreiben – ein offenbarer Widerspruch. Endlich wundert er sich über die Angabe, daß die בני ישראל *Benéj Jissraél* nach *Makhelót* (Chöre?) gelangten, unmittelbar nachdem sie zuvor in חרדה *Charadá* (= Angst) gelagert hatten. All das löst er auf einen Schlag mit Hilfe der דרש *Derásch*-Methode. Über diese siehe unten.

11 Dieser Begriff ist am leichtesten, jedoch nicht erschöpfend, als das Gegenteil von der פשט *Peschát*-Methode zu interpretieren. Diese beschränkt sich auf den einfachen Wortsinn, während דרש *Derásch* versucht, den tieferen Sinn (oder mehrere nebeneinander koexistierende dergleichen) aufzudecken. Ausführliches über diesen Gegenstand in Arbeitsmappe 1, Abschnitt Bereschít.

12 Die Torá berichtet beim Zug durch die Wildnis fast nur Ungünstiges über דור המדבר *dor ha-midbár* (= Generation der Wüste). Sefórno versucht, dieses Bild zu mildern.

6 Schilfmeer (2. M. 15)
7 Wüste Ssin (2. M. 16:1)
8 Dofká
9 Alúsch
10 Refidím (2. M. 17)
11 Wüste Ssinái (2. M. 19)
12 Gräber des Gelüsts (4. M. 11)
13 Chazerót (4. M. 11:35)
14 Ritmá
15 Rimmón-Pérez
16 Livná
17 Rissá
18 Keheláta
19 Berg Schéfer
20 Charadá
21 Makhelót
22 Táchat
23 Térach
24 Mitká
25 Chaschmoná
26 Mosserót
27 Benéj Jaakán
28 Chor ha-Gidgád (5. M. 10:7)
29 Jotváta (5. M. 10:7)
30 Avrona
31 Ezjón Géver (5. M. 2:5)
32 Kadésch (4. M. 20:22)
33 Berg Hor (4. M. 20:22)
34 Zalmoná
35 Punón
36 Ovót (4. M. 21:10)
37 Ijjéj-Avarím (4. M. 21:11)
38 Divón Gad (4. M. 21:30)
39 Almón Divlatájma (4. M. 27:12)
40 Berge Avarím (5. M. 32:48)

Die Versuche, diese Orte zu identifizieren, sind im großen ganzen trotz vieler Bemühungen der Bibelforscher und der Geographen gescheitert. Selbst für den Berg Ssinái sind bisher mehr als ein halbes Dutzend Örtlichkeiten vorgeschlagen worden (siehe hierzu die Landkarte auf Seite 000). Es wurden bei den Identifizierungsversuchen zwei – gleicherweise nutzlose – Wege eingeschlagen: entweder von den Namen auszugehen, nämlich gleichklingende heutige arabische zu finden und auf diese Weise die Route auf der Landkarte einzuzeichnen, oder heutige Oasen auf der Ssinái-Halbinsel aufzufinden, ihnen die vorliegenden rätselhaften Namen kurzerhand beizulegen und so die Route festzulegen. Zusätzlich zu den Problemen der Unauffindbarkeit der oben genannten Plätze stellen sich angesichts der Liste folgende drei Fragen:

(a) Was will die Torá damit sagen, daß die Anzahl der aufgezählten Namen genau der Anzahl der Jahre entspricht, die die Israeliten in der Wüste verbrachten?
(b) Weswegen gruppiert sie die תחנות *tachanót*, die uns aus anderen Stellen der תורה *Torá* bekannt sind, zu je einer Gruppe an ihrem Anfang und an ihrem Ende, konzentriert dagegen jene, von denen sonst überhaupt nie die Rede ist, in der Mitte?
(c) Was sollen die eigenartigen Namen, die dem hebräischen Ohr als Ortsnamen ziemlich unpassend klingen, z. B. Nr. 20 „Schrecken" und Nr. 21 „Menschenauflauf"?

Diese drei Fragen möchten wir nun, eine nach der anderen, zu beantworten versuchen, womit sich, wenn die Antworten überzeugen, auch eine vierte, d. h. die nach der Route, erledigen dürfte.

Die Zahl 40 ist weder eine präzise noch, trotz ihres häufigen Vorkommens in der biblischen Erzählung, eine „heilige" Zahl. Sie soll lediglich eine Idee suggerieren: die der Einsamkeit und der Absonderung zwecks Läuterung. Der Regen der Sintflut durfte deshalb weder länger noch kürzer andauern als genau 40 Tage. Erst mit dieser Erkenntnis wird verständlich, was diese Regengüsse eigentlich für eine Bedeutung haben[13].

Was nun die sonderbare Gruppierung der bekannten und der unbekannten Orte betrifft, so läßt sich einiges erkennen, wenn sie zwar der Reihe nach, aber in zwei Kolonnen aufgeteilt erscheinen: in der linken die auch anderswo, in der rechten die nirgends sonst erwähnten (siehe S. 64).

Die neue Aufstellung zeigt nun ein völlig neues und sehr überraschendes Bild – überraschend, weil jetzt anstelle eines fast sinnlosen Durcheinanders sinnvolle Ordnung herrscht: Einteilung in drei Drittel, wobei zweimal 13 und im Zentrum 14 Namen genannt werden, womit die Zahl 40 erreicht ist; das erste und das letzte Drittel sind zu je 11 + 2 = 13 konstruiert.

Vollends verblüffend ist das mittlere Drittel, das Konzentrat von ausschließlich „neuen" Namen. Da der Aufbau des Registers ein symmetrischer (auch chiastischer genannt[14]) ist und da wir von unzähligen Beispielen aus der biblischen Literatur wissen, daß in einem solchen Aufbau die in der betreffenden literarischen Einheit verborgene Idee im Mittelpunkt zu suchen ist, wird unsere Aufmerksamkeit paradoxerweise, aber zwangsläufig von den bekannten תחנות *tachanót* auf die unbekannten geleitet: Hier muß also die Lösung des Rätsels zu finden sein, wenn wir nur genau hinsehen.

Genau hinsehen bedeutet, die eigentümlichen Namen zu untersuchen. Um ihnen auf den Grund zu kommen, ist ein gehöriges Maß an Hebräischkenntnissen unerläßlich. Deshalb können an dieser Stelle nicht alle behandelt werden. Es sei jedoch erwähnt, daß eine ganze Reihe von Namen nicht so sehr die Orte identifiziert als vielmehr eine Charakterisierung derjenigen enthält, die die Wüstenwanderung durchlitten.

13 Mehr darüber in LIMMÚD Nr. 1.

1 Ssukkót
2 Etám
3 Pi ha-Chirót
4 Mará
5 Elím
6 Schilfmeer
7 Wüste Ssin

11 + 2 { 8 Dofká
9 Alúsch }

10 Refidím
11 Wüste Ssinái
12 Gräber d. Gelüsts
13 Chazerót

14 {
14 Ritmá
15 Rimmón-Pérez (±)
16 Livná (+)
17 Rissá
18 Keheláta
19 Berg Schéfer (+)
20 Charadá
21 Makhelót
22 Táchat
23 Térach
24 Mitká (+)
25 Chaschmoná
26 Mosserót
27 Benéj Jaakán }

28 Chor ha-Gidgád
29 Jotváta

11 + 2 { 30 Abroná
34 Zalmoná }

31 Ezjón Géver
32 Kadésch
33 Berg Hor
35 Punón
36 Ovót
37 Ijjéj-Avarím
38 Divón Gad
39 Almón Divlatájma
40 Berge Avarím

Frei übersetzt heißen:

Nr. 8 antreiben (die Israeliten zogen widerwillig aus Ägypten!)
Nr. 14 einspannen (ihnen wurde das ,,Joch'' der Gebote auferlegt)
Nr. 17 zerschmettern (wie oft wurde ihnen Vernichtung angedroht!)
Nr. 18 Gemeinde (vgl. ,,am heutigen Tage des Auszugs wurdest du zum Volk'' in 5. M. 27:9)
Nr. 26 Zucht (die ganze Torá ist ja wenig anderes als gerade das, d. h. Erziehung)
Nr. 30 Übertretung (was sich von selbst aus der Widerspenstigkeit der aus Ägypten Ausziehenden erklärt).

Daß aber דור המדבר *dor ha-midbár* (= Generation der Wüste) nicht ganz so verworfen war, ist angedeutet in:

Nr. 15 Rimmón = Granatapfel, ein Symbol der Fülle und der Schönheit (im Hohen Lied allein deshalb sechsmal vorkommend); Pérez = Durchbruch, Aufbegehren.

Ja, der gelegentliche Gehorsam der Generation der Wüste ist angedeutet in jenen Namen, die ihrer positiven Konnotation wegen durch ein Plus-Zeichen (+) hervorgehoben sind, nämlich:

Nr. 16 weiße
Nr. 19 Besserung
Nr. 24 Milde, Süße.

Auf die Ambivalenz des Namens Nr. 15 (s. o.) soll das Vorzeichen (±) hinweisen.

Das Mittelstück mit 14 Namen innerhalb der insgesamt 40 Namen beschreibt also Menschen und definiert nicht Orte. Und wiederum genau in seiner Mitte steht eindeutig die endgültige Zusammenfassung jener Periode der Geschichte Israels als einer der Angst und des Aufruhrs, nämlich:

Nr. 20 Furcht (vor den Schrecken der Einöde statt Gottvertrauen)
Nr. 21 zusammenrotten (das Verbum steht bei Kórachs Aufruhr in 4. M. 16:3)
Nr. 22 tief unten (so weit war es gekommen!).

Einige Namen müssen – wie bereits gesagt – unberücksichtigt bleiben (Nr. 9, 23, 25, 34)[15]. Aber ein Fall, und zwar Nr. 27, obgleich besonders komplex, ist noch der Erwähnung wert. Der Ortsname בני יעקן *Benéj-Jaakán* muß entweder mit dem Verbalstamm עקה = ,,stöhnen'' oder ,,einzäunen'' zusammenhängen. In jedem Fall unterscheidet er sich nur in seinem letzten Buchstaben von בני יעקב *Benéj-Jaakóv* (= Jakobssöhne) und spielt damit, diesen Namen verballhornend, auf deren permanente Unzufriedenheit oder auf das höchst dringliche ,,Sie-in-die-Schranken-Verweisen'' an.

Somit sind die drei zu Beginn gestellten Fragen gelöst und mit ihnen auch die allererste in Bezug auf die Route des Exodus. Wie und wo diese verlief, entzieht sich nach wie vor unserer Kenntnis, doch eines hat sich wohl aufklären lassen: Die Liste im Buche במדבר *Bemidbár* (4. M.) ist kein Itinerarium, sondern ein Spielchen, das in seinem Kap. 33 mit uns gespielt wird, als wollte es sagen: ,,Geneigter Leser, sei doch nicht so naiv! Sieh dir die Reihenfolge der Orte nur einmal näher an und horche auf ihre Namen, dann wirst du bald merken, was mit all

14 Ein anderes Beispiel einer chiastischen Konstruktion des Textes findet sich in der פרשה *Paraschá* ,,(K)ein Turm von Babel'' in dieser Arbeitsmappe.

15 Der Deutung einiger Namen zwecks Erhellung dieses dunklen Kapitels bedient sich auch der Báal ha-Turím, doch führt er die Methode nicht konsequent durch – vgl. MATERIAL Nr. 5. Hierüber kann ausführlich nachgelesen werden in Raddays Artikel in: Collected Communications to the XIIth Congress of the International Organisation for the Study of the Old Testament, Jerusalem 1986 (P. Lang: Frankfurt a. M. 1988), S. 431–446.

dem bezweckt ist: Die Ortsangaben sind falsche Adressen, und die fiktiven Namen wollen dir nicht mitteilen, wo die Israeliten für kurz oder lang Station machten, sondern warum nicht sie, sondern erst ihre Nachkommen die Endstation erreicht haben."
So gesehen, erweist sich Kap. 33 als weit mehr als ein Namensindex: Es mag als ein Beispiel dafür dienen, wie anscheinend trockene Torá-Texte gelesen werden sollen. Dann aber ist es nicht mehr verwunderlich, daß gerade in diesem Kapitel und sogleich zu Beginn unterstrichen ist, daß es von Mosché selbst geschrieben wurde: eine Wanderroute, die sich fast endlos anhört, zugleich aber beißende Zeitkritik darstellt – das ist Humor, wenn auch alles andere als witzig.

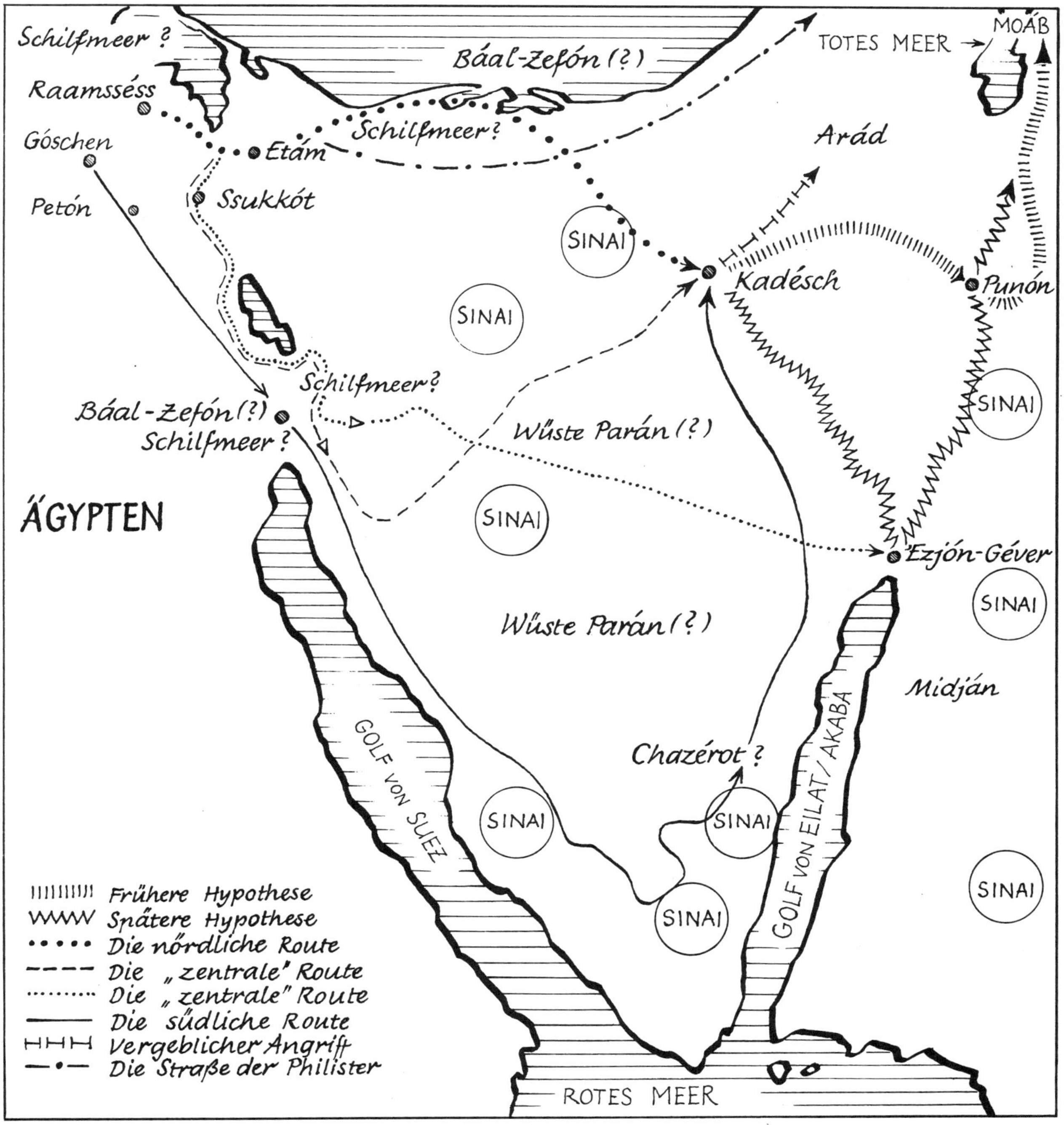

Hypothetische Exodus-Routen
nach: Encyclopaedia Judaica, Bd. VI.
McMillan-Keter, Jerusalem 1972, col. 1043.

1. Von der Vierzig

Die בני ישראל *Benéj Jissraél* verbrachten seit יציאת מצרים *jeziát Mizrájim* (= Auszug aus Ägypten) bis zur Landnahme vierzig Jahre und – so במדבר *Bemidbár* (4. M.) 33 – machten an vierzig Plätzen Station. Von den Zahlen unter 50 kommt vierzig so auffallend häufig in der תורה *Torá* und zum Teil auch in anderen, besonders den erzählenden Büchern der Bibel vor, daß wir uns fragen, was das zu bedeuten hat. Die Antwort, die oft unbedenklich gegeben wirdn lautet, 40 sei eine heilige Zahl. Doch wurde schon an anderer Stelle unterstrichen[16], daß es nicht nur keine heiligen Zahlen in der Bibel gibt, sondern daß – ungeachtet späterer gelegentlich gegenteiliger Erscheinungen innerhalb der Judenheit – es in ihr auch keine geben darf. Bedeutet nämlich ,,heilig'', ein Gegenstand oder eine Person besäße eine immanente, wunder- oder zauberwirkende eigenständige Kraft, dann würde diese die göttliche Allmacht beeinträchtigen, ja sogar dem Gegenstand oder der Person Macht über die Allmacht verleihen. Darum die ausdrücklichen und wiederholten Verbote, z. B. in ויקרא *Wajikrá* (3. M.) 19:26 und 31, 20:6 und 27, in דברים *Devarím* (5. M.) 18:11, und der scharfe Tadel in den נביאים *Neviím*, z. B. Jes 19:3. Auch eine runde Zahl ist vierzig nicht, noch die Dauer eine Generation, wie manchmal behauptet wird. Rechnet man diese heute mit ungefähr 30 Jahren, so war sie doch bestimmt in alten Zeiten viel kürzer, weil man viel jünger heiratete und früher Kinder bekam. Hinzu kommt, daß, wäre diese Behauptung richtig, mit ihr nur vierzig Jahre, nicht aber vierzig Tage, vierzig Streiche mit dem Riemen als Strafe u. ä. erklärt wären. Immerhin ist dennoch auf der richtigen Fährte, wer in den vierzig Jahren nicht eine präzise Zeitangabe liest, dafür aber spürt, daß hinter ihr etwas verborgen sein muß. Aber was?

Der geeignetste Weg, das herauszufinden, ist, eine Aufstellung einiger Stellen anzulegen, in denen die Zahl 40 (allein, d. h. ohne Hunderter und Einer) vorkommt:

1. Vierzig Tage und vierzig Nächte regnete es in der Erzählung vom מבול *mabbúl* (= Flut) – s. בראשית *Bereschít* (1. M.) 7:4,12.
2. Vierzig Tage, nachdem die תיבת־נח *tevát-Nóach* (= Arche Nóachs) auf dem Berge Ararát gelandet war, sandte Nóach den Raben aus – siehe ebenda 8:6.
3. Vierzig Jahre hatte יצחק *Jizchák* zu warten, bis er seine Frau רבקה *Rivká* bekam – siehe ebenda 25:20.
4. Vierzig Jahre – wie sein Vater Jichák, als er heiratete – war עשו *Essáw* (= Esau) alt, als er ein Weib nahm – siehe ebenda 26:34.
5. Vierzig Tage trauerten die שבטים *schevatím* (= Stämme, d. h. die Söhne Jaakóvs) um ihren Vater, nicht siebzig wie die Ägypter – siehe ebenda 50:3 –, denen die Zahlensymbolik der Hebräer unbekannt war und die daher ,,falsch'' trauerten.
6. Vierzig Tage und vierzig Nächte verbrachte משה *Mosché* auf dem Berge, als er die ersten לוחות *luchót* (= Tafeln) empfing (vom 6. Ssiván bis 17. Tammús).
7. Vierzig Tage wurde auf sein Geheiß das Lager nach dem Abfall zum עגל *égel* (= Gußkalb) gesäubert (vom 17. Tammús bis 1. Elúl).
8. Vierzig Tage und vierzig Nächte verbrachte משה *Mosché* auf dem Berge, als er die zweiten לוחות *luchót* (= Tafeln) empfing, nachdem er Verzeihung erlangt hatte (1. Elúl bis 10. Tischrí, dem יום כיפור *Jom Kippúr*).
9. Vierzig Tage verbrachten die מרגלים *meraggelím* (= Kundschafter) des משה *Mosché* im Lande כנען *Kenáan* (= Kanaan) – siehe במדבר *Bemidbár* (4. M.) 13:25 und das betreffende Kapitel in Arbeitsmappe 3.
10. Vierzig Streiche ist das Höchstmaß, das bei einer Prügelstrafe erteilt werden darf – siehe דברים *Devarím* 25:3.
11. Vierzig Bat Wasser enthielten jedes der zehn Becken, die שלמה המלך *Schelomó ha-mélech* (= König Salomon) im בית המקדש *Bet ha-Mikdásch* (= Tempel) aufstellen ließ – siehe 1 Kön 7:28.
12. Vierzig Jahre vergingen, bis die בני ישראל *Benéj Jissraél* nach Errettung aus der Hand ihrer Feinde wieder abfielen – siehe Ri 3:11.
13. Vierzig Jahre desgleichen wie (12) – siehe ebenda 5:31.
14. Vierzig Jahre desgleichen – siehe ebenda 8:28.
15. Vierzig Jahre ließ Gott Israel in der Hand der פלשתים *Pelischtím* (= Philister), bis er ihnen einen Retter sandte – siehe ebenda 13:1.
16. Vierzig Jahre vergingen, bis das Maß der Übertretungen der Söhne Elís (1 Sam 2:23–24) voll war und ארון הברית *arón ha-berít* (= Bundeslade) in die Hand der Philister fiel – siehe ebenda 4:18.
17. Vierzig Tage lang lästerte Goliát, bevor der junge דויד *Davíd* ihn besiegte – siehe ebenda 17:6.
18. Vierzig Tage und Nächte fastete אליהו הנביא *Elijáhu ha-naví* (= der Naví Elias) in Einsamkeit auf dem Berge חורב Chorév (= Horeb) – siehe 1 Kön 19:8.
19. Vierzig Jahre wird Ägypten eine Einöde bleiben, bis sich Gott des Landes erbarmt – siehe Ez 29:11,12,13.
20. ,,Noch vierzig Tage und Ninevé ist zerstört'' – so rief Joná zur Buße auf – siehe Joná 3:4.
21. Vierzig (33 + 7) Tage ist eine Frau nach der Geburt eines Knaben rituell טמא *tamé* (= unrein) und doppelt so lang nach der Geburt einer Tochter – siehe ויקרא *Wajikrá* (3. M.) 12:4 ff.

Aus dieser Liste, die nicht erschöpfend ist, ist klar

16 Siehe den Abschnitt Wajakhél-Pekudéj in dieser Arbeitsmappe.

ersichtlich, daß die Zahl 40 eine Konvention darstellt, um einer gewissen Idee Ausdruck zu verleihen, zugleich aber auch, daß diese Konvention – was immer sie aussagen mag – hauptsächlich in der תורה *Torá* dominiert und später an Bedeutung verliert. Was ist nun der gemeinsame Nenner der angeführten Stellen? Er besteht in der Isolation, die so lange währt, bis allmählich das Maß der Reife (oder deren Gegenteil) voll ist. Bemerkenswert ist dabei, daß – wie gesagt – in der späteren biblischen Literatur diese Konvention nicht mehr so streng eingehalten wurde, d. h., daß einerseits die Zahl 40 nicht weiterhin ,,Heranreifen in Einsamkeit'' suggerierte, sondern auch anderweitig verwendet wurde, andererseits der Gedanke der langsamen Reife nicht mehr so eng mit der Zahl 40 verknüpft war. Trotzdem hat sich die Erinnerung an die Bedeutung der 40 auch im rabbinischen Denken erhalten. So muß nach der הלכה *Halachá* eine מקווה *Mikwé* (= rituelles Tauchbad) 40 Scheffel fließenden Wassers enthalten und ist die Zahl der am שבת *Schabbát* untersagten מלאכות *melachót* (= Tätigkeiten) ארבעים חסר אחד *arbaím chassár echád* (= vierzig minus eins), d. h. 39[17].

In diesem Zusammenhang wäre zu überlegen, warum gerade dieser Zahl und nicht einer anderen eine solche Konnotation zugeordnet wurde. Im 19. Jh., als sich das Judentum gegenüber den die alten Ideenwelten überflutenden Wissenschaften und gegenüber dem recht naiven Vertrauen auf alles, was sich wissenschaftlich nannte, in der Defensive befand und seine Sprecher im aufgeklärten Europa dachten, seine Position durch Rationalisierung biblischer Vorschriften stärken zu sollen, wenn nicht sogar retten zu müssen, wurde von manch ,,fortschrittlicher'' jüdischer Seite geltend gemacht, die Erkenntnisse der modernen Medizin bestätigten die biblischen Gesetze und eine Karenzperiode von 40 Tagen gelte bei vielen Infektionskrankheiten. Ja, man berief sich als Beweis dafür auch auf die ehemals zur Verhütung ansteckender Krankheiten über Schiffe verhängte Hafen-Quarantäne, die von den den Juden verwandten Phöniziern stammen sollte. Davon leitete man leicht ab, was für ein Polymath und Alleskönner משה רבנו *Mosché Rabbenú* (= unser Meister) gewesen sein mußte oder – alternativ – wie sehr die göttliche Vorsehung jüdischer Prägung auf die Gesundheit des Gottesvolkes bedacht war.

Doch leider liegen Dinge nicht so einfach. Es geht eben nicht, die in der תורה *Torá* geschilderten Ereignisse und vorgeschriebenen Pflichten damit zu erklären, daß man משה *Mosché* einmal zu einem Geologen, ein andermal zu einem Meteorologen, dann wieder zu einem Wüstenspurenleser und hier zu einem Mediziner macht, wo er doch in der Schrift nichts anderes als ein נביא *naví* ist, im Spätjudentum freilich, als אדון הנביאים *adón ha-neviím* (= Herr der Neviím) bezeichnet wurde. Noch weniger geht es, der תורה *Torá* zu unterstellen, sie sei vorrangig an der Hygiene der Juden oder an ähnlich nutzbringenden Zwecken interessiert. Das einzige, was sich auf diesem Gebiet sagen läßt, ist, daß ihre Vorschriften solchen Zwecken nicht zuwiderlaufen. Kurz, der Versuch, die Zahl 40 als eine der Gesundheit auf irgendeine Weise zuträgliche plausibel zu machen, befriedigt nicht.

Eher läßt sich ihre Erklärung auf eine andere Art bewerkstelligen. Waren die alten Leser zwar keine Mediziner, so waren sie doch mit den Fakten des Lebens genügend vertraut, um zu wissen, daß Schwangerschaft nicht die heute bekannten neun Monate unterschiedlicher Länge, sondern 280 gleich lange Tage dauert. Siebenmal 40 Tage also befindet sich der Embryo im Mutterleib – einsam, isoliert, allmählich heranreifend. Trägt dann aber – wie an anderer Stelle gezeigt wurde[18] – die Zahl 7 die Konnotation göttlicher Einmischung und göttlicher Fürsorge, dann ist es nicht mehr so unverständlich, daß mit der Zahl 40, dem zweiten Faktor der Multiplikation, die oben erwähnten Begriffe assoziiert wurden.

Neben diesen beiden Zahlen, nämlich der 7 und der 40, erfüllen auch noch einige andere Zahlen assoziative Funktionen, und diese werden anläßlich anderer Wochenabschnitte besprochen werden – es sind deren nur noch drei oder vier. Dieses halbe Dutzend von Zahlen gebraucht die תורה *Torá* ähnlich wie unsere moderne Gesellschaft Farben (deren Erwähnung nebenbei im biblischen Schrifttum sehr selten ist.) So wie heutzutage ,,Grün'' jedermann ,,Keine Gefahr – freie Bahn'' zu verstehen gibt, so die 40 damals ,,Langmut und Ausdauer'', und wie ,,Rot'' heute ,,Gefahr – Vorsicht!'' gebietet, so warnte einst die 7 ,,Vorsicht – Vorsehung!''.

Die gewonnene Einsicht, daß es zwar nicht jedesmal, doch oft um weit mehr als um arithmetische Informationen geht, wenn wir bei der Lektüre biblischer Texte der Zahl 40 begegnen, hat weitere Auswirkungen auf die Art und Weise, wie wir die Texte verstehen können und wohl auch verstehen sollen. So wird z. B. in דברים *Devarím* (5. M.) 34:7 berichtet, משה *Mosché* hätte das hohe Alter von 120 Jahren erreicht, und in שמות *Schemót* (2. M.) 7.7, er sei 80 Jahre alt gewesen, als er vor Pharao stand. Wir merken sogleich die konstruierende Tendenz, sein Leben in drei Perioden von je 40 Jahren einzuteilen: die letzte in der Wüste, während der die שבטים *schevatím* ,,reiften'', die mittlere, während der die

17 Die Erinnerung an die Idee, die in der Bibel mit der Zahl 40 verbunden ist, findet sich auch noch in nichtjüdischen, auf der Bibel beruhenden Gedankenwelten, z. B. in deren verschiedenen 40tägigen Fastenzeiten.

18 Siehe dazu auch den zweiten Abschnitt dieser Arbeitsmappe.

Plagen über מצרים *Mizrájim* (= Ägypten) kamen und Pharaos Belehrung eines Besseren ,,allmählich ausreifte'', und die erste der Jugendjahre, in denen משה *Mosché* selbst ,,heranreifte''. Deswegen mußte er wohl oder übel 120 Jahre alt werden. Die Tradition der Bedeutung und der Bedeutsamkeit der Zahl 40 lebte noch Jahrhunderte nach dem Abschluß des biblischen Kanons fort. So erzählt die אגדה *Aggadá* (in Ssifré) von R. Akivá, dieser sei die ersten 40 Jahre seines Lebens ein ungelehrter Hirte gewesen, die nächsten 40 Jahre hätte er dem תלמוד־תורה *Talmúd-Torá* gewidmet und die letzten 40 Jahre hätte er ,,Israel ernährt'', d. h. mit der Nahrung der Torá versorgt - alles Mittel, ihn fast an die Größe Moschés heranreichen zu lassen. Das Fazit ,,der Vierzig'' ist, daß manche Teile der biblischen Geschichte einem strukturellen Modell folgen, so daß, wenn dieses unbeachtet bleibt, dem Leser nicht wenig verloren geht. Ein solches ,,Muster'', in das Ereignisse hineingezwängt werden, um ihm zu entsprechen, bilden auch, von der Zahl 40 ganz abgesehen, das in drei Teilen strukturierte Register der Stationen und die übrigen Chiasmen im ersten und im dritten Wochenabschnitt dieser Arbeitsmappe.

THESE

Die Torá mag das eine Mal dramatisch und spannend erzählen, das andere Mal stereotyp und monoton aufzählen. Bestimmt ist das eine schöner, nicht aber das andere nebensächlich. RaMBáM entscheidet in seinem Codex, daß die Aussage in 1. M. 36:12, Timná, nicht mehr als eine Statistin auf der biblischen Bühne, sei das Kebsweib eines gewissen Elifás gewesen, einer Figur, die ebenfalls nicht die geringste Rolle spielt, von demselben Gewicht sei wie der Bericht von einer göttlichen Offenbarung. In diesem Sinne bemerkt der Amorá R. Maná im Jerusalemer Talmúd (Peá 1,1) zu dem Schriftwort in 5. M. 32:47 כי לא דבר ריק הוא מכם *ki lo davár rek hu mikkém* (= Denn nicht eine leere Rede ist es, an euch vorbei): Ist sie leer, dann [nur,] weil sie an euch vorbei [gegangen ist], und wieso [tat sie das]? Weil ihr euch nicht [genug] um die Torá abmüht. Ergo: die תורה mutet und traut uns diese Mühe zu.

Dieser Abschnitt unterscheidet sich in mancher Hinsicht von den meisten anderen, die in unserer Serie gelernt werden. Er erstreckt sich erstens über nicht weniger als 42 Verse und scheint daher überaus lang und für des Hebräischen nicht ganz mächtige *Lerner* schwer zu bewältigen zu sein. Aber in Wirklichkeit ist er eigentlich besonders kurz, denn er enthält fast nur Ortsnamen, und die Überzahl seiner Verse ist stereotyp konstruiert. Der Schreck, der einen Anfänger beim Anblick einer mit lauter schwarzen hebräischen Lettern übersäten Textseiten befällt, weicht bestimmt sogleich, wenn er entdeckt, daß von den etwas weniger als 200 Wörtern des Abschnitts 41 je zweimal vorkommende Namen, 39mal das Wort ויסעו *wa-jiss‘ú* (= und sie zogen) und 41mal das Wort ויחנו *wa-jachanú* (= und sie lagerten) sind. Der Abschnitt scheint zweitens langweilig und die Beschäftigung mit ihm Verschwendung kostbarer Zeit zu sein, die besser für das Studium anderer Texte genutzt werden sollte. Der Eigenart dieser Liste und ihrer stereotypen, einer Litanei ähnelnden Wiederholungen wegen ist es – drittens – zuzuschreiben, daß nicht nur nichtjüdische Exegeten dazu neigen, sie zu übergehen, und daß sie nur von geographisch Interessierten unter ihnen behandelt wird, sondern daß auch die jüdischen Exegese – פשט *Peschát* wie דרש *Derásch* – ihr sehr wenig Beachtung schenkt. Und viertens ist dies einer der ganz wenigen Abschnitte der Serie, zu dem die Verfasser mangels des sonst sich anbietenden reichlichen MATERIALs sich gestatten, selbst ausführliche Darlegungen zu machen.
Selbstverständlich werden die *Lernenden* selbst sofort auf das Ungewöhnliche an diesem Text aufmerksam werden und bezweifeln, daß aus einem so wenig versprechenden und trockenen Teil der תורה *Torá* etwas herauszuholen ist, was der Mühe lohnt. Nachdem das MATERIAL Nr. 1–6 durchgenommen worden ist, wird der Zweifel zur Ratlosigkeit und diese alsbald zur Frustration werden. Denn der geographische Ansatz endet – siehe die Landkarte – ziemlich ergebnislos, der sprachliche Ansatz bringt kaum mehr, der homiletische des RaMBáN ist weit und der des Báal ha-Turím scheint noch weiter hergeholt zu sein. Unser eigener Beitrag (MATERIAL Nr. 7) zeigt immerhin einen Weg, der, obwohl unkonventionell, eine Möglichkeit der Exegese eröffnet und eine literarische Technik darstellt, die für die תורה *Torá* charakteristisch ist und die sich auch in kommenden Fällen als Schlüssel zu ihrem besseren Verständnis erweisen kann. LIMMÚD Nr. 1 mag dann zu Hilfe kommen. Am Ende – so ist zu hoffen – wird zweierlei klargeworden sein: aus welchem Grunde aus den sieben Kapiteln der פרשיות *Paraschijót* (= Wochenabschnitte) מטות ומסעי *Mattót u-Mass‘éj* unsere Wahl auf dieses fiel und daß nicht alles, was in der תורה *Torá*, wenn sie schnell gelesen wird, langweilig anmutet, auch langweilig bleibt – vorausgesetzt, man nimmt sich Zeit.

Anekdote[19]

An einem Ferientag (12. 4. 1990) in Israel steht ein Bus mit Ausflüglern auf einem Parkplatz. Er trägt die Aufschrift der Busfirma, zu der er gehört: בע"ם ויסעו ויחנו *Wajiss‘ú wajachanú* (= sie zogen [weiter] und lagerten) *GmbH.* Folgendes Gespräch entspinnt sich zwischen den Verfassern (V) und dem Chauffeur (C):

V: Darf ich Sie mal mit Ihrem Bus fotografieren?
C: Bitte sehr, aber wozu? Das ist doch ein ganz normaler Bus.
V: Mich interessiert der Name Ihrer Firma, und zwar für ein Buch, das im Ausland erscheinen wird.
C: An dem Namen ist doch nichts Besonderes.
V: Doch, er ist dem Buch Bemidbár, Kapitel 33 entnommen.
C: Das weiß sowieso jeder. Außerdem stimmt das nicht ganz, denn die beiden Wörter kommen zwar dort vor, nur stehen sie nirgends unmittelbar nebeneinander wie im Namen unserer Firma.
V: Richtig, aber das macht weiter nichts. Darf ich Sie trotzdem fotografieren?
C: Meinetwegen, aber schicken Sie mir ein Exemplar von Ihrem komischen Buch mit meinem Bild.

19 Der Vorfall illustriert, wie sehr (immer noch oder immer mehr) das Bewußtsein der Juden bzw. Israelis auch in säkularen Bereichen von biblischen Assoziationen beherrscht ist und wie sehr ihnen biblische Idiome geläufig sind.

DAS „SCHEMA"

ODER

LOSUNG UND TREUESCHWUR

Devarím (5. M.) 6:4 דברים ו,ד

שְׁמַע יִשְׂרָאֵל יְהוָה אֱלֹהֵינוּ יְהוָה אֶחָד׃

HIRSCH:	Höre, Jisrael: Ha-Schem, unser Gott, Ha-Schem der einzig Eine[1].
WOHLGEMUTH:	Höre, Israel! der Ewige ist unser GOtt, der Ewige ist Einer.
BUBER/ROSENZWEIG:	Höre Jissrael: ER unser Gott, ER einer!
BAMBERGER:	Höre, Israel, der Ewige, unser Gott, der Ewige ist einzig.
HOFFMANN:	Höre Israel, der Ewige, unser GOtt, ist einzig der Ewige.
DESSAUER:	Höre, Israel! Der Ewige unser Gott ist ein einziger Ewiger.
LUTHER:	Höre Israel, der HErr, unser Gott, ist ein einziger HErr.

1 Das hebräische Wort שם *schem* bedeutet *Name*, und die Vorsilbe ־ה *ha-* ist der bestimmte Artikel. Weil der vierbuchstabige Name J-H-W-H, auch Tetragrammaton genannt, nicht ausgesprochen werden soll und weil seine Aussprache, unter anderem wahrscheinlich auch aus diesem Grunde, in Vergessenheit geraten ist, müssen, wann immer er im Text erscheint, die Übersetzer Äquivalente für ihn finden. Fünf dergleichen sind in den obigen sieben Übersetzungen zu lesen. Torátreue Juden wie Hirsch sprechen den Namen als *ha-Schem* aus: Für sie ist Gott namenlos, und Sein Name ist eben nur „der Name". Deswegen erscheint er auch im Hebräischen nur in der handschriftlichen Torá-Rolle ausgeschrieben, sonst aber abgekürzt als ה׳ (= *ha* für *ha-Schem*), ד׳ (= 4 für „die vier Buchstaben") oder ganz konventionalisiert יי.

1. Zu welchem Zweck steht hier die Einleitung ,,Höre, Israel!"? Die Antwort, dieser Vers sei ,,wichtig", ist unbefriedigend. Es gibt in der Torá Gebote von hoher Wichtigkeit, und trotzdem wird der Leser dort nicht zur Aufmerksamkeit aufgefordert, hier aber doch, obwohl dieser Vers offenbar gar kein Gebot enthält.

2. Allgemein wird behauptet, dieser Vers proklamiere den Monotheismus und daher stamme sein hoher Rang. Hat denn das Judentum den Monotheismus erfunden (oder gepachtet), und spielt in solchen Dingen Priorität eine Rolle? Es gibt noch andere Religionen, die monotheistisch sind und deren Anhänger ohne Skrupel diesen Vers unterschreiben könnten - vielleicht mit Ausnahme des hebräischen göttlichen Namens, doch kommt es ja auf diesen sicherlich nicht an, wie auch die Anmerkung Nr. 1 zu dem Vers es noch unterstreicht.

3. Überhaupt ist eine monotheistiche Proklamation völlig überholt, weil es heutzutage in unserer Gesellschaft keine Polytheisten, nur viele Atheisten gibt.

4. Der ganze Satz - bis auf die beiden ersten Wörter - ist im Grunde unverständlich, was die so sehr voneinander abweichenden Übersetzungen demonstrieren. Diese oder jene unter ihnen ist nicht einmal ein richtiger deutscher Satz. Es gibt manche Bekenntnisse in anderen Religionen, die der *ratio* widersprechen, aber ihren Sinn begreift man wenigstens. Wie kann ein Satz religiöses Bekenntnis sein, wenn der Bekenner nicht genau weiß, was er bekennt, wenn er ihn ausspricht?

5. Zwei Buchstaben im hebräischen Text sind größer als die übrigen. Ist das Absicht oder vielleicht ein Druckfehler?

1. Dieselbe Anrufung kommt in der תורה *Torá* nur noch zweimal vor: in דברים *Devarím* (5. M.) 5:1 und 9:1. Ob sie an diesen beiden Stellen wie hier deren Wichtigkeit wegen steht, ist schwer zu sagen, denn was ist unwichtig in der תורה *Torá*? Es hat den Anschein, daß die großen פרשנים *parschaním* (= Kommentatoren) und vor ihnen חז"ל *chasál* ganz gegen ihre Gewohnheit keine Versuche machten, diese drei Stellen ihrer sprachlichen Ähnlichkeit wegen irgendwie miteinander in Verbindung zu bringen. Dagegen haben sie die beiden Wörter an unserer Stelle allein nicht nur als ein Mittel betrachtet, die Aufmerksamkeit des Lesers auf den ihr folgenden Satz zu ziehen, sondern sie aggadisch und halachisch ausgewertet. Das Wort ישראל *Jissraél* bezogen sie z. B. auf יעקב *Jaakóv*, der ja auch ישראל hieß, versetzten so den Ursprung des Verses bis in die Zeit der אבות *avót* (= Väter) und scherten sich wenig um den offensichtlichen Anachronismus. Dadurch rückten sie kühn das Alter des שמע *Schemá* um noch mehr als ein Jahrtausend hinauf und prägten dadurch dem Leser ein, wie lang die Kette der Tradition ist, die er ererbt hat und jetzt fortsetzen soll. Dazu vgl. MATERIAL Nr. 1. Weil aber das Verbum שמע *schamá* (= hören) auch *zuhören*, *gehorchen* und *verstehen* bedeutet, kann von der ersten Bedeutung die הלכה *Halachá* in MATERIAL Nr. 2 und der מנהג *minhág* (= Brauch) in MATERIAL Nr. 3, von der dritten die הלכה *Halachá* in MATERIAL Nr. 4 und von der zweiten die Predigt in MATERIAL Nr. 5 abgeleitet werden. S. R. Hirsch wiederum zieht aus dem Worte שמע ganz unerwartete Schlüsse - siehe MATERIAL Nr. 6. Übrigens sieht RaMBáM im שמע *Schemá* im Gegensatz zu dem Fragesteller ein Gebot (vgl. MATERIAL N. 7 und 8).

2. Daß der Monotheismus in der Geschichte zum ersten Male in der Bibel auftaucht, ist zweifelhaft, und der Anspruch, er sei die ausschließliche Domäne des Judentums, ist einfach falsch. Richtig ist allerdings, daß im Vergleich mit antiker „Eingötterei" in der hebräischen Bibel Neuartiges gelehrt und im Vergleich mit späterer „Eingötterei" diese im Judentum anderen Ausdruck findet, was alles wirklich mit diesem oder jenem göttlichen Namen wenig zu tun hat. Die Antwort auf FRAGE Nr. 2 findet sich in den ersten fünf Absätzen von LIMMÚD Nr. 1.

3. Ginge es im שמע *Schemá* um nichts anderes als um die Anzahl der zu verehrenden Götter, wäre die Proklamation wirklich *passé* und würde offene Türen einrennen. Halb verdeckt steckt jedoch im Worte אחד *echád* viel Inhaltsschwereres, als es sich anhört. Es liegt in der Eigenart der hebräischen Sprache, daß es außer dem Zahlwort *eins* auch bedeuten kann: (a) *einzig* (ausschließlich), (b) all*ein* (ohne Partner), (c) unveränderlich (immer *ein* und dasselbe), (d) *ein*zigartig, (e) *ein*heitlich (unteilbar und „aus einem Guß") und sogar (f)*der erste* (vgl. 1. M. 1:5). Damit aber wird das Wort אחד im Handumdrehen äußerst komplex. Im MATERIAL sind fast alle Bedeutungen belegt: (a) in Nr. 9 und 10, (b) in Nr. 11 und 12, (c) in Nr. 14 und 15, (e) in Nr. 16–20.

4. Zum ersten Teil der Frage: Ja, der Satz ist problematisch. Die hauptsächliche Ursache hierfür ist, daß es im Hebräischen keine Kopula gibt, d. h. kein Hilfszeitwort im Präsens, das dem deutschen *bin*, *ist*, *sind*, *seid* - hier speziell: *ist* - entspräche, und daß es deswegen unklar ist, ob hier zwei Sätze vorliegen oder einer. Die erste Möglichkeit: Wenn wir die Wörter fortlaufend numerieren, ist Wort Nr. 3 Subjekt, Wort Nr. 4 Prädikat und endet hier der erste Satz; dann ist Wort Nr. 5 wieder Subjekt, Wort Nr. 6 sein Prädikat, womit der zweite Satz endet. Die zweite Möglichkeit: Wort Nr. 4 ist Apposition zu Wort Nr. 3, und beide bilden das Subjekt, Wort Nr. 5 und Wort Nr. 6 bilden zusammen das Prädikat, so daß die Wörter Nr. 3–6 einen einzigen Satz bilden.

Wenn man bedenkt, daß von den sechs Wörtern des Satzes drei göttliche Namen und von diesen wiederum zwei unübersetzbar sind, so darf man sich nicht wundern, wenn die deutschen Wiedergaben so sehr auseinanderstreben.

Zum zweiten Teil der Frage: Der Satz ist von der תורה *Torá* nicht als Teil eines Katechismus gedacht, wie ja auch später das Judentum keinen solchen kennt. Das allein entschuldigt seine relative Undurchsichtigkeit. Der uralte Anonymus, der sich für ihn als das Kernstück der Lehre vom Gott der Bibel entschied, hat seine Unergründlichkeit und Vielschichtigkeit kaum weniger empfunden als wir, sich aber davon nicht abschrecken, sondern vielleicht gerade leiten lassen.

5. Sie sind weder zufällig falsch kopiert noch fehlerhaft gedruckt, sondern so und nicht anders von der מסורה *Massorá* vorgeschrieben, und so und nicht anders stehen sie in jedem handgeschriebenen ספר תורה *Sséfer Torá*, in jedem von Juden gedruckten חומש *Chummásch* (= Fünfband) und in jedem jüdischen סידור *Ssidúr* (= Gebetbuch). Vor allen Dingen war ihr Zweck, den Satz hervorzuheben, indem er auf diese Weise vom Kontext getrennt ist. Naheliegend war, wie den letzten, so auch den ersten Buchstaben zu akzentuieren, was jedoch zusammen die Konsonantengruppe שד gebildet hätte. Diese aber kann als *Sched* (= Dämon) gelesen werden, was also just in einem monotheistischen Bekennntnis den gegenteiligen Effekt gehabt hätte (vgl. LIMMÚD Nr. 1g). Im massoretischen Text bilden die beiden Buchstaben das Wort עד, und das heißt entweder *ad* = Ewigkeit oder *ed* = Zeuge. Nichts könnte besser am Platze sein als eines der beiden – oder beide. Dazu MATERIAL Nr. 12 und 21.

1. פסחים נ אא' *bab. Pessachím 54a*:
[Auf seinem Totenbette] sagte יעקב *Jaakóv*: Vielleicht – behüte! – ist ein Makel an meinen Nachkommen, wie [bei meinem] Vatersvater אברהם *Avrahám*, aus dem ישמעאל *Jischmaél* hervorging, oder wie [bei meinem] Vater יצחק *Jizchák*, aus dem עשו *Essáw* (= Esau) hervorging? Da sagten zu ihm seine Söhne: ,,Höre, ישראל *Jissraél*[2], usw.'' – [nämlich] so wie in deinem Herz keiner ist als nur der Ein-Einzige, so ist in unserem Herzen keiner als der Ein-Einzige. Und da sagte יעקב *Jaakóv*: ,,Gelobt sei das Wesen Seiner Herrschaftsehre für immer und ewig.''[3]

2. ברכות יג ב' *bab. Berachót 13b*:
Wer das שמע *Schemá* liest, muß es seine Ohren hören lassen.[4]

3. ר' דויד בן אבודרהם *R. Davíd ben Josséf Abudrahám, z. St.*:
Es ist Brauch, das שמע *Schemá* mit lauter Stimme zu lesen, um jene Konzentration zu erwecken, die beim ersten Satz besonders erforderlich ist. Außerdem soll man die Stimme erheben, weil das שמע eine Art Zeugenaussage[5] ist, als ob einer zum andern in der Synagoge sagen würde: ,,Höre [, du Mit-Israelit,] ER unser Gott ist der eine in der Welt.''

4. סוטה לב *bab. Ssotá 32*:
קריאת שמע *Keriát Schemá* [= das Verlesen des Schemás] – woher [wird] uns [klar, ob die Pflicht nur durch] Verlesen des hebräischen [Originals erfüllt ist]? Von dort, wo geschrieben steht שמע ישראל – in jeder Sprache, die du hörst [und hörend verstehst].

5. *M. Präger*: *Die Sabbatfeier, S. 235*:
Beginnt denn umsonst unser uraltes Bekenntnis mit dem dringlichen Rufe ,,Oh, höre doch, Israel''? Hören wir denn nicht *nolens volens*, wenn man zu uns spricht – wozu also die Ermahnung? Aber nicht die sinnliche Wahrnehmung mittels des Gehörs ist hier gemeint, sondern das, was das Hören sowohl in unserer geliebten heiligen Sprache wie in unserer geliebten deutschen Sprache auch noch bedeutet – gehorchen! Unser Vorzug ist einzig und allein Sein Gebot, für das wir dankbar sind, und unser Stolz ist einzig und allein, daß wir ihm gehorchen.

6. *S. R. Hirsch*: *Der Pentateuch, z. St.*:
Nicht auf שמיעה *schemiá* (= Gehör), auf ראיה *reïá* (Sicht), auf eigener, von unserer ganzen Gesamtheit gemeinsam geschöpfter Sinneserfahrung beruht unser Wissen von Gott, אתה הדאת לדעת כי ה' הוא האלהים אין עוד מלבדו [*attá horéta la-dáat ki ha-Schem hu ha-Elohím ejn od milvadó*[6] konnte Moses (5. M. 4:35) zu seinem Volke sprechen. Dieses Hineinschreiten und Sichoffenbaren Gottes in die irdische Gegenwart hat Gott aber nur einmal bei grundlegender Schöpfung seines Volkes gethan, auf daß es von Geschlecht zu Geschlecht, von Gesamtheit an Gesamtheit bezeugt und durch Überlieferung die unanfechtbare Basis bleibe, auf welcher in alle Ewigkeit hin jeder Israelssohn all sein Denken und Handeln aufzubauen habe. Fortan heißt es nicht ראה ישראל[7], sondern שמע ישראל. Nicht aus den Erscheinungen in Natur und Geschichte seiner Erlebnisse hat ein jeder von uns sich erst die Frage über Sein und Nichtsein Gottes denkend zu erschließen. Weit über die aus solchen spekulativen Folgerungen zu schöpfenden Überzeugungen hinaus hat Gott sein Dasein, ja sein Hiersein mitten in aller irdischen Gegenwart der Gesamtheit unserer Väter durch allen Zweifel niederschlagende gemeinsame sinnlich wahrgenommene Erfahrungen zur Weiterbezeugung an ihre Kinder bekundet. Sie haben in Natur und Geschichte Gott gesehen, als Er ihre Fessel in Egypten brach und sie durch die Wüste in das Land der Verheißung brachte. Sie haben Gott gehört, als Er ihnen das Wort seines Gesetzes am Sinai erteilte. Auf diesem von unserer nationalen Gesamtheit bekundeten Zeugnis beruht unser Wissen von Gott. Nicht aus Natur und Geschichte haben wir uns einen Glauben an Gott schließend zu vermitteln, sondern mit dem uns gegebenen Wissen von Gott uns umzuschauen in Natur und Geschichte und an der Hand dieses ,,Wissens'' ein Verständnis der Erscheinungen der Natur und der Ereignisse der Geschichte anzustreben. Und wenn dann unserem, von Gott für sein Schauen in der Natur geweckten Auge, für sein Vernehmen in der Geschichte geöffnetem Ohre, Kleinstes und Größtes in der Natur als Sein Werk, Kleinstes und Größtes in der Geschichte als Sein Walten sich ausspricht: dann werden wir in der Natur- und Geschichtswelt unserer Gegenwart noch das Walten des Gottes unserer Väter schauen und vernehmen, werden wie die Väter mit Gott durch die Welt unseres Hierseins wandeln und von den jüdischen Geistern und Herzen wird es ewig heißen: Sie haben, Gott, deine Gänge geschaut, die Gänge meines Gottes, meines Königs im Heiligen! (Ps. 68:25).

2 Jaakóvs Ehrenname war Jissraél.
3 Dieser Satz folgt in der Liturgie auf שמע. Weil er in der Schrift nicht zu finden ist, wird hier seine Herkunft auf die Väter zurückgeführt.
4 Es muß laut gesprochen werden, weil es mit dem Wort ,,Höre'' beginnt.
5 Die beiden groß geschriebenen Buchstaben im Schemá-Satz ergeben das Wort עד *ed* = Zeuge. Vgl. MATERIAL Nr. 21.
6 ,,Du wurdest gemacht zu erkennen, daß ER der Gott ist, keiner noch außer ihm.''
7 D. h.: ,,Siehe, Israel!''

7. רמב"ם, ספר המצוות *RaMBáM, Sséfer ha-Mizwót II*:
Das zweite Gebot ist, an Seine Einheit zu glauben, d. h. zu glauben, daß Er alles geschaffen hat und Er die *prima causa* alles Geschaffenen ist, ein Gebot, das in Seinem Wort שמע ישראל *Schemá Jissraél* enthalten ist. In vielen מדרשים *Midraschím* der Weisen finden wir Ausdrücke wie ,,um Seinen Namen [= Wesen] zu vereinigen [= vereinen?]'' oder ähnliches, womit sie uns zu Bewußtsein bringen wollen, daß Er uns aus der Knechtschaft erlöst und uns Wohltaten erwiesen hat, damit wir Seiner Einheit sicher seien, wie es unsere Pflicht ist [. . .]. Sie nennen dieses Gebot קבלת עול מלכות שמים *kabbalát ol malchút schamájim* (= Auf-sich-Nehmen des Joches der Gottesherrschaft).[8]

8. ספר החינוך *Sséfer ha-Chinnúch, z. St.*:
[. . .] Das שמע *Schemá* [nämlich das Wort ,,Höre!''] ist keine sprachliche Verzierung . . . sondern das positive Gebot, wie es חז"ל *chasál* oft wiederholen, [. . .] Gottes Einheit anzuerkennen und auf sie zu vertrauen. Das ist die starke Säule, worauf der Sinn eines jeden Menschen von Verstand beruht. In dem Gebot ist eingeschlossen, was die Weisen als Regel niederlegten, nämlich daß jeder Jude verpflichtet ist, um dieses Gebotes willen den Märtyrertod zu erleiden, denn wer die Einheit Gottes, gelobt sei Er, nicht anerkennt, der leugnet das Grundprinzip unserer Religion [. . .]. Somit bedeutet es das Verbot jedweden Götzendienstes. Im מדרש *Midrásch* und תלמוד *Talmúd* wird von jenen berichtet, die sich um der göttlichen Einheit willen abschlachten ließen. Das Gebot obliegt zu allen Zeiten und an allen Orten sowohl Männern wie Frauen, [. . .] und ist ständig zu beobachten, weil seine Verpflichtung auch nicht für einen Augenblick aufhört.[9]

9. רשב"ם *RaSCHBáM, z. St.*:
Wir haben keinen anderen Gott und fügen Ihm keinen bei, sogar nicht einmal um [mit einer solchen Hilfe] Zauberei [d. h. wahrscheinlich Wunderheilungen] zu bewirken.

10. ספרי *Ssifré, z. St.*:
Warum sagt er [= der Erteiler der תורה Torá? der Verfasser?] sowohl ,,ה'[10] unser Gott'' als auch ה' ist Einer''? ,,ה' ist unser Gott'' meint, daß Er Sein Wesen besonders auf ישראל *Jissraél* hat ruhen lassen, [. . .] ,,ה' ist Einer'', daß er der Gott aller Erdenbewohner ist.

11. מדרש רבה, ואתחנן *Midrásch Rabbá, Waetchannán II 31–35*:
Es sprach der Heilige, gelobt sei Er, zu Israel: Meine Kinder, alles habe ich paarweise geschaffen: Sonne und Mond, אדם *Adám* und חוה *Chawá* (= Eva) [. . .], aber meine Glorie [mein Wesen?] ist eins und einzigartig. Man lehrte: ,,Einen gibt es und keinen zweiten, auch Sohn und Bruder hat er nicht'' (קהלת Kohélet = Prediger 4:8) – so hat Er weder Sohn noch Bruder, denn: ,,Höre, Israel, usw.''[11]

12. ר' עובדיה ספורנו *R. Ovadjá Sefórno, z. St.*:
Überlege und verstehe! [. . .] Nur Er kann unsere Wünsche erfüllen ohne irgend einen Mittler, weil er in Seiner Schöpfermacht erhaben ist. Siehe, [deswegen . . .] gebührt Ihm allein, daß wir uns vor Ihm niederwerfen.[12] [. . .] Nichts existiert außer Ihm von der Art Seiner Existenz, und diese ist verschieden an Wesensart von der Welt des Vergänglichen, von der Welt der [der Astronomie bekannten himmlischen] Sphären und von der Welt der Boten [= Engel], so daß Er in Seiner [sozusagen] vierten [weil ihm] eigenen Welt besteht.[13] All dies scheint angedeutet darin, daß die Buchstaben ד (*dálet*) und ע (*ájin*) als Majuskeln geschrieben werden müssen, weil wir darüber die Augen offenhalten und beim Verlesen die Aussprache des *dálet* hinausziehen sollen.[14]

13. רש"י *RaSCHÍ, z. St.*:
ER, der jetzt unser Gott ist und nicht der der Götzendiener, wird in Zukunft ,ER einzig' sein, wie ge-

8 RaMBáM hält das שמע *Schemá* nicht für ein deklaratives Bekenntnis, sondern für ein Gebot, dessen Erfüllung – in erster Linie – seine in diesem Sinne intentionale Rezitation ist.

9 Im Unterschied zu manchen anderen מצוות *mizwót* (= Gebote), deren Erfüllung an Zeit gebunden ist.

10 Lies hier השם *ha-Schem*, wie bei Juden üblich, was auf deutsch ,,der Name'' heißt (s. Anm. 1).

11 Ein Blick auf den zitierten Vers aus קהלת *Kohélet* zeigt, daß dort gar nicht von Gott gesprochen wird, sondern vom Menschen, der in Einsamkeit und Mühsal sein Leben fristet. Daß der Midrásch den Vers aus seinem Kontext herausreißt und ihn zu polemischen Zwecken benutzt, liegt auf der Hand.

12 Sefórnos erste Auslegung will lehren, diesem Gott und keinem anderen gebühre unsere Verehrung, weil Er אחד *echád* und ohne Partner ist, nicht wie in anderen Religionen, die Ihm einen zugesellen.

13 In seiner zweiten Auslegung versteht er unter אחד einzigartig.

14 Der Name der ersten Majuskel ע ist *ájin* = Auge. Die zweite namens *dálet* (ד) soll besonders klar ausgesprochen werden. In der hebräischen Druckschrift ähnelt nun ד (*dálet*) so sehr dem Buchstaben ר (*resch*), daß eine Verwechselung möglich ist. Dann aber ergäbe das letzte Wort des Verses anstatt אחד *echád* (= ein) das Wort אחר *achér* (= fremd, anders), was wie eine Blasphemie klänge – daher der Nachdruck, mündlich und schriftlich, auf dem ד (*dálet*). Vgl. 2. M. 34:14, wo die Massorá aus diesen Gründen für das dortige ר (*resch*) auch eine Majuskel fordert. Vgl. auch MATERIAL Nr. 21.

schrieben steht ,,Denn dann werde ich wandeln für alle Völker eine klare Sprache, damit sie alle mit SEINEM Namen anrufen'' (Zef 3:9) und wie es noch geschrieben steht ,,An jenem Tage wird ER einzig sein und sein Name [= Wesen][15] einzig'' (Zech 14:9).

14. רב סעדיה גאון, אמונות ודעות *Rav Saadiá Gaón, Emunót we-Deót, II,1*:
Von unserem Gott – Er sei erhöht und verehrt – wurde uns bekanntgegeben durch die Worte seiner נביאים *neviím* (= Propheten), daß Er eins, lebendig, allmächtig und allwissend ist; daß nichts existiert, was ihm ähneln könnte; und daß Er keiner Seiner Schöpfungen ähnelt [. . .], wie es im שמע heißt.

15. ברכות ו א׳ *bab. Berachót 6a*:
Es sagte der Heilige, gelobt sei Er, zu Israel: Ihr habt mich zu einer[16] Einheit in der Welt gemacht [. . .], so mache ich euch zu einer[16] Einheit in der Welt, wie es heißt ,,Und wer ist wie Dein Volk Israel: *eine* Nation in der Welt?'' (1 Chron 17:21).

16. רמב״ם, פירוש למשנה *RaMBáM: Kommentar zur Mischná, Tr. Sanhedrín*:
Das zweite Prinzip: Die Einheit Gottes. Das heißt, der Glaube [die Überzeugung? das Vertrauen?][17], daß das Wesen, das alles Bestehende verursacht, Ein ist; ungleich der Einheit einer Gruppe oder Klasse, die aus einer Anzahl von gewissen Individuen zusammengesetzt ist, ungleich auch der Einheit des Individuums, das aus verschiedenen, es konstitutierenden Elementen besteht; ungleich schließlich auch der Einheit der einfachen Sache, die bis ins Unendliche teilbar ist; sondern von einer Einheit, dergleichen es [sonst] nicht gibt.

17. רמב״ם *RaMBáM: Ikkarím, der ,,zweite Glaubenssatz''*:
Ich glaube [bin überzeugt[18]] mit tiefstem Glauben [in vollem Vertrauen[19]], daß der Schöpfer – gelobt sei Er – Eins ist und daß es keine Einheit irgend einer Art gibt, die wie Seine ist, und daß Er unser Gott ist, der war, ist und sein wird[20].

18. ר׳ דניאל בן יוסף, יגדל *Jigdál des R. Daniél ben Josséf (übersetzt von Rabb. S. Kaempf, Prag)*:
Er ist eins und es gibt nichts,
das seiner Einheit gleicht
endlos seine Einzigkeit der Einsicht unerreicht.

19. ר׳ חזקיה *R. Chiskiá, Chaskúni, z. St.*:
Höre und verstehe folgendes. ER, der seit je und ohne Beginn war, ist ER, der jetzt ist und ohne Ende und Ausgang lebendig und bestehend bleiben wird. Und in dieser Beziehung ist ER אחד *echád*, daß es nur bei IHM eine solche Einheit gibt, die ihresgleichen nie hatte und nie in aller Welt haben wird. Eine andere Lösung: Ohne die dreifache Erwähnung wäre es wegen der Behauptungen der Völker der Welt nicht gegangen, denn hätte der Vers nur gesagt, ,,ER ist einer'', hätte jede Nation sagen können, er bezöge sich auf ihren Gott; hätte er aber gesagt ,,ER unser Gott ist einer'', hätten die Nationen sagen können, ER sei einer unter vielen [. . .]. Um jede Zweideutigkeit auszuscheiden, sind alle drei Nennungen unerläßlich[21].

20. מלבי״ם *Malbím, z. St.*:
Er [d. h. der unausgesprochene, unaussprechliche Name] bezieht sich auf [Seine] מידת־הרחמים *middát*

15 Hier und an vielen anderen Stellen gerade dieser פרשה *Paraschá* (= Wochenabschnitt) kommt der Ausdruck ,,שם *schem* (= Name)'' Gottes vor, wie er ja auch fast ausnahmslos wörtlich übersetzt wird. Es ist aber schwer vorstellbar, daß die Zukunftsvisionen der נביאים *neviím* und Heilshoffnungen Israels darauf hinzielen, einst würde Gott nur noch mit einem anstelle von vielen Namen angerufen werden. Wie anläßlich des Studiums einer späteren פרשה *Paraschá* aufgezeigt werden wird, steht hier überall das Nomen *Name* statt des für den Hebräer zu abstrakten und deshalb in seiner Sprache nicht ausdrückbaren Nomens *Wesen*.

16 *Ein* hier wahrscheinlich im Sinne von *von anderer Art*.

17 Weil es im Hebräischen an Abstraktiva mangelt, bleibt die Übersetzung ungewiß. Die Tendenz, den *Glauben* durch die *Überzeugung* zu ersetzen, geht auf Mendelssohn zurück, der verneinte, das Judentum habe Dogmen oder sogenannte ,,Glaubenssätze''. Er betrachtete auch die ,,dreizehn Artikel'' (עיקרים *ikkarím*) des רמב״ם *RaMBáM*, von denen obiger der zweite ist, als selbstevidente Wahrheiten. Mendelssohns Auffassung vereinfacht wohl das Problem und ist am besten im Lichte seiner Zeit, der Aufklärung, verständlich. Aus einer verkürzten Version der עיקרים *ikkarím* des רמב״ם *RaMBáM*, wie sie in manchen סידורים *Ssiddurím* (= Gebetbücher) zu finden ist, ist der folgende ,,Zweite Artikel'' entnommen.

18 Siehe Anm. 17.

19 Siehe Anm. 17.

20 Obgleich dieser ,,Glaubensartikel'' – siehe Anm. 17 – im סידור *Ssiddúr* (= Gebetbuch) steht, ist er (mit den übrigen zwölf) nicht in die Liturgie aufgenommen worden. Einer der Gründe mag die Aversion dagegen sein, das ,,Wesen des Judentums'' in ein paar Sätzen zusammenzufassen und es überhaupt ein für alle Male und endgültig zu formulieren. Dabei haben die עיקרים *ikkarím* des רמב״ם *RaMBáM* sich auf einem Umweg doch in den Gottesdienst eingeschlichen. R. Davíd ben Josséf aus dem Rom der frühen Renaissance hat sie in Form der Hymne יגדל *Jigdál* umgedichtet, mit der der Gottesdienst in vielen Synagogen schließt. Ihre zweite Strophe siehe MATERIAL Nr. 18.

21 Es ist offenbar, daß Chaskúni dem Einwand entgegentritt, der Vers sei ,,überladen'', was er auf zwei Weisen tut. Die erste ist leicht ersichtlich, und in der zweiten streitet er versteckt (,,die Völker'') mit christlichen Theologen seiner Zeit, die, wie wir wissen, mit den *Chachméj Zarefát* Kontakte hatten und in diesem Vers einen ,,alttestamentlichen Anhaltspunkt'' für die Dreieinigkeitslehre gefunden zu haben glaubten.

ha-rachamím (= Eigenschaft der Milde), die Gutes spendet, und אלהים *Elohím* auf [Seine] מידת־הדין *middát ha-din* (= Eigenschaft der Rechtsprechung), die urteilt und straft. Beide sind eins, aber Gott ist [eher] gütig [als gerecht], weswegen der erste Name wiederholt ist. Weil aber beide in einer einzigen Einheit vereint sind, steht nach dem Vers [der mit dem Worte שמע beginnt] der nächste wie folgt: ,,Du sollst lieben IHN [der hier mit seinem ‚Namen' genannt ist], deinen אלהים *Elohím* usw.[22]''

21. בעל הטורים *Báal ha-Turím, z. St.*:
Ein großgeschriebenes ע *ájin*[23]. weil Israel mit 70 Kosenamen [in der Schrift] benannt wird; weil die תורה *Torá* mit 70 Namen bezeichnet und auf 70 Arten ausgelegt wird und unter 70 Nationen[24] verbreitet werden soll [. . .]. Und obzwar ihr [in der Geschichte] Ihn in vielerlei Auswirkungen sahet, weil Er sich ja bei dem einen als milde und bei dem anderen als streng erweist [. . .], ist Er ein und derselbe. Das großgeschriebene ד *dálet*[25] zeigt an, ihr sollet Ihn in den vier Himmelsrichtungen verkünden, sowie auch vermeiden, es mit einem ר *resch*[26] zu verwechseln, wie geschrieben steht ,,Verneige dich nicht vor einem Gott [, der] אחר *achér*[27] (= ein anderer) [ist]'' (2. M. 34:14). Eine andere Möglichkeit: ע *ájin* zusammen mit ד *dálet* ergeben das Wort עד *ed* (= Zeuge), und das hängt zusammen mit ,,Ihr seid עדי *edáj* (= meine Zeugen)'' in Jes 34:10.

22. תוספתא חג'גה א,ב *Tosseftá Chagigá 1,2*:
Sobald das Kind von der Mutter entwöhnt ist [. . .] und sprechen kann, lehrt es der Vater das שמע *Schemá* [und beginnt, es] תורה *Torá* und לשון הקודש *leschón ha-kódesch* (= die heilige Sprache) [zu unterrichten].

23. ברכות יג א' *bab. Berachót 13a*:
Unsere Meister lehrten: קריאת שמע *Keriát Schemá* (= das Verlesen des Schemá) darf in jeder Sprache vor sich gehen, weil die Schrift sagt ,,Höre'' - in jeder Sprache, die du zu hören verstehst.

24. ברכות יג א' *bab. Berachót 13a*:
Man lehrte: R. Meír sagt: Bis hierher (= bis אחד *echád*) ist כוונה *kawwaná* (= klare Absicht, völlige Konzentration) unerläßlich[28].

25. ברכות יא *bab. Berachót 11*:
,,Wenn du in deinem Hause sitzt'' - ausgenommen [von der Pflicht, das שמע *Schemá* zweimal täglich zu ,,lesen'', ist] wer gerade mit der Erfüllung eines [anderen] Gebotes beschäftigt ist; ,,und wenn du auf dem Wege gehst'' - ausgenommen der Bräutigam [in der Hochzeitswoche].[29]

26. ברכות יג א' *bab. Berachót 13a*:
Es sagte R. Jehoschúa ben Korchá: Warum geht [der Abschnitt] שמע *Schemá* (= Höre) dem [Abschnitt] ,,Geschehn wirds: hört ihr, hört auf meine Gebote, [. . .] dann'' (5. M. 11:13) voran? Damit man עול מלכות שמים *ol malchút schamájim* (= das Joch des Königtum Gottes) zuerst auf sich nehme und danach [erst] das Joch der Gebote.[30]

22 Anders als die Bibelwissenschaft sieht die jüdische Tradition die Tatsache, daß in der Schrift zwei verschiedene Benennungen der Gottheit vorkommen. Jene behauptet, die betreffenden beiden hebräischen Wörter seien auswechselbar und der Gebrauch einmal des einen und einmal des anderen gehe auf verschiedene biblische Quellen zurück. Aus diesen Vorlagen sei zu einem gewissen Zeitpunkt von mehreren Unbekannten die in unserer Hand befindliche Version kompiliert worden. Die klassischen פרשנים *Parschaním* (Kommentatoren) der Juden dagegen sind einstimmig der Ansicht, die beiden Namen wechselten keineswegs zufällig oder willkürlich ab, sondern ihr jeweiliges Vorkommen deute auf eine der beiden oben erwähnten Aspekte göttlichen Wirkens hin. Und torátreue jüdische Exegeten können nicht begreifen, warum ein hypothetischer Kompilator hypothetische Quellen zusammengeschmolzen haben sollte, ohne dabei das Mindeste zu tun, um sie zu harmonisieren und die zweifache Herkunft seines Werkes zu vertuschen, konsequent ein und denselben Namen für die Gottheit zu gebrauchen.

23 Dieser Buchstabe hat den Zahlenwert von 70. Er muß immer größer als die anderen Buchstaben geschrieben werden.

24 Die sog. Völkertafel in בראשית *Bereschít* (1. M.) zählt 70 Nationen auf.

25 Die von der מסורה *Massorá* festgelegte Schreibart des שמע *Schemá* (siehe TEXTblatt) erfordert in diesem Vers ein im Vergleich zu den anderen Buchstaben größeres ע *ájin* im ersten und ein ebenso großes ד *dálet* im letzten Wort. Der Zahlenwert des ד *dálet* ist 4.

26 Die Form des Buchstabens ר *resch* unterscheidet sich von der des ד *dálet* nur durch ein kleines Häkchen, weniger als ein *e* von einem *c*.

27 Der Buchstabe ר *resch* in *achér* in 2. M. ist ebenfalls groß geschrieben - siehe Anm. 14.

28 Jüdisches Gebet dauert im allgemeinen lang, denn die Juden konnten nie genug beten und fügten der Liturgie eigentlich immer nur hinzu. Die Ausnahme bildet der Reformgottesdienst, der sich u. a. auch die Kürze des protestantischen zum Vorbild nahm. Die Länge des Gottesdienstes bringt es mit sich, daß, von anderen Ursachen abgesehen, in der Synagoge wenig Andacht herrscht und auch stundenlange Konzentration den Anwesenden schwer zuzumuten ist. R. Meír denkt eben realistisch und reduziert die Forderung absoluter Konzentration auf das Minimum eines Verses, der dann auch mit geschlossenen Augen zu rezitieren ist. Das betreffende hebräische Wort bedeutet aber auch ,,klare Absicht''. Das will sagen, daß das Studium des שמע, den Vers zu diktieren oder ihn zu schreiben, von der Pflicht, das שמע zweimal täglich laut zu lesen, nicht entbindet.

29 Weil ihm die notwendige Konzentration auf das שמע *Schemá* in dieser Situation wahrscheinlich fehlt - siehe Anm. 28.

30 Die vorgeschriebene zweimalige tägliche Rezitation des

27. שיר רבה ה,ב *Schir Rabbá 5,2*:
,,Ich schlummere, aber mein Herz ist wach'' (Hohes Lied 5:2) – ich schlummere ohne den Opferdienst[31], aber mein Herz ist wach bei קריאת שמע.

28. ברכות סא *bab. Berachót 61*:
Als ר׳ עקיבא *R. Akivá* hinausgeführt werden sollte zu seiner Hinrichtung[32], war es [gerade] Zeit, das שמע *Schemá* zu lesen. Als man ihm die Haut mit eisernen Kämmen abzuziehen begann, war er entschlossen, die Gottesherrschaft gern zu übernehmen. Da fragten ihn seine Schüler: Unser Meister, so weit [geht deine Bereitwilligkeit]? Er sagte zu ihnen: Mein Lebtag kränkte ich mich über das Wort ,,und mit deiner ganzen Seele'' [das im שמע steht] – sogar wenn Er dir das Leben nimmt[33]. Ich pflegte zu mir selbst zu sagen: Wann wird es mir beschieden sein, [auch] dies zu erfüllen? Und jetzt, wenn es mir beschieden ist, soll ich es nicht [gern] erfüllen? Da dehnte er das [letzte Wort des שמע *Schemá*] אחד *echád* aus, bis er sein Leben [zugleich] mit אחד *echád* aushauchte. Da ertönte eine himmlische Stimme und sagte: Glücklich bist du, R. Akivá, daß du dein Leben mit אחד *echád* hingabst!

שמע *Schemá* besteht aus drei Teilen: (1) dem Satz שמע mit den darauf folgenden fünf Versen; (2) den oben genannten Versen 5. M. 11:13–21; (3) dem Abschnitt במדבר *Bemidbár* (4. M.) 15:37–41. Siehe LIMMÚD Nr. 2.

31 Weil ich die Opfer nach der Zerstörung des בית המקדש *bet ha-Mikdásch* nicht mehr darbringen kann.

32 Er und noch weitere neun der eminentesten Tannaím wurden nach dem Zusammenbruch des Bar-Kochbá-Aufstandes unter Kaiser Hadrian von den Römern grausam hingerichtet. Dabei war er der einzige, der den Aufstand unterstützt hatte.

33 Das Wort נפש *néfesch* (= Seele) kann auch Leben bedeuten. Was, so scheint R. Akivá sich gefragt zu haben, bedeutet es hier? Vielleicht hat er folgendermaßen argumentiert: Kann man denn etwas mit halber Seele tun? Doch sicherlich nicht! Wozu steht dann ,,mit der ganzen'' geschrieben? Unter Hingabe der *ganzen* Seele stirbt man – daher ist hier mit נפש *néfesch* das Leben gemeint. Das deutsche Idiom ,,die Seele aufgeben'' denkt analog.

1. Vom Monotheismus

A.
Wäre der in der Bibel verkündete Monotheismus, ein Begriff, den man allgemein mit ,,Glaube an einen Gott'' übersetzt, nichts anderes als eben der Glaube an *einen* Gott, dann würde es sich für jemanden, der nicht Theologe ist, kaum der Mühe lohnen, lange über ihn zu spekulieren. Denn einerseits gleichen dem biblisch-jüdischen Monotheismus in dieser Hinsicht weitgehend das Christentum und noch weitergehend der Islam, andererseits ist die Alternative, vor welcher der Mensch des 20. Jahrhunderts steht, weniger, ob er an einen Gott oder an mehrere Götter, sondern vielmehr, ob er an einen oder an gar keinen Gott glaubt. Hinzu kommt, daß es keineswegs so sicher ist, ob der Monotheismus, von dem hier die Rede ist, gerade Glauben in den Mittelpunkt seines Konzepts stellt. Und endlich sind wir so sehr gewohnt, in evolutionistischen Kategorien zu denken, daß wir unwillkürlich gern bereit sind, das Heute-Späteste als das Beste zu betrachten, was in diesem Fall bedeutet, anzunehmen, der Monotheismus sei die höchste Stufe, die das religiöse Gefühl und Denken im Laufe der Zeiten erreicht haben, eine Stufe, welcher gestrig-frühere und niedrigere Stufen wie der Polytheismus vorausgegangen sind.

B.
Um mit dem letztgenannten Punkt zu beginnen, so ist die תורה *Torá* ganz anderer Meinung, der sich übrigens in den vergangenen Jahrzehnten einige Anthropologen (so auch der Linguist W. Schmit) angeschlossen haben. Sie läßt אדם *Adám*, ihren Prototyp des Menschen, in der Urgeschichte den einen Gott ahnen und dessen Wort hören und erst seine Nachkommen in בראשית *Bereschít* 4:26 anderen Gottheiten den ,,Namen Gottes'' beilegen. Allerdings übersetzen die meisten, ja sogar Buber-Rosenzweig, den betreffenden Vers ,,[Erst] damals [d. h. nach Adáms Tod] *fing man an,* SEINEN Namen anzurufen'', was just das Gegenteil besagt, als ob vorher IHN noch niemand geahnt hätte. Es fragt sich aber, wieso denn gerade unmittelbar vor Kap. 6, dem Bericht von der Verderbtheit und Gottlosigkeit des דור המבול *dor ha-mabbúl* (= Generation der Sintflut), die wahre Gotteserkenntnis begonnen haben sollte. Da ist doch die rabbinische Auslegung glaubwürdiger, derzufolge jener Vers mit ,,Damals *entweihte* man SEINEN Namen'' zu übersetzen ist, was das Hebräische ohne weiteres zuläßt. Somit ist die Vielgötterei und nicht der Monotheismus vor der Flut anzusetzen. Egal, ob wir der biblischen Auffassung von der Ursprünglichkeit des Monotheismus beipflichten oder nicht, hat es doch auch ohne Berufung auf die Schrift sehr wohl Sinn zu vermuten, Menschen hätten bereits zu den allerfrühesten Zeiten eine schlechthinnige Abhängigkeit von einer – und zwar *einer* – übernatürlichen Macht verspürt und hätten erst, als sie nicht mehr vermochten, die ganze Gegensätzlichkeit der Phänomene in der Natur und in ihrem Innern dieser Macht allein zuzuschreiben, diese Vielfalt auf die Existenz mehrerer solcher Mächte zurückgeführt. Dann aber liegt im biblischen Monotheismus nichts Innovatives, dann ist er eben das normale Gemeingut aller Menschen, und dann liegt in der Bewunderung, die man ihm zollt, viel Lärm um fast nichts. Dabei mag es vorderhand bleiben, solange wir uns nicht einem anderen Begriff zugewandt haben.

C.
Auch die Definition ,,*Glaube* an einen Gott'' wird dem biblischen Monotheismus nicht gerecht. Das klassische Hebräisch und das biblische Denken kennen den Begriff *Glaube* kaum. Das Wort אמונה *emuná*, mit dem das moderne Hebräisch ihn wiederzugeben pflegt, bedeutet in der Bibel etwas ganz anderes, nämlich *Vertrauen* und *Vertrauenswürdigkeit*, und ist dort selten ein menschliches, dafür meistens ein göttliches Attribut (vgl. 5. M. 32:4, 2 Kö 22:7 u. a.). Was die תורה *Torá* fordert, ist ein bestimmtes, durch ihre Gebote umrissenes Verhaltensmuster, Unglauben dagegen, also Atheismus, kann sich die Bibel überhaupt nicht vorstellen – man denke bloß an das Psalmwort (14:1) ,,Der Tor sagt zu sich, es gebe keine Gottheit''.

D.
Mag nun der Polytheismus dem Monotheismus vorangegangen sein oder nicht, die simple Gegenüberstellung der beiden ist irreführend, da sie den Gegensatz zwischen ihnen auf das Arithmetische reduziert. Wenn der Mono- dem Polytheismus in irgendeiner noch undefinierten Weise überlegen ist, warum ist dann die ,,Zweigötterei'' der ,,Dreigötterei'' nicht auch überlegen und so weiter *ad infinitum*?

E.
All diese komplexen und heiß umstrittenen Probleme der Theologie, der Anthropologie und der Vergleichenden Religionswissenschaft mehr als anzudeuten, ist hier nicht der Ort. Genug, daß die Einzahl des Gottes, die der biblische Monotheismus lehrt, nicht sein entscheidendes Kriterium ist: *Ein*en Hochgott gibt es auch anderswo. So verehrt der Monarchismus *eine* oberste, aber ferne Schöpfergottheit neben niedrigeren funktionalen Zwischengöttern, Dämonen und mehr oder weniger von ihr abhängigen supranaturalen Kräften; der Henotheismus kennt einen *einzigen* Gott, den er jedoch von Mal zu Mal ein- und wieder absetzt oder durch einen anderen endgültig entthront; und die Monolatrie verehrt eine *ein*zige Gottheit in allerlei bildlichen Darstellungen. Monotheistische Elemente finden sich im übrigen hier und da auch im Hinduismus und im japanischen Buddhismus.

F.

Aus dem Gesagten geht hervor, daß es mit dem biblisch-jüdischen Monotheismus eine besondere Bewandtnis haben muß, die sich im Christentum und im Islam, den anderen beiden sog. ,,großen'' monotheistischen Religionen, perpetuiert hat. Daß sich diese beiden, insbesondere das Christentum, vom Judentum übrigens weniger in ihrem Gottes- als in ihrem Menschenbild unterscheiden, ist, nebenbei, ein Punkt, der hier nicht weiter erörtert werden kann. Worum geht es also im Monotheismus der Bibel und in seiner erstaunlich wenig veränderten Form im Judentum?

G.

Grundsätzlich und in seiner pursten Ausprägung in der תורה *Torá* – von späteren Auswüchsen, zu denen es in gewissen Strömungen und eigentlich nur während relativ kurzer Zeitabschnitte innerhalb der Judenheit gekommen ist, sei abgesehen – duldet er kompromißlos keinen Nebenbuhler seines Gottes, sei er ihm völlig ebenbürtig, völlig untertan oder liege seine Kompetenz irgendwo dazwischen. Damit sind ein Partner Gottes, eine Partnerin, ein böswilliger Gegenspieler, ein gutwilliger Vermittler, Paraklet, Demiurgos, autonomer Satan, Schutzengel und jegliches andere überirdische Wesen absolut und prinzipiell ausgeschlossen.

H.

Zu den vielen Interpretationsmöglichkeiten, die das kritische Wörtchen אחד *echád* bietet, lesen wir die RaMBaMs מורה נבוכים *Moré Nevochím* (= Führer der Verwirrten) eine weitere: Es bedeutet auch ,,einfach''. Mit Hilfe aristotelischer ontologischer Axiome beweist er zunächst die Existenz eines absolut notwendig existierenden Wesens, d. h. Gottes. Aus ihr folgt von selbst dessen Einfachheit, d. h. Unkörperlichkeit. Denn kein Körper ist einfach, sondern besteht aus Materie und Form, ist demnach wirklich oder wenigstens gedanklich teilbar. Das absolut notwendig existierende Wesen ist nicht teilbar, also auch unkörperlich; oder unkörperlich, also auch unteilbar.

I.

Er verkündet einen Gott, dessen Wesen nicht nur nicht dargestellt werden darf, sondern, wenn es gestattet wäre, auch nicht dargestellt werden kann, weil es so unfaßbar und unvorstellbar ist, daß jede Darstellung es verfälscht. Aber nicht nur deswegen, weil seine Nichtdarstellbarkeit sein Charakteristikum ist, ist Er schier unbegreiflich: Des biblischen Gottes Erfahrbarkeit samt Seinen Manifestationen ist auch vielfältig bis zum Widerspruch. In Seinen Gnadenerweisen zeigt Er sich unterschiedlich: als Kriegsheld am Schilfmeer und als in einen טלית *Tallít* (= Gebetsmantel) gehüllter Vorbeter auf dem Ssinái, sagt die אגדה *Aggadá* bedenkenlos in einem kühnen Anthropomorphismus in bab. Bezá 25. Seine ganze Zwiespältigkeit tritt erst recht zu Tage, weil Seine Gnadenbeweise von Beweisen Seiner Ungnade abgelöst werden, und nirgends ist solches eklatanter geschehen als just in der Geschichte der Juden. Deren historische Großtat ist es, der Versuchung, deswegen Seine Einheit ,,aufzulösen'', hartnäckig und ,,verstockt'' widerstanden zu haben. Ganz bewußt spricht das Jesaja in 45:7 aus: ,,Der da baut Licht und schafft Finsternis, macht Friede und schafft Schlimmes (!), ich bin ER, der all das tut.'' Es wäre den anonymen Autoren der Stammgebete (seit der Zerstörung des Zweiten Tempels!) ein Leichtes gewesen, die breiten Massen diesen beunruhigenden Spruch vergessen zu lassen. Stattdessen bauten sie ihn in die Liturgie just vor der Rezitation des שמע ein, freilich indem sie leicht mildernd das Wort ,,Schlimmes'' durch ,,alles'' ersetzten. Für diese Grundhaltung der Juden um die unablässig erneute Bestätigung der göttlichen Einheit haben wir den hebräischen Ausdruck ייחוד *Jichúd*, die, um mit Buber zu sprechen, ,,Einung'' angesichts des Ur-Widerspruchs der ,,Zweiheit von Gut und Böse'' durch menschliche Bewährung, und sie, die Einung allein, ,,erfüllt den Einheitsruf des שמע *Schemá*'' – auch das ein Buber-Wort.

J.

So ein ,,einer'' Gott bedingt aber die Einheit Seiner Schöpfung. Somit folgen aus dieser ,,Gattung'' von Monotheismus die Gleichwertigkeit aller Menschen; der Monismus der Natur und damit der ihrer Erforschung, ja ihre Erforschung selbst, die sonst unausführbar wäre; die intrinsische Untrennbarkeit von ,,Fleisch und Geist''; die Unteilbarkeit des Weltlichen vom Geistlichen und von Kirche und Staat.

K.

Untrennbar sind deshalb auch – metaphorisch gesprochen – Himmel und Erde. Der Gott des biblisch-jüdischen Monotheismus thront ,,im Himmel'', d. h. außerhalb der Welt, und ist damit transzendent, offenbart sich aber zugleich innerhalb der Welt und ist in ihr immanent. Diese Unvereinbarkeit verspürt der Psalmist, singt aber dennoch unerschütterlich ,,Wer ist wie ER unser Gott? Thront so hoch, schaut so tief!'' (113:5–6). Ja, mehr als das: ,,Der עיקר *ikkár* (= Schwerpunkt?) der שכינה *schechiná* (= Gegenwärtigkeit) ist unten'' lautet ein rabbinischer Aphorismus (Bereschít Rabbá 19,13). Und hier unten walte darum dem Wesen und Willen des Nicht-Zweifachen gemäß keine doppelte Buchführung für persönliche gegenüber öffentlicher Moral und für ein erwähltes Volk gegenüber den nichterwählten Völkern.

L.

Die Nicht-Zweiheit impliziert denn auch das Eingreifen eines derartigen Gottes in alle Sphären menschlicher Existenz im privaten und im allgemein-öffentlichen Bereich. Kein persönliches Verhältnis konnte es je seitens des Individuums z. B. zu einem der zahllosen olympischen Götter geben und ebenso wenig von deren Seite zum einzelnen Menschen. Im Bewußtsein des „biblisch-jüdischen" Monotheisten ist indessen die täglich zu erneuernde Bejahung des Gegenseitigkeitsverhältnisses eingegraben. Darüber hinaus interessiert sich sein „einer" Gott - anders als andere „Götter" - nicht ausschließlich für Seine Anbetung speziell und für Religion im allgemeinen, sondern erheblich mehr für die Geschicke der Menschheit, d. h. für ihre Geschichte. Er setzt sie nicht von einem geschichtsfremden Jenseits fest und läßt sie nun nicht abrollen, nein, Er tritt selbst in sie ein, erkämpft sie und wirkt geschichtslebendig auf sie ein. Auf dieser Du-Erfahrung des Volkes wurzelt der Monotheismus der jüdischen Gemeinschaft.

M.

Nach den Behauptungen der תורה *Torá* hat dieser ihr Gott Seinen Willen zeitlich zuerst dem Volke Israel und auf dem Umwege über dieses der Menschheit in Seinen מצוות *mizwót* (= Geboten) kundgetan. So nahe und intim erfahren wie fern und rätselhaft, mischt Er sich in alle Lebensbereiche ein und befiehlt in der Schrift sozusagen in einem Atemzug oder mit demselben Federstrich, Seine Welt sittlich durch Zuwendung zum Mitmenschen zu verbessern und liebend zu „wärmen" - siehe ויקרא *Wajikrá* (3. M.) 19:18 und darüber in der Arbeitsmappe 1 -, wie daß der Mensch seine Notdurft an einem außerhalb seiner Wohnstätte dazu bestimmten Platz zu verrichten hätte - siehe דברים *Devarím* (5. M.) 23:14.

N.

Im alten Lande Kenáan hatte der biblische Monotheismus zuerst mit einer gewissen „Eingötterei", dem Báaldienst, zu konkurrieren, der an Örtlichkeiten gebunden war und von einer zur anderen Namen und Charakter wechselte, verdrängte ihn aber nach einigen Jahrhunderten des Synkretismus, der beide Kulte nach dem Grundsatz „Doppelt hält besser" gleichzeitig praktizierte. In den ersten Jahrhunderten der üblichen Zeitrechnung bestand die Chance, der biblisch-jüdische Monotheismus würde die hellenistische Welt erobern, doch ließ er sie sich entgehen, weil er sich nicht dazu verstehen konnte, die praktischen Gebote, besonders in bezug auf Nahrung und Geschlechtsleben, über Bord zu werfen und sich auf sein Ideengut allein zu beschränken. Und heute? Der Islam kommt, ideell gesehen, ihm nicht ins Gehege, das Christentum ein wenig mehr, aber weniger als er selbst dem Christentum. Der Okkultismus des späten 20. Jahrhunderts wird ihm dereinst wahrscheinlich auch nur ein vorübergehendes Ärgernis gewesen sein. Somit droht ihm heute bloß eine einzige Gefahr: die Ungelehrtheit und die Indifferenz des einzelnen Juden selbst.

2. קריאת שמע Keriát Schemá

Bei der fundamentalen Bedeutsamkeit, die dem שמע *Schemá* im Ideengebäude des Judentums zukommt, wäre zu erwarten, daß die משנה *Mischná* oder spätestens die גמרא *Gemará*, von denen sich die erste kurz, die zweite überaus ausführlich sogar mit jenen Dingen innerhalb dieses Gebäudes beschäftigt, die auf den ersten Blick von geringer Wichtigkeit sind, irgendwo und vermutlich zu Beginn den Sinngehalt dieses Credo des Juden behandeln und uns z. B. auch nebenbei mitteilen, wer diesen פסוק *passúk* (= Vers) als Credo aus den 5845 פסוקים *pessukím* (= Verse) der תורה *Torá* ausgewählt hat. Weit, aber nicht ganz gefehlt. In der Tat braucht man nur das erste Blatt der משנה *Mischná* und, weil ihre Anordnung dieser folgt, der גמרא *Gemará* aufzuschlagen, um sogleich die Erörterung des שמע zu finden. Was aber dort erörtert wird, ist nicht, welche Teile der תורה *Torá* die Überschrift שמע tragen, von wem und warum gerade sie und nicht andere ausgewählt wurden, welche Botschaft sie beinhalten und dergleichen schwerwiegende Dinge mehr. All das wird als bekannt vorausgesetzt und dafür, ganz gemäß dem pragmatischen Tenor der תורה שבעל־פה *Torá sche-be-al-pe* (Mündlichen Lehre), mit Beantwortung der Frage angefangen, welche denn die früheste und die späteste Tageszeit sei, an der קריאת שמע של ערבית *Keriát Schemá schel arvít* (= Rezitation des Schemá beim Abendgebet) vor sich zu gehen hat. Und dabei wissen wir ja noch gar nicht, daß es am Abend rezitiert werden soll! Diese Eigentümlichkeiten, so scheint es, sind höchst bezeichnend für das Judentum, für die Abneigung seiner klassischen Lehrer gegen formulierte, systematische und philosophierende Theologie und für den Vorrang, den die Orthopraxis gegenüber der Orthodoxie einnimmt. Wirklich begann die Auseinandersetzung mit dem, was der Jude feierlich als die Quintessenz seiner Religion bekennt, erst mit Rav Saadiá Gaón kurz vor dem Jahre 1000, also recht spät in der jüdischen Geschichte, doch dauert sie seitdem gute acht bis neun Jahrhunderte bis Mendelssohn und bis Buber an.

Zu welcher Zeit der שמע-Vers seine Sonderstellung erhielt und verfügt wurde, aus welchen drei Bibelabschnitten קריאת־שמע *Keriát Schemá* besteht, läßt sich nicht mehr feststellen, aber schon Josephus Flavius (um das Jahr 70) kennt die drei als zusammengehörend, und für die Mischná (um das Jahr 200) ist die Zusammensetzung schon selbstverständlich. Die drei Stücke sind:

(a) der besagte Vers selbst (5. M. 6:4) und die auf ihn im Buche דברים *Devarím* folgenden fünf Verse, zusammen genannt קבלת עול מלכות שמים *kabbalát ol malchút schamájim* (= Auf-sich-Nehmen des Jochs der Gottesherrschaft) mit den Geboten von תלמוד־תורה *Talmúd-Torá* (= Torá-Studium), von Liebe zu Gott, von Kindererziehung in diesem Sinne, vom Verlesen des

שמע zweimal täglich, nämlich morgens und abends, vom Anlegen der תפילין *Tefillín* (= Gebetsriemen) an Hand und Stirn und vom Anbringen der מזוזה *mesusá* (= Kästchen mit zwei handgeschriebenen Torá-Abschnitten) an Tor- und Türpfosten. Der erste Satz wird der Konzentration halber mit geschlossenen Augen gesprochen.

(b) Der Abschnitt דברים *Devarím* (5. M.) 11:13–21, genannt קבלת עול מצוות *kabbalát ol mizwót* (= Auf-sich-Nehmen des Jochs der Gebote). Sein Inhalt ist, es bestehe die Verantwortung des Menschen für sein Geschick, und die göttliche Vorsehung leite dieses demgemäß, kurz die Lehre von Lohn und Vergeltung. Und

(c) der Abschnitt במדבר *Bemidbár* (4. M.) 15:37–41, genannt גאולה *geullá* (= Erlösung), der das Gebot der ציצית *Zizít* (= Schaufäden) und der vorgeschriebenen täglichen Erinnerung an יציאת מצרים *jeziát Mizrájim* (= Auszug aus Ägypten), der ersten Erlösung eines Volkes in der Geschichte enthält. Diese ציציות *Zizíót* werden während der ganzen Verlesung des שמע in der rechten Hand gehalten.

Die verschiedenen Modalitäten, unter denen קריאת שמע*Keriát Schemá* (= Verlesen des Schemá) zu geschehen hat, sind der Gegenstand langer Argumentationen, gleich, wie gesagt, ab der ersten Seite der גמרא *Gemará*. Von ihr folgt auf Seite 82 ein sehr kurzes Beispiel. Es folgen darauf Überlegungen, ob man das שמע stehend rezitieren muß oder sitzend rezitieren darf, ob dabei die hebräische Sprache unerläßlich ist u. dgl.

Der erste Vers allein, das שמע ישראל *Schemá Jissraél* selbst, wird auch noch zu anderen Gelegenheiten gesondert zitiert, und zwar an שבתות *Schabbatót*, מועדים *Moadím* (= Festtage) und ימים נוראים *Jamím Noraím* (= Tage der Ehrfurcht, d. h. ראש השנה *Rosch ha-Schaná*, dem Neuen Jahr, und יום כיפור *Jom Kippúr*) in dem für diese Tage bestimmten מוסף *Mussáf-* (= Zusatz) -Gebet, beim Ausheben des ספר תורה *Sséfer Torá* (Torá-Rolle) an diesen Tagen aus dem Schrein, im vorletzten Augenblick und Höhepunkt des יום כיפור *Jom Kippúr* und in der Sterbestunde. Da das שמע ישראל auch das allererste ist, was Eltern einem Kind, wenn es zu sprechen beginnt, beibringen sollen, begleitet es die Juden von Kindheit an bis zum letzten Atemzug. Dem Vorbild des ר' עקיבא *R. Akivá* folgend, der mit dem letzten Schemá-Worte אחד *echád* auf den Lippen den Märtyrertod erlitt[34], sind Tausende als Zeugen für ייחוד־ה' *jichúd ha-Schem* (= Seine ,,Einung'') und mit den Worten des ייחוד־ה' gestorben.

Der Wortlaut des Schemá
(Übersetzung L. Prijs, S. 22)

1. קבלת עול מלכות שמים *Kabbalát ol malchút schamájim (Übernahme des Jochs der Gottesherrschaft) in 5. M. 6:4 ff.*

Höre, Israel, der Ewige, unser Gott, ist einzig. Und du sollst lieben den Ewigen, deinen Gott, mit deinem ganzen Herzen und mit deiner ganzen Seele und mit deinem ganzen Vermögen. Und es sollen die Worte, die ich dir heute gebiete, in deinem Herzen sein. Und du sollst sie einschärfen deinen Kindern und davon reden, wenn du sitzest in deinem Hause, und wenn du gehest auf dem Wege, und wenn du dich hinlegst, und wenn du aufstehst. Und du sollst sie binden zum Wahrzeichen an deinen Arm, und sie sollen sein zum Denkband auf deinem Haupte[35]. Und du sollst sie schreiben auf die Pfosten deines Hauses und an deine Tore.

2. קבלת עול מצוות *Kabbalát ol mizwót (Übernahme des Jochs der Gebote) in 5. M. 11:13 ff.*

Und es wird geschehen, so ihr höret auf meine Gebote, die ich euch gebiete, den Ewigen, euren Gott zu lieben und ihm zu dienen mit eurem ganzen Herzen und eurer ganzen Seele; so werde ich den Regen eures Landes geben zu seiner Zeit, Frühregen und Spätregen, daß du einsammelst dein Getreide, deinen Most und dein Öl. Und ich werde Gras geben auf deinem Felde für dein Vieh, und du wirst essen und satt werden. Hütet euch, daß nicht euer Herz betört werde und ihr abweichet und fremden Göttern dienet und euch vor ihnen bücket. Da würde der Zorn Gottes über euch entbrennen, er würde den Himmel verschließen, daß kein Regen fällt und die Erde ihren Ertrag nicht gibt, und ihr würdet bald umkommen, weg aus dem schönen Land, das der Ewige, euer Gott euch gibt. Und ihr sollt diese meine Worte euch zu Herzen nehmen und zu Gemüte, und sie binden als Wahrzeichen an euren Arm und sie seien zum Denkband auf eurem Haupt.[36] Und lehret sie eure Kinder, davon zu reden, wenn du in deinem Hause sitzest und wenn du auf deinem Wege gehst und wenn du dich niederlegst und wenn du aufstehst. Und schreibe sie an die Pfosten deines Hauses und an deine Tore. Auf daß sich mehren eure Tage und die Tage eurer Kinder auf dem Erdboden, den der Ewige euren Vätern zugeschworen, ihnen zu geben – wie die Dauer des Himmels über der Erde.

3. גאולה *Geullá (= Erlösung) in 4. M. 15:37 ff.*

Und der Ewige sprach zu Moses wie folgt: Sprich zu den Kindern Israel und sage ihnen, daß sie sich Schaufäden machen an die Ecken ihrer Kleider für ihre Geschlechter und sollen an den Schaufäden der Ecke einen Faden von himmelblauer Wolle anbringen. Sie[37] seien euch zu Schaufäden, ihr sollt sie[38]

34 Siehe MATERIAL Nr. 28.
35 Hebräisch: zwischen deinen Augen. Der Übersetzer weicht vom Text ab, weil der mündlichen Überlieferung gemäß die Gebetsriemen am Haaransatz angelegt werden und nicht auf der Nase oder zwischen den Brauen.
36 Wie in Anm. 35.
37 Hebräisch: Es sei usw.
38 Wie Anm. 37.

sehen und aller Gebote des Ewigen gedenken und sie erfüllen, auf daß ihr nicht eurem Herzen und euren Augen nachspäht, denen ihr nachbuhlt; damit ihr euch erinnert aller meiner Gebote und sie tut und heilig seid[39] eurem Gotte. Ich bin der Ewige, euer Gott, der[40] euch aus dem Lande Ägypten herausgeführt hat, euch ein Gott zu sein, ich bin der Ewige, euer Gott.

3. Das erste Blatt der Gemará in E. Goldschmidts Übersetzung

Von wann an liest man das Šemâ am Abend? Von der Stunde an, da die Priester eintreten, von ihrer Hebe zu essen, bis zum Schluss der ersten Nachtwache – Worte des Rabbi Eliêzer. Die Weisen sagen: bis Mitternacht. Rabban Gamaliël sagt: bis die Morgenröte aufsteigt. Es geschah, dass seine Söhne vom Gastmahl kamen und sprachen zu ihm: ‚wir haben [noch] das Šemâ nicht gelesen'. Da sagte er zu ihnen: ‚wenn die Morgenröte noch nicht aufgestiegen, seid ihr zu lesen verpflichtet'. Und nicht nur diesbezüglich sagten sie es, sondern Alles, worüber die Weisen «[es habe Zeit] bis Mitternacht» sagten, gilt dessen Gebot, bis die Morgenröte aufsteigt. Das Gebot der Aufdämpfung des Fetts und der Glieder reicht, bis die Morgenröte aufsteigt, und das Gebot dess, was an einem Tag gegessen werden soll, reicht, bis die Morgenröte aufsteigt. Wenn so, warum sagten die Weisen «bis Mitternacht»? Um den Menschen von der Uebertretung fern zu halten.

GEMARA. Worauf bezieht sich der Tanna, dass er lehrt «Von wann an»? Ferner, warum lehrt er zuerst «am Abend», sollte er doch zuerst vom Morgen lehren? – Der Tanna bezieht sich auf den Schriftvers, wo es heisst: *Bei deinem Schlafengehen und bei deinem Aufstehen*; und somit lehrt er: wann [beginnt] die Zeit des Šemâlesens beim Schlafengehen? – von der Stunde an, da die Priester eintreten, von ihrer Hebe zu essen. Und wenn du willst, sage ich: er lernt dies von der Weltschöpfung, denn so heisst es: *Es ward Abend und es ward Morgen, ein Tag.* – Wenn so, sollte er doch am Schluss, wo er lehrt: «Am Morgen sagt er zwei Segensprüche vorher und einen nachher», [ebenfalls] vom Abend zuerst lehren? – Der Tanna beginnt mit dem Abend und lehrt nachher über den Morgen; und da er vom Morgen spricht, so erklärt er die Gegenstände des Morgens, und erst nachher erklärt er die Gegenstände des Abends.

אימתי קורין את שמע בערבים משעה שהכהנים נכנסים לאכול בתרומתן עד סוף האשמורת הראשונה דברי רבי אליעזר וחכמים אומרים עד חצות רבן גמליאל אומר עד שעלה עמוד השחר מעשה ובאו בניו מבית המשתה אמרו לו לא קרינו את שמע אמר להם אם לא עלה עמוד השחר חייבין אתם לקרות ולא זו בלבד אמרו אלא כל מה שאמרו חכמים עד חצות מצותו עד שיעלה עמוד השחר הקטר חלבים ואברים מצותן עד שיעלה עמוד השהר וכל הנאכלים ליום אחד מצותן עד שיעלה עמוד השחר אם כן למה אמרו חכמים עד חצות כדי להרחיק אדם מן העבירה:

גמרא. תנא היכא קאי דקתני מאימתי ותו מאי שנא דתני בערבית ברישא לתני דשחרית ברישא תנא אקרא קאי דכתוב בשכבך ובקומך והכי קתני זמן קריאת שמע דשכיכה אימת משעה שהכהנים נכנסין לאכול בתרומתן ואי בעית אימא יליף מברייתו של עולם דכתיב ויהי ערב ויהי בקר יום אהד אי הכי היכא דקתני בשחר מברך שתים לפניה ואחת לאחריה בערב מברך שתים לפניה ושתים לאחריה לתני ערבית ברישא תנא פתח בערבית והדר תני בשחרית עד דקאי בשחרית פריש מילי דשחרית והדר פריש מילי דערבית:

Z. 3: Nämlich rituell unreine כהנים *Kohaním*, die, um von der תרומה *Terumá* (= Hebe) essen zu dürfen, im Tauchbad gebadet haben müssen und das Erscheinen der Sterne abzuwarten haben, bevor sie ,,eintreten'' = nachhause gehen.
Z. 5: Man teilte die Nacht in drei Wachen.
Z. 6: Nämlich, daß es bis Mitternacht Zeit habe. Der Grund der Meinungsverschiedenheit liegt in der Deutung des Wortes ובשכבך *u-we-schochbechá* (5. M., 6:7). R. Eliéser erklärt es ,,Wenn du dich niederlegst'', also meist während der ersten Wache, Rabbán Gamliél aber ,,Wenn du niederliegst'', demnach also eigentlich bis zum Morgen (die Weisen wiederum erlaubten es nur bis spätestens Mitternacht, um Gesetzesübertretung zu verhüten). Das Hebräische gestattet beide Auffassungen, jedoch dafür, daß die Torá *niederlegen* gemeint hat, spricht das benachbarte Wort ובקומך *u-ve-kumécha* (= wenn du aufstehst) des Parallelismus wegen. Jetzt bringt die Mischná einen Präzedenzfall für die

39 Besser: werdet.
40 Wörtlich: der ich . . . habe.

Meinung des Rabbán (= Patriarch? Haupt der Akademie oder des Sanhedrins?) aus dessen eigenem Hause.
Z. 13: Die Weisen, daß es bis Mitternacht reiche.
Z. 16: Glieder eines am Tage geopferten Tieres, wenn für die Aufdämpfung bei Tageslicht die Zeit nicht ausreichte.
Z. 22: Hier beginnt die Gemará die Diskussion der Mischná.
Z. 25: Das Morgen-Schemá geht dem am Abend ja voraus.
Z. 26: Im ersten Absatz des Schemá steht *Niederliegen* vor *Aufstehen*.
Z. 29: Da fragt sich überhaupt, ob der Tag der Torá am Morgen oder am Abend beginnt.
Z. 30: Die Reihenfolge bei der Weltschöpfung unterstützt die Priorität des Abends.
Z. 31: In der folgenden Mischná, die von den Segensprüchen vor und nach der Rezitation des Schemá handelt, haben die am Morgen Priorität, was obiger Folgerung widerspricht.
Z. 33: Hat die eine Mischná mit ,,Morgen'' geendet, ist es natürlich, daß die nächste mit ,,Morgen'' fortsetzt – also kein Widerspruch!

THESE

Kenntnis des Hebräischen ist zum elementaren Verständnis der Bibel keine unerläßliche Bedingung, aber zum tieferen Eindringen in sie und für ihren vollen literarischen Genuß ist Vertrautheit mit dem Urwort notwendig.

Wieder einmal erfordert der Gegenstand eine von der üblichen unterschiedliche Behandlung. Der Satz שמע ישראל *Schemá Jissraél*, das Fundament der jüdischen Theologie (soweit es eine gibt, denn manche bezweifeln dies), ist das Losungswort und Glaubensbekenntnis des Judentums. Man könnte deshalb glauben, sein Inhalt werde in der Torá, in der Mischná oder spätestens in der Gemará bis ins einzelne diskutiert, wie ja insbesondere letztere oft auf die winzigsten Details eingeht, z. B. wann ein Tagelöhner seinen Lohn erhalten muß, ob seine Beköstigung im Lohn inbegriffen ist, ob ihm sein Weg zum Arbeitsplatz oder der von dort nach Hause als Arbeitszeit angerechnet wird und dergleichen mehr. Selbstverständlich beschäftigt sich die Gemará mit dem Thema, aber mit verlagerten Schwerpunkten: welche Abschnitte der Torá seine Rezitation umfaßt, in welcher Reihenfolge diese verlaufen soll, ja sogar mit dem Grenzfall, ob einer seiner Pflicht nachkommt, wenn er die Wörter in umgekehrter Reihenfolge liest. Die theoretisch-theologische Auseinandersetzung mit dem Bekenntnis setzt eigentlich erst im 10. Jh. ein.

Das Inhaltliche einerseits und die Rezitationsvorschriften andererseits gehören natürlich zusammen, doch sollten sie bei unserem Studium getrennt werden. Nun steht allein der betreffende Satz der Torá im Zentrum unseres Lernens und nicht seine Rolle und sein Platz in der Liturgie, wie sehr auch beide Aspekte ineinandergreifen. Die Lösung dieser Schwierigkeit, wie wir sie hier gewählt haben, ist, uns einzig und allein mit dem Satz, wie er im Buche דברים *Devarím* steht, zu befassen und alles, was die Verrichtung seiner Verlesung betrifft, ohne auf Quellen einzugehen oder sie zu zitieren, in LIMMÚD zu relegieren. Es ist wahrscheinlich den *Lernenden* zuträglich, wenn man ihnen gleich zu Beginn klar macht, wie in diesem Wochenabschnitt das *Lernen* vor sich gehen wird und aus welchem Grunde.
FRAGE Nr. 1 wird am besten separat erledigt. Die restlichen drei sind genau genommen eine einzige Frage, so daß es keine Rolle spielt, in welcher Reihenfolge sie durchgenommen werden: Das LEITBLATT zeigt nur einen der möglichen Wege.

Personen- und Sachregister

Viele der in dieses Glossar aufgenommenen Begriffe sind außerordentlich komplex, zudem haben sie im Laufe der Jahrhunderte einen Bedeutungswandel erfahren; ihre Erläuterungen hier sind daher sehr vereinfacht und nur auf den Gebrauch an Ort und Stelle bezogen. Selbstverständlich kann auch die hier gebotene kurze biographische Angabe den angeführten Personen nicht gerecht werden. Dasselbe gilt für die Beschreibungen der zitierten Schriftwerke.

Personennamen sind halbfett hervorgehoben,
Sachbegriffe kursiv.
R. ist die Abkürzung für Rabbi.

Avrabanél, Don Jizchák ben Jehudá (1437–1508), geb. in Lissabon, Schatzmeister des Königs Alfonso von Portugal, des Königs Ferdinand von Castilien und, nach der Vertreibung der Juden aus Spanien, des Königs Ferrante von Neapel. Sein weitschweifiger Kommentar, in dem einem Abschnitt immer eine oft lange Reihe von Fragen der Diskussion vorausgeht, polemisiert gegen jüdische Philosophie und christliche Theologie.

Aggadá werden jene Teile der → Mündlichen Lehre genannt, die nicht → Halachá sind. Ihr Inhalt ist ethische Erziehung mittels Anekdoten, Parabeln, Epigrammen, Sagen u. dgl. Legale Verpflichtung enthält die Aggadá nicht, und ob alles in und an ihr für bare Münze genommen werden muß, ist strittig.

R. Aharón, geb. 1563 in Pesaro, war ein wohlhabender Geschäftsmann in Mantua. Sein *Toledót Aharón* (‚Die Nachkommen Aharóns') ist eine Konkordanz von Bibelzitaten, die im → Talmúd erwähnt sind. Seine Bibliothek war in ganz Italien berühmt.

R. Aharón ha-Leví → s. Chinnúch.

R. Akivá ben Josséf (ca. 50–135) lebte in Lod und Bené-Berák und starb in Caesarea, nach langer Kerkerhaft von den Römern wegen seiner Unterstützung des Bar-Kochbá-Aufstandes zu Tode geschunden. Nach verspätetem Studium u. a. unter → R. Eliéser ben Hyrcanós wurde er einer der prominentesten → Mischná-Lehrer. Mehr als deren Leben ist seines ausgezeichnet durch Patriotismus, ja Romantik: Als große Ausnahme ist die Geschichte seiner Liebesheirat der Nachwelt überliefert.

Alfassi → R. Jizchák Alfássi.

Amoraím werden jene Gelehrten genannt, die vom 3. Jh. an die ihnen von ihren Vorgängern, den → Tannaím, überlieferte und in der → Mischná kodifizierte → Mündliche Lehre weiterentwickelten. In Erez Israél wirkten fünf Generationen der Amoraím und in Babylon acht. Jene schlossen den Jerusalemer und diese den Babylonischen → Talmúd ab.

Aramäisch ist, wie Hebräisch, eine westsemitische Sprache. Von seinen diachronischen Entwicklungsstufen ist für das Bibelstudium vor allem jene von Bedeutung, die in den letzten Jahrhunderten vor und den ersten nach der üblichen Zeitrechnung in Erez Israél gesprochen wurde und in der → Onkelos seine Bibelübersetzung schrieb. Sie ähnelt dem Hebräischen ungefähr so wie das Holländische dem Deutschen. Ein großer Teil des → Talmúds und der → Midraschím gebraucht das babylonische Aramäisch, das sich vom Hebräischen viel mehr unterscheidet als das genannte judäisch-galiläische Aramäisch, wie man es zur Zeit der römischen Herrschaft z. B. in Nazareth sprach.

Arba'á Turím → R. Jaakóv ben Aschér.

Aschkenás ist der Name eines nicht eindeutig definierten in der → Torá vorkommenden Landes. Im Mittelalter steht er für die deutschsprachigen Gebiete Europas.

R. Aschér ben Jechiél (gest. 1327), kurz RoSCH. Aus dem Rheinland floh er nach Toledo, wo er bis zu seinem Tode lehrte. Seine vom → aschkenasischen Pietismus beeinflußte Haltung gegen die Philosophie → RaMBáMs durchsetzt seine → Responsen. Er ist der Vater und Lehrer des → R. Jaakóv ben Aschér.

Auerbach, Elias (1882–1961), geb. in Berlin, kam 1909 als Arzt nach Haifa, wo er auch starb. Unter dem Einfluß von Eduard Meyer schrieb er *Wüste und Gelobtes Land*, *Moses* u. a.

Avót → Pirkéj Avót.

Avót de Rabbí Natán ist einer der außer-kanonischen kleineren → Mischná-Traktate und eine Art Kommentar zum Traktat → Avót. Es ist das Werk des → R. Natán (um 220).

R. Awirá ist der Name eines → Amorá aus Erez Israél (um 300) und ebenso eines babylonischen (um 400), so daß gewisse Aussprüche nicht mit Sicherheit diesem oder jenem zugeschrieben werden können.

Báal Schem Tov → Chassidismus.

Bamberger, Selig (1872–1936), Enkel des Rabbiners Seligmann Bär → Bamberger, übersetzte den Kommentar → RaSCHIs ins Deutsche.

Bamberger, Seligmann Bär (1807–1878), der „Würzburger Rav", war einer der letzten großen Talmudisten Deutschlands. Er bekämpfte die Reformbewegung, aber auch, als typischer Landjude, die überspitzt-geistige Orthodoxie von → S. R. Hirsch. Zahlreiche Kommentare und Übersetzungen ins Deutsche stammen von ihm und seinen Nachkommen. Erich Fromm ist einer von diesen.

Bar Kappará, um 200 in Caesarea, war eine originelle Persönlichkeit: gnostischer und metaphysischer Spekulation abgeneigt, an Naturwissenschaft und griechischer Bildung interessiert, Haupt seiner → Jeschivá, Raconteur und von einer satirischen Ader, derentwegen er von → R. Jehudá ha-Nássí nie den Rabbi-Titel erhielt.

Bemidbár ist der Name des 4. Buches der → Torá. Es wird häufig mit seinem lateinischen Namen Numeri zitiert.

Ben Asái, Schimeón (ca. 110 in Tiberias), war ein hervorragender Gelehrter und Kollege des → R. Akivá, erhielt aber nie die Ssemichá (Ordination). Die Legende erzählt, wie dieser hätte auch er zur Mystik geneigt, sei aber aus ihr „beschadet" hervorgegangen und (deswegen?) früh gestorben.

Bereschít ist der Name des 1. Buches der → Torá und damit der Bibel. Es wird häufig mit seinem lateinischen Namen Genesis zitiert.

Bereschít Rabbá ist eine → Midrásch-Sammlung zum Buche → Bereschít, enthält ausschließlich → Aggadá und ist das Produkt der → Amoraím in Erez Israél (ca. 2. Jh.). Der Verfasser ist anonym.

BeSCHT → Chassidismus.

Bet-Din ist jeder Gerichtshof: von 3, 23 oder 71 Mitgliedern.

Bet-Josséf ist das im Laufe von 20 Jahren im 16. Jh. verfaßte Werk des → R. Josséf Caro, in dem er die → Halachá aufgrund des Mehrheitsvotums der Codices seiner drei großen Vorgänger → R. Jizchák Alfássi, → RaMBáM und → RoSCH auf den Stand seiner Zeit brachte. In der Organisation des Werkes folgte er den → Arba'á Turím des → R. Jaakóv ben Aschér, Sohn des → RoSCH.

Bibel → Mikrá.

Bleichrode, Isidor, ein Nachfahre des berühmten Rabbi Akivá Eger (gest. 1837), war Mitarbeiter → Wohlgemuths an der in den heutigen Synagogen Deutschlands gebräuchlichen Torá-Übersetzung. Geboren 1867, war er

Rabbiner der Synagoge in Kreuzberg bei Berlin und starb 1954 in Israel.

Buber, Martin (1878–1965), geb. in Wien, seit 1938 in Jerusalem, begann seine öffentliche Laufbahn als Ideologe des frühen Zionismus, seine literarische mit der deutschen Wiedererzählung chassidischer Legenden. In der nichtjüdischen Welt wegen seiner existenzialistischen Philosophie hochverehrt, hat er die jüdische deutschsprachige hauptsächlich durch seine gemeinsam mit → F. Rosenzweig unternommene Bibelübersetzung beeinflußt.

R. Josséf Caro (1488–1575), geb. in Toledo, floh in die Türkei und verbrachte die letzten Jahre seines Lebens in Erez Israél. Sein größtes Werk ist *Bet-Josséf*, sein einflußreichstes der in der jüdischen Orthodoxie bis heute ausschlaggebende *Schulchán Arúch* (‚Der gedeckte Tisch'), eine Art von Pandekten zu *Bet-Josséf*. Er vereinigte in seiner Person → Halachá und → Kabbalá und war, was schwer vorzustellen ist, sowohl ein Anhänger des Rationalisten → RaMBáM als auch der mystischen Strömungen seiner Zeit. Von der bevorstehenden Ankunft des Messias überzeugt, versuchte er vergeblich das → Sanhedrín in Safed (Erez Israél) neu zu konstituieren.

Chachamím sind die Gelehrten (wörtlich: Weisen) der → Mündlichen Lehre.

Chachméj Aschkenás sind die → Chachamím Deutschlands im allgemeinen, insbesondere jedoch die Anhänger einer pietistischen Lebens- und Denkungsart im späten Mittelalter, auch → Chassidéj → Aschkenás genannt.

Chachméj Zarefát nennt man die → Chachamím Frankreichs, besonders seiner nördlichen Hälfte, im späten Mittelalter. Die pietistischen Neigungen ihrer Zeitgenossen in → Aschkenás sind ihnen eher fremd.

Chajes, Zeví Pérez (1876–1927), geb. in Brody, studierte in Wien, lehrte in Florenz, leitete das Wiener Rabbinerseminar und wurde schließlich, obzwar glühender Zionist, der dortige Oberrabbiner. Er ist Verfasser von einem Dutzend Büchern und hunderten von wissenschaftlichen Aufsätzen.

R. Chaniná heißen im → Talmúd 85 → Chachamím; deswegen und weil der jeweilige Vatersname nicht genannt ist, ist schwer zu entscheiden, von welchem die Rede ist. Der hier genannte war jedenfalls einer der → Tannaím.

Chasál ist das Akronym der drei hebräischen Wörter *Chachaméjnu sichronám li-verachá* (= unsere Weisen, ihr Andenken zum Segen), mit dem die jüdische Tradition generell die Torágelehrten bezeichnet.

Chassidismus ist eine kurz vor 1800 in Osteuropa unter dem Einfluß des charismatischen R. Jissraél Báal Schem Tov (kurz: BeSCHT) entstandene Bewegung, die sich trotz heftigen Widerstandes der jüdischen Autoritäten (Mitnaggedím), von denen sie bei den russischen Behörden denunziert wurde, rasch ausbreitete. In der Katastrophe von 1940 bis 1945 verlor sie Myriaden ihrer Anhänger, doch erholte sie sich in erstaunlichem Ausmaße sehr schnell und besteht heute hauptsächlich in Israel und den USA. Im schroffen Gegensatz zu der vorherrschenden Richtung im Judentum, bei der der Schwerpunkt auf dem Intellekt und dem Studium liegt, betont sie die Emotionen und das Enthusiastische in der religiösen Erfahrung. Ausdruck findet diese dann in fast selbstvergessener Konzentration beim Gebet, in → kabbalistischen Tendenzen, in schwärmerischer Verehrung der führenden Gestalten, genannt → Zaddikím, die jeweils ihr spezielles Gefolge haben und sogar Dynastien bilden, und in Gesang und Tanz. Die Gedankenwelt des Chassidismus hat der westlichen Welt → Martin Buber vermittelt.

R. Chelbó, der hier erwähnt ist, ist wahrscheinlich jener dieses Namens, der als babylonischer → Amorá der 3. Generation um 350 wirkte.

Chinnúch (= Erziehung), vollständig → *Sséfer ha-Chinnúch*, ein einem gewissen → R. Aharón ha-Leví aus Barcelona zugeschriebenes Verzeichnis der 613 Torágebote, jedes mit kurzer Erläuterung seiner Einzelheiten, Verpflichtungen und Motiven versehen. Es stützt sich hauptsächlich auf → RaMBáM.

Chummásch, deutsch: ‚Fünftel', heißt jedes der fünf Bücher Moses, z. B. → Chummásch Bereschít, zugleich aber auch die ganze → Torá zusammen. Von hier stammt der Name Pentateuch (Fünfband).

Codex (Pl. *Codices*) nennt man die zusammenfassenden systematischen Sammlungen der → Halachá. Die vier wichtigsten sind die des → R. Jaakóv ben Aschér, → Alfássi, → RaMBáM und → R. Josséf Caro.

Cohen, Hermann (1842–1918), studierte am Breslauer Rabbinerseminar und an den Universitäten von Berlin und Halle. Seine Interpretation Kants machte ihn während seiner Amtszeit als Professor der Philosophie zum Begründer der sogenannten Marburger Schule. Obzwar Sohn eines Vorbeters und selbst sehr im Judentum bewandert, wandte er sich diesem erst als Siebzigjähriger wieder zu. Die Wandlung fand ihren Niederschlag in seinem Spätwerk *Die Religion der Vernunft aus den Quellen des Judentums*, auf dem mehr als auf anderem seine heutige Bedeutung beruht. Auch auf → Rosenzweig war sein Einfluß beträchtlich.

Delitzsch, Friedrich (1850–1922), Semitist in Berlin, erregte großes Aufsehen durch seine Vorlesungsreihe *Babel und Bibel*, in der er die Überlegenheit der letzteren mit unverkennbarer Animosität gegen das Judentum bestritt.

Derásch → Midrásch.

Devarím ist der hebräische Name des 5. Buches der → Torá, lateinisch Deuteronomium.

Din, ein sehr weiter Begriff, steht in der → Mündlichen Lehre – sehr unbestimmt ausgedrückt – für die von einem der → Chasál oder einem → Bet-Din logisch gefolgerte Entscheidung in einem spezifischen Fall.

R. Elasár ben Schimeón ist der Sohn des → R. Schimeón bar Jochái.

R. Eliéser ben Hyrcanós, auch R. Eliéser der Große genannt, einer der hervorragendsten → Mischná-Lehrer (→ Tannaím) der zweiten Generation nach der Zerstörung des Tempels durch die Römer, war von enzyklopädischem Wissen und phänomenalem Gedächtnis und im Gegensatz zu seinen Kollegen erzkonservativ. Wegen seiner Unnachgiebigkeit gegenüber den Bestrebungen, die → Halachá auf einen neuen Stand zu bringen, wurde er „gemieden" und starb, zwar hochverehrt, in Einsamkeit in Lod.

Epstein, Barúch ha-Leví (1860–1942), in Rußland gebürtig, ist der Verfasser der → *Torá Temimá* (‚Die Torá ist vollkommen'), einer Kompilation von → Talmúdzitaten, nach Schriftversen angeordnet, die er annotiert.

Estér Rabbá ist eine aus den Kreisen der frühen → Amoraím stammende → Midrásch-Sammlung von ausnahmslos → aggadischem Inhalt. Der Verfasser ist anonym.

Rabbán (= Nassí, Patriarch) **Gamliél**, aus der Familie → Hilléls, war Augenzeuge der Zerstörung des Zweiten Tempels im Jahre 70. Seine Residenz war in Javne. Ihm ist es zu verdanken, daß damals das Gefüge der Judenheit die Katastrophe überstand, was ihm jedoch nur kraft seiner autokratischen Führung gelang. Ihretwegen empörten sich seine Kollegen, setzten ihn ab, versöhnten sich aber später wieder mit ihm.

Gemará, aramäisch: ‚das Lernen'. Es ist jene Kategorie des → Talmúds, die, sich jeweils und oft über viele Seiten hinweg an einen kurzen Satz der → Mischná anschließend, protokollartig die Diskussion der → Amoraím zu dem Satz notiert. Das Protokoll ist diskursiv und assoziativ angeordnet, in einem babylonisch-aramäischen Juristenjargon gehalten und erfordert, um ihm folgen zu können, außergewöhnlichen Scharfsinn. In einer → Jeschivá gilt es als die höchste Leistung und das höchste Lob eines *Lerners*, selbständig ein Blatt der Gemará mit Kommentaren bewältigen zu können.

Gunkel, Hermann (1862–1932), Bibelforscher in Halle u. a. O., ist der Pionier der sog. Formkritik: Jede literarische Gattung hätte, so G., ihren ‚Sitz im Leben' und könne nur von daher richtig verstanden werden. In seinem Kommentar *Genesis* verteidigt er das hohe Alter der ‚Legenden'.

Halachá, im Unterschied zur → Aggadá ist jener Teil der → Mündlichen Lehre, der sich mit der Anwendung der → Schriftlichen Lehre (Bibel) auf veränderte Zeitumstände und unvorhergesehene Bedingungen beschäftigt. Anders als die Aggadá ist sie verpflichtend und ihre Festlegung daher das Vorrecht der rabbinischen Autoritäten. Sie ist – *per definitionem* – nie endgültig abgeschlossen, sondern ihre Entwicklung ein kontinuierlicher Prozeß.

Hasskalá bedeutet Bildung und entspricht innerhalb der Judenheit des 19. Jh.s dem Begriff der europäischen Aufklärung des 18. Jh.s Sie bereitete den Boden für die Emanzipation der Juden in Europa vor. Ihr Bahnbrecher war → Moses Mendelssohn.

Hertz, Joseph Hermann (1872–1946), geb. in der Slowakei, Rabbiner in Johannisburg und New York und schließlich Chief Rabbi des British Empire, Verfasser eines verbreiteten populär-wissenschaftlichen Kommentars zur → Torá.

Hillél, geb. in Babylon, lebte ca. zwei Generationen vor der Zerstörung des Zweiten Tempels im Jahre 70. Dank seines Scharfsinns wurde er, fast noch Student, zum ‚Nassí' ernannt, ein Amt, dessen genaue Funktion – ob Vorsitzender des → Ssanhedrín, Leiter einer → Jeschivá oder ‚Patriarch' – nicht klar ist. Die von ihm (?) festgesetzten hermeneutischen logischen Regeln zur Ableitung der → Halachá vom Worte der → Torá gelten immer noch. Hillé̈ls Menschenfreundlichkeit, im Gegensatz zum Charakter seines Kollegen Schammái stehend, ist sprichwörtlich, und angeblich ihretwegen folgt die → Halachá in der überwiegenden Mehrzahl der Fälle seiner Entscheidung und nicht der Schammáis. Die Würde des Nassí war 400 Jahre unter seinen Nachkommen erblich, während er selbst seine Abstammung vom König Davíd herleitete.

Hirsch, Samson Raphael (1808–1888), geb. in Hamburg, studierte unter dem ‚aufgeklärten' orthodoxen Hamburger Rabbiner J. Ettlinger. Nach einigen Jahren als Rabbiner von Oldenburg, Emden und Nikolsburg gründete er in Frankfurt am Main seine eigene, die sog. Austrittsgemeinde und wurde seitdem der Führer der deutschen Neo-Orthodoxie. Seine Parole war ‚Torá und Dérech Erez', d. h. jüdische Gelehrsamkeit, verbunden mit säkularer Bildung. Durch Schulgründungen und polemische Artikel beeinflußte er tief und permanent, aber nicht weitreichend die jüdische Erziehung. Streng traditionell, hoch gelehrt, bewandert in ‚allgemeinem Wissen', jüdisch-national und antizionistisch, war er für die Mehrzahl der Juden Deutschlands inakzeptabel, gewann jedoch Bewunderung und Respekt. Sein Erziehungsideal formulierte er als den ‚Jissróel-Menschen'.

Hoffmann, David (1843–1921), in der Slowakei geboren, studierte in der → Jeschivá von Eisenstadt und an Universitäten (Wien, Tübingen) und leitete schließlich das Rabbinerseminar von R. Esriel Hildesheimer in Berlin. Ein Gegner der Reform, war er in seinen → Responsen dennoch so mild, daß → S. R. Hirsch über seine kritische Art, die Redaktion des → Talmúds zu untersuchen, entrüstet war. H. schrieb u. a. Kommentare zu den Büchern → Wajikrá und → Devarím.

(Rav) **Huná**, gest. 296 (?), ist eine der Säulen des babylonischen → Talmúds, war Schüler von → Rav und stand 40 Jahre an der Spitze des Lehrhauses in Ssura in Mesopotamien.

Ibn Esrá, Avrahám (1089–1164), geb. in Tudela (Spanien), war Dichter, Philologe, Astronom, Arzt und Kommentator. Deswegen überall willkommen, war er doch sein Leben lang auf der Wanderschaft (Rom, Mantua, Narbonne, London), weil er sich überall durch seine scharfe Zunge Feinde schuf. Seine Kommentare berufen sich einerseits auf die Überlieferung seiner Vorgänger, andererseits kritisieren sie oft herabsetzend-spöttisch seine zeitgenössischen Gelehrten. Manche sehen heute in ihm den Vater der modernen Bibelkritik. Seine gewagte Meinung bezüglich der Verfasserschaft gewisser biblischer Bücher ist meist kryptisch formuliert, so daß zu ihrem Verständnis Superkommentare nötig sind.

R. Mosché Isserles aus Krakau (gest. 1572) war ein hervorragender und in ganz Osteuropa anerkannter → Possék. Das populärste seiner zahlreichen Werke ist *Mappá* (‚Tischtuch'), in dem er den der → ssefarádischen Tradition folgenden → *Schulchán Arúch* für Juden in → Aschkenás überarbeitete und annotierte.

R. Jaakóv ben Aschér, geb. im Rheinland, wanderte mit → RoSCH, seinem Vater und Lehrer, nach Toledo aus, wo er 1340 starb. Er ist einer der drei großen Autoritäten – die beiden anderen sind → RaMBáM und R. Jizchák → Alfássi, die die → talmudische und spätere → Halachá systematisch organisierten. Dieser → Codex heißt → *Arba'á Turím* (‚Die Vier Reihen'), nach dem er auch Báal ha-Turím genannt wird, aufgrund der Einteilung in vier Bände. An dieser Gliederung halten fast alle späteren Kompilatoren von Codices bis heute fest.

Jacob, Benno (1862–1945), aus Breslau, wo er am Rabbinerseminar studierte, bevor er das Rabbinat von Dortmund übernahm. Obzwar kein Fundamentalist, verneint er in seinen sehr originellen Torá-Studien, besonders zu → Bereschít, aus literarkritischen Gründen entschieden die Resultate der modernen Bibelkritik.

R. Jehoschúa aus Ssichnín, Schüler des → R. Leví, lebte im 4. Jh. in Erez Israél.

R. Jehoschúa ben Chananiá war Zeitgenosse und Gegenspieler bzw. Ziel der Rügen des Rabbán → Gamliél. Er lebte in Pekiín im Galíl. Mitglied einer Deputation, reiste er nach Rom, wo er mit dem Kaiser und seiner Umgebung disputierte. Durch Zufall stieß er dort auf einen judäischen Sklaven, den er sofort auslöste und zu unterrichten begann. Dieser Sklave war der spätere → R. Jischmaél.

R. Jehoschúa ben Leví, ein Amorá der 1. Generation, lebte um 300 im Süden Erez Israéls und war Schüler des → R. Jehudá ha-Nassí und Lehrer des → Bar Kappará. Seine Stärke war mehr → Aggadá als → Halachá.

R. Jehudá Löw ben Bezalél, auch MaHaRáL oder der Hohe Rabbi Löw (gest. 1609), Talmudist, Pädagoge und Mathematiker, wirkte hauptsächlich in Prag. Neben zahlreichen anderen Themen war sein Lebenswerk eigentlich die neue Interpretation der → Aggadá, besonders in *Be'ér ha-Golá* (‚Brunnen des Exils'). Von seinen anderen über ein Dutzend zählenden Büchern ist hier nur *Gur Arjé* (‚Junger Leu'), sein Superkommentar zu RaSCHI, zu erwähnen. Gewisse Anzeichen lassen vermuten, daß er, vielleicht auf dem Wege über die Astronomie, kabbalistische Neigungen hatte. Die Prager Legende schreibt ihm zu, den Gólem, einen Roboter, geschaffen zu haben.

Jeschivá, wörtlich: Sitzung, ist der Titel, den eine Hochschule führt, in der vor allem → Talmúd studiert wird.

R. Jischmaél ben Elischá ha-Kohén wurde nach der Zerstörung des Zweiten Tempels als Sklave nach Rom verkauft und dort von seinem zukünftigen Lehrer → R. Jehoschúa ben Chananiá ausgelöst. Von ihm stammen die

13 hermeneutischen Regeln, nach denen die → Torá ausgelegt werden darf, und aus seinem Lehrhaus die → *Mechiltá de- R. Jischmaél.* Ob er jener → R. Jischmaél war, der zusammen mit → R. Akivá von den Römern in Caesarea nach dem Zusammenbruch des Bar-Kochbá-Aufstandes zu Tode gemartert wurde, ist strittig.

R. Jizchák ben Jaakóv Alfássi (1013–1103) aus Fez, kurz RIF, der Lehrer des Lehrers → RaMBáMs, ist der Verfasser von hunderten von → Responsen, vor allem aber des *Sséfer ha-Halachót* (‚Buch der → Halachót'). Es ist der erste der drei großen → Codices neben denen des → RaMBáM und des → R. Jaakóv ben Aschér, zugleich auch das erste bedeutende Werk, das nach dem Niedergang der Jeschivót in Babylonien, Ägypten und Erez Israél in der westlichen Welt verfaßt wurde.

R. Jizchák ben Josséf aus Corbeil (gest. 1280) verfaßte *Sséfer Mizwót Katán* (‚Das Kleine Buch der Gebote'), kurz *Ssemák*, nach dem er auch heißt und so zitiert wird.

R. Jom-Tov ben Avrahám Ischbíli, kurz RITBA (gest. 1330) aus Sevilla, war der geistige Führer der spanischen Juden und Verteidiger des RaMBáM in dem Streit über dessen Werk. Sein Ruhm beruht auf seinen Novellen zum → Talmúd.

Jonatán ben Usiél (1. Jh.) war einer der glänzendsten Schüler → Hilléls. Die paraphrasierende Übersetzung der → Torá ins → Aramäische heißt - wahrscheinlich irrtümlich - nach ihm.

Joré Déa ist einer der vier Teile des Codex → *Arba'á Turím* des R. Jaakóv ben Aschér).

R. Josséf Caro → Schulchán Arúch.

R. Jossí ha-Kohén war ein → Tanná der 2. Generation.

Kabbalá ist in religiösen Texten das Wort für „das von alters her Empfangene", also für Tradition schlechthin. Neben → Midrásch und → Peschát dient das Wort aber auch dazu, um einen dritten Ansatz zu bezeichnen, der in der → Torá geheimen und mystischen Sinn vermutet und entdeckt.

Ketuvím → Schriften.

Kohélet, griech. Ecclesiastes und deutsch Prediger, gehört zu dem → ‚Schriften' genannten Teil der → Bibel. Das Buch ist eine Sammlung von oft so skeptischen Meditationen, daß sie fast keinen Eingang in die Bibel gefunden hätte. Die jüdische Tradition sieht König → Salomon als den Verfasser an.

Kohén (Mehrzahl: Kohaním) ist jeder Nachkomme Aharóns, des Bruders Moschés.

R. Leví, einer der → Amoraím in Erez Israél um 280, überlieferte keine → Halachá, beschäftigte sich dagegen in erster Linie mit → Aggadá.

MaHaRáL → R. Jehudá Löw.

Maimonides → RaMBáM.

MaLBÍM, mit vollem Namen R. Meír Löb ben Jechiél Michaél (1809–1879), geb. in Wolhynien, war Oberrabbiner Rumäniens in Bukarest. Wegen seiner Opposition gegen die Reformbewegung wurde er von der Regierung ins Gefängnis geworfen und erst nach Intervention von Sir Moses Montefiore befreit. Danach hielt er sich kurz in Mainz und Königsberg auf und starb in Kiew. Sein Kommentar *Ha-Torá we-ha-Mizwá* (‚Die Weisung und das Gebot') zu Teilen der → Torá geht davon aus, daß Synonyme keine sprachlichen Ornamente sind, sondern jedes seine semantische Eigenheit hat und daß der Wechsel einen sublimen Gedanken ausdrückt. Die Regeln für diese Art der Auslegung, 613 an Zahl, legte er in einem separaten Werk *Ajjélet ha-Scháchar* (‚Der Morgenstern') nieder.

Mamsér ist kein Bastard, ein der → Halachá unbekannter Begriff, sondern das Kind einer geschlechtlichen Verbindung, die von Rechts wegen nicht hätte eingegangen werden dürfen. Grundsätzlich kann ein Mamsér nur einen anderen Mamsér heiraten.

Massorá heißt auf deutsch: Überlieferung (einer anderen Etymologie gemäß Regelung), bezieht sich jedoch nicht auf die Erfüllung religiöser Vorschriften, sondern auf die peinlich genaue Überlieferung der biblischen Texte, z. B. die Reihenfolge der Bücher in der Bibel, die Anzahl ihrer jeweiligen Wörter, ja Buchstaben, die orthographischen Eigenheiten (Majuskeln, Minuskeln u. dgl.), Querverweise und Zählung der selten vorkommenden Wörter.

Mechiltá, ungefähr mit Maßstab zu übersetzen, ist eine Sammlung von → Midraschím, vor allem → halachischer Natur, zu einem Großteil des Buches → Schemót (2. M.). Die Entstehungszeit der Mechiltá ist die der → Tannaím. Die Präzisierung ‚Mechiltá de Rabbi → Jischmaél' ist offensichtlich richtig, denn das Werk enthält Material aus dem Lehrhaus dieses Zeitgenossen → R. Akivás.

R. Meir Löb ben Jechiél Michaél → MaLBÍM.

Menachém Mendel, der „Kozker Rebbe" (1787–1859), Schüler des ‚Sehers von Lublin', wo er geboren wurde, war eine der originellsten → chassidischen führenden Gestalten. Im Gegensatz zu den meisten dieser, die den Nachdruck auf Gefühle legten, hielt er Wahrheit für das höchste Ziel und das Streben nach ihr für den echtesten Gottesdienst. Einige seiner Gedankengänge und Aussprüche klingen an Kierkegaard an.

Mendelssohn, Moses (1729–1786), aus Dessau, war tief von → RaMBáMs Rationalismus beeinflußt, der Bahnbrecher der → Hasskalá unter deutschen Juden. Neben seinen philosophischen Werken ist seine Übersetzung der → Torá ins Deutsche (in hebräischen Lettern) zu nennen. Lessing hat ihm in *Nathan der Weise* ein Denkmal gesetzt.

Midrásch ist ein komplexer Begriff. Er bezeichnet 1. eine Methode, 2. deren einzelnes Produkt, 3. eine Sammlung solcher Produkte, 4. eine Literaturgattung. Die Methode, kurz auch → Derásch genannt, besteht - im Gegensatz zum → Peschát - darin, auf jene Art an das Schriftwort heranzugehen, die aus ihm auf jede erdenkliche Weise, sogar durch dessen leichte Veränderung, den letzten Tropfen an aktueller Belehrung herauspreßt, teils durch Vertiefung, teils durch unbefangene Mißachtung des ursprünglichen Sinnes. Somit ist der Midrásch außerhalb des Judentums dem Publikum fast unbekannt und das Wort unübersetzbar. Zu den einzelnen Büchern der Bibel gibt es Midrásch-Sammlungen, die sich ausschließlich auf das betreffende Buch beziehen und, unter Hinzufügung des Wortes *Rabbá,* nach ihm heißen, z. B. → Bereschít Rabbá.

Midrásch Aggadá bezeichnet jene → Midraschím, die an die biblische Erzählung anknüpfen, Anekdoten aus dem Leben der → Chachamím tradieren u. dgl. → Aggadá.

Midrásch Halachá bezeichnet jene → Midraschím, die die → Derásch-Methode auf die formalen Gebote der → Torá anwenden und mit ihrer Hilfe vom Schriftwort verpflichtende → Halachá ableiten.

Mikrá, deutsch: Lesung, Lektüre, ist der hebräische Name für die hebräische Bibel. Sie ist aus drei Teilen zusammengesetzt: 1. → Torá; 2. → Propheten; 3. → Schriften. Die Reihenfolge der drei Teile entspricht ihrem Ansehen und dem Grad ihrer Verbindlichkeit.

Mischná ist ein in sechs ‚Ordnungen' organisiertes Werk des → R. Jehudá ha-Nassí, der es ungefähr um 200 abschloß. In ihr ist die → Mündliche Lehre, wie sie sich bis zu jener Zeit angesammelt hatte und bis dahin offiziell nicht schriftlich niedergelegt worden war, thematisch kompiliert, vor allem, aber nicht ausschließlich, in Bezug auf die → Halachá.

Mizwá bedeutet Gebot und bezeichnet in erster Linie jede der 248 positiven und der 365 negativen von der → Torá vorgeschriebenen Pflichten. Jede der zusammen 613 zählenden Mizwót ist zunächst in der → Mündlichen Lehre eingehend auf ihre Modalitäten, Maße, Details, Sanktionen etc. diskutiert. → RaMBáM und andere haben Kataloge der Mizwót angelegt, sie in Kategorien eingeteilt und - in seltenen Fällen - dieser oder jener Mizwá den Vorrang verliehen, z. B. dem → Torá-Studium. Unbestrittener Vorrang gebührt im Judentum den Mizwót gegenüber den biblischen Geschichten.

R. Mosché ben Jaakóv aus Coucy (13. Jh.), ein französischer Wanderprediger, verfaßte das *Sséfer Mizwót Gadól* (,Das Große Buch der Gebote'), kurz *Ssemág*. Er selbst heißt nach seinem Werk und wird so zitiert.

R. Mosché ben Maimón → RaMBáM.

R. Mosché ben Nachmán → RaMBáN.

Mündliche Lehre, ihr Gegenstück ist die → Schriftliche Lehre, obzwar auch die Mündliche seit der Abfassung der → Mischná schriftlich vorliegt. Der jüdischen Tradition zufolge ist die → Torá in ihren Anweisungen so wortkarg, so unvollständig und zum Teil obskur, daß ihrem eigenen Anspruch, Juden sollten ihr Leben nach ihr leben, auch beim besten Willen nicht Genüge getan werden konnte und kann, genauso wie ein bürgerliches Gesetzbuch durch gerichtliche Entscheidungen ergänzt werden muß. Deswegen und auch aufgrund gewisser Andeutungen in der → Torá selbst behauptet die Tradition, es habe zu jeder, auch schon zur ältesten Zeit, neben der Torá, der Schriftlichen Lehre, eine parallele und sie komplementierende Mündliche Lehre gegeben, die aber aus Ehrfurcht vor der Schriftlichen und, um sie von dieser grundsätzlich zu unterscheiden, nicht niedergeschrieben werden durfte und daher seit Sinai von Mund zu Mund weitergegeben wurde. Erst nach dem Zusammenbruch des Bar-Kochba-Aufstandes zu Zeiten Hadrians unternahm es → R. Jehudá, sie in der → Mischná zu kodifizieren. Über die weiteren Schicksale und Entwicklungen der seit der Kompilation der → Mischná nur noch fälschlich sogenannten Mündlichen Lehre → Tannaím, Amoraím, Gemará, Halachá, Aggadá, Possekím, Parschaním, Codices, Responsen.

Nachmanides → RaMBáN.

Nassí → Hillél.

R. Natán ha-Bavlí (= der Babylonier), ein → Tanná um 150, studierte in Erez Israél, floh jedoch anläßlich der Judenverfolgungen unter Kaiser Hadrian zurück in seine Heimat. Wegen einer sachlichen Kontroverse mit dem Vater und Vorgänger des → R. Jehudá ha-Nassí wird seine Ansicht im → Talmúd anonym mit ,,Manche sagen" zitiert. *Avót de-R. Natán* wird ihm zugeschrieben.

Neviím → Propheten.

R. Nissím ben Reuvén Gerondi (gest. 1375?), kurz RaN, aus Gerona, lebte in Barcelona und ist der Verfasser - neben zahlreichen → Responsen - eines Kommentars zu einem Talmudtraktat, das ähnliches Ansehen wie → RaSCHIs genießt, und eines zum → Halachá-Kodex des → RIF.

Onkelos ist die hebräische Verballhornung des römischen Namens Aquila, der zu Zeiten Hadrians zum Judentum übertrat. Seine griechische Übersetzung der Bibel ist nur teilweise erhalten. Onkelos, ebenso ein Konvertit, ein Schüler des Rabbán → Gamliél von Javné, lebte eine Generation vor Aquila und übersetzte die → Torá ins → Aramäische, woher die Verwechslung der beiden miteinander stammt. Seine Übersetzung (hebr. → Targúm) ist eine fast wörtliche, außer wenn sie zur Vermeidung eventuell mißverständlicher Anthropomorphismen mittels Umschreibung vom Original abweicht. Da jede Übersetzung auch eine Auslegung ist, gibt die seine wieder, wie die → Torá zu seiner Zeit aufgefaßt wurde. Sie und der Kommentar von → RaSCHÍ begleiten fast jede jüdische gedruckte Torá-Ausgabe.

Orechót Zaddikím (,Wege der Gerechten') ist eines der wichtigsten Bücher der hebräischen ethischen Literatur. Es ist im 15. Jh. in Deutschland entstanden, doch ist sein Verfasser unbekannt; jedenfalls stand er unter dem Einfluß der → Chachméj (bzw. Chassidéj) → Aschkenás. Die Popularität des Werkes erstreckte sich, vom Rheinland ausgehend, bis nach Erez Israél, Osteuropa und Italien und vom Beginn der Neuzeit bis zum heutigen Tag: Es wird in den Volksschulen des Jerusalemer Viertels Meá Schearím im Unterricht benutzt.

Otiót de R. Akivá, eine → aggadische Sammlung von → Midraschím, die zu Unrecht → R. Akivá zugeschrieben wird und wahrscheinlich erst im 9. Jh. entstanden ist.

R. Ovadjá → Seforno.

Paraschá nennen die Juden aus → Aschkenás den an Sabbaten und Feiertagen jeweils aus der → Torá vorzulesenden Abschnitt. Eine alternative und besonders in orientalischen Gemeinden gebräuchliche Bezeichnung ist Sséder oder Ssidrá. Wenn von den Feiertagsabschnitten abgesehen wird, so ist die → Torá in 54 Wochenabschnitte eingeteilt. Ein jeder erstreckt sich ungefähr auf vier Kapitel und trägt den Namen seines ersten Wortes oder eines seiner ersten Wörter, nach dem wiederum der betreffende Sabbat selbst seinen Namen erhält. Die Vorlesung beginnt mit dem ersten Worte des Buches → Bereschít im Herbst am Ssimchát-Torá-Tage (Tag der Toráfreude) und wird ohne Auslassung auch nur eines Wörtchens Woche für Woche fortgesetzt. Am erwähnten Feiertag beendet die Gemeinde die Vorlesung der ganzen → Torá mit deren letztem Worte ,Israél', worauf sogleich mit ihrem ersten die Vorlesung wieder aufgenommen wird. Die Zahl der Wochenabschnitte übersteigt die der Sabbate eines Sonnenjahres, weil im lunaren Kalender der Juden, um ihn mit dem solaren der Natur auszugleichen, siebenmal in einem Zyklus von 19 Jahren ein Monat interkaliert wird. Deshalb werden in normalen Jahren gewisse Wochenabschnitte paarweise, aber völlig einheitlich innerhalb der ganzen Judenheit der Welt, zusammengelegt.

Parschaním ist das hebräische Wort für Kommentatoren (→ Possekím).

Pentateuch → Torá.

Peschát ist das Gegenteil von → Derásch, nämlich der einfache, obgleich nicht selten bloß scheinbar einfache Wortsinn der Schrift. Hierin liegt das Dilemma jedes Übersetzers: Es kann ja immer nur der Peschát übersetzt werden, wobei es aber fraglich ist, ob er dem vielschichtigen Text gerecht wird. Ja, manche sind der Ansicht, der Peschát bestünde gar nicht. Jede Übersetzung ist daher die persönliche und einschichtige Interpretation ihres Autors.

Pirkéj Avót (Sprüche der Väter) ist ein Teil der → Mischná. Er weicht von der übrigen → Mischná insofern ab, als er überhaupt keine → Halachá enthält. Dafür aber ist in ihm die namentliche Kette der Überlieferung der → Mündlichen Lehre seit der sinaitischen Offenbarung bis zur Abfassung der Mischná detailliert. Für einige Dutzend der letzten Mischnálehrer ist je eine Maxime (oder gelegentlich mehrere) notiert, von der sich der betreffende leiten ließ. Pirkéj Avót ist einer der wenigen Teile der Mischná, zu denen es keine → Gemará gibt.

Pirkéj de Rabbi Eliéser ist ein aus dem 8. Jh. stammender, aber auf viele Jahrhunderte alte Quellen zurückgehender → Midrásch-Aggadá. Er heißt nach dem ersten in ihm zitierten → Tanná, dem → R. Eliéser ben Hyrcanos, einem Zeitgenossen → R. Akivás.

Possekím: Die Lehrer der → Mischná werden → Tannaím, die der → Gemará dagegen → Amoraím genannt. In der Kette der Überlieferung der → Mündlichen Lehre folgen auf diese die Possekím (Dezisoren) und → Parschaním (Kommentatoren) bis zum heutigen Tage.

Propheten: Was hier zur Erklärung steht, ist nicht das Wesen der Propheten und der Prophetie, sondern der Begriff ,Propheten' als der zweite der drei Teile der hebräischen Bibel. Er teilt sich in zwei: (a) die Früheren Propheten, nämlich die Bücher Jehoschúa (Josua), Schofetím (Richter), Schemuél (Samuel, 1 und 2) und Melachím (Könige, 1 und 2); (b) die Späteren Propheten, nämlich Jeschajáhu (Jesaja), Jirmejáhu (Jeremia) und Jecheskél (Ezekiel), dem Umfang der Bücher wegen die Großen Propheten genannt, und die sogenannten zwölf Kleinen Propheten Hoschéa (Hosea), Amós, Joél, Ovadjá, Joná, Michá, Nachúm, Chabakúk, Zephaniá, Chaggái, Secharjá, Maleachí.

Psalmen, hebr. Tehellím oder Mismorím, heißt die Sammlung der 150 religiösen Dichtungen, die den größten Teil der biblischen → Schriften ausmachen. Die Tradition hält König → David für ihren Verfasser.

Rabbán ist der Titel der Vorsitzenden der frühen → Jeschivót und des → Ssanhedríns nach der Zerstörung des → Bájit Schení.

RaMBáM, d. h. R. Mosché ben Maimón, auch Maimonides, geb. in Cordoba (1135), entging der Judenverfolgung durch Flucht nach Fez, der dortigen durch Einwanderung nach Erez Israél und den dortigen Kriegswirren unter den Kreuzfahrern durch Flucht nach Kairo, wo er bis zu seinem Tode (1204) als Arzt des Wesirs und als ‚Nagíd' (= Vorsteher) der jüdischen Gemeinden tätig war. Als Arzt, Philosoph, systematischer Bearbeiter der → talmudischen und außertalmudischen → halachischen Tradition und hochverehrte Autorität, an die sich jüdische Gemeinden von Jemen bis Marseilles um → Responsen und Gutachten wandten, und obendrein als eine Figur, um die sich eine 200 Jahre lange Kontroverse besonders in der Provence entspann, war er eine Persönlichkeit, der man unmöglich in einer kurzen biographischen Notiz gerecht werden kann. Sein erstes Werk, einen Kommentar zur → Mischná, schrieb er mit 23 Jahren. Seine beiden anderen Großtaten sind *Moré Nevochím* (‚Führer der Verwirrten') und *Jad Chasaká* (‚Starke Hand'). Das erste ist der eigentlich nur für seinen Lieblingsschüler arabisch geschriebene Versuch einer Synthese zwischen Judentum und griechischer, besonders neo-platonischer Philosophie und wendet sich damit an eine intellektuelle Elite. Das zweite, in exemplarisch klarem Hebräisch abgefaßt, ist eine in 14 Bänden thematisch angeordnete Zusammenfassung der → Halachá in Form eines → Codex, dazu bestimmt, diese den breiten Massen zugänglich zu machen. Beide Unternehmen, besonders aber das zweite, genießen bis heute Hochachtung, verursachten jedoch eine Spaltung der europäischen Judenheit in Pro- und Anti-Maimonisten, die z. B. in Litauen bis ins 17. Jh. andauerte. RaMBáMs Gegner brachten gegen den *Moré* vor, die → Torá müsse gar nicht mit fremder Philosophie in Einklang gebracht werden, und gegen die *Jad* u. a., das yerk beanspruche, den → Talmúd zu ersetzen.

RaMBáN, d. h. R. Mosché ben Nachmán, auch Nachmanides (1194–1270), lebte in Gerona und Barcelona und war Arzt, Philosoph und Exeget. In dem Streit um → RaMBáMs Schriften nahm er eine vermittelnde Haltung ein. Nach einer Disputation in Anwesenheit des Königs zwischen einem abtrünnigen Juden und ihm, in der er mutig und erfolgreich seine Sache vertrat, mußte er vor dem Haß der Dominikaner nach Erez Israél flüchten. In Jerusalem, wo er 1267 nur zwei jüdische Familien vorfand, baute er eine Synagoge und eröffnete ein Lehrhaus. Fast 50 seiner Werke sind vorhanden, darunter sein → Torá-Kommentar. Im Gegensatz zu → RaSCHI erklärt er darin nicht Wörter, sondern Ideen und ist deswegen ausführlicher. In ihm sind die Kultur der spanischen und die Frömmigkeit der deutschen Judenheit vereinigt.

RaN → R. Nissím ben Reuvén.

RaSCHBáM → R. Schemuél ben Meír.

RaSCHÍ, ungekürzt: R. Schelomó ben Jizchák, war die bedeutendste Figur der → Chachméj Zarefát um die Zeit des ersten Kreuzzugs. Geboren in Troyes, studierte er unter R. Gerschóm ben Jehudá, der „Leuchte des Exils" aus Metz und Mainz, und lehrte unter anderem auch in Worms. Von einigen → Responsen und Gedichten abgesehen, beruht sein Ruhm auf seinem unentbehrlichen Kommentar zum → Talmúd und seine Popularität auf seinem Kommentar zur → Torá. Talmúd und Torá werden regelmäßig mit diesen Werken zusammen gedruckt. Seine Methode ist die des → Peschát. Darin wie überhaupt als Verfasser laufender Kommentare war er bahnbrechend, und indem er in diesen Tausende von altfränkischen Wörtern in hebräischer Transliteration benutzt, ist er wohl die einzige Quelle, aus der deren Aussprache entnommen werden kann.

RAV, d. h. der Meister *par excellence*, gründete die → Talmúd-Akademie in Ssura (Babylonien) im 3. Jh., nachdem er in Erez Israél studiert hatte. So immens war sein Ansehen, daß nur er allein das Privileg genoß, von den Ansichten seiner Vorgänger abweichen zu dürfen. Er und sein Kollege Schemuél, „unsere Meister in Babylonien", sind Dutzende Male im → Talmúd erwähnt, wobei die → Halachá in bezug auf Verbote ihm und in bezug auf Zivilangelegenheiten Schemuél folgt. Seine → Jeschivá bestand 800 Jahre und seine persönlichen Schüler zählten Tausende.

ReMÁ → R. Mosché Isserles.

RIF → R. Jizchák Alfássi.

RITBÁ → R. Jom-Tov.

RoSCH → R. Aschér ben Jechiél.

Rosenzweig, Franz, geb. 1886 in Kassel in einer assimilierten Familie, stand kurz vor dem Übertritt zum Christentum, als ihn (angeblich) seine Anwesenheit bei einem orthodoxen Gottesdienst in einer kleinen Berliner Synagoge von diesem Schritt zurückhielt und bewog, das Judentum selbst und auf seine eigene Weise zu entdecken. Unter dem Einfluß → Hermann Cohens und → Bubers entwickelte er seine Philosophie des Judentums, die er im *Stern der Erlösung* niederlegte. Nach dem Krieg gründete er mit → Buber, G. Scholem, E. Fromm u. a. in Frankfurt am Main das Freie Jüdische Lehrhaus. Um diese Zeit begann er zusammen mit Buber eine Bibelübersetzung in stark hebräisierendes Deutsch, die dann von Buber allein vollendet wurde. Denn schon 1921 setzte bei ihm eine fortschreitende Paralyse ein, so daß er in den letzten Jahren vor seinem Tode (1929) seine Korrespondenz mit Buber und seine Zusammenarbeit mit ihm an der Übersetzung nur noch mit Hilfe seiner Frau und einer speziell dafür konstruierten Maschine fortsetzen konnte.

R. Schabbetái ben Meír ha-Kohén (1621–1662) aus Litauen wird im allgemeinen kurz nach dem Akronym seines Hauptwerkes *Ssiftéj Kohén* selbst SCHaCH genannt. Es ist ein Kommentar zu einem Teil der Werke von → R. Josséf Caro, den er gegen seine Kritiker verteidigt.

SCHaCH → R. Schabbetái.

Schelomó ben Meír ha-Leví Karliner (1738–1792) war das Haupt der Karliner → Chassidím nach dem Tode des Gründers dieser Dynastie, die auch heute noch fortbesteht. Er hinterließ nichts Schriftliches, aber zahlreiche Aussprüche haben sich erhalten.

R. Schelomó ben Jizchák → RaSCHÍ.

R. Schemuél ben Meír (gest. um 1175), kurz RaSCHBáM, war wie sein Großvater und Lehrer RaSCHI ein Weinbauer in Nordfrankreich. In seinem → Torá-Kommentar ist er in seiner Abkehr vom → Midrásch noch weit radikaler als → RáSCHI, auch kürzer und sachlicher. Dieser bekam RaSCHBáMs Kommentar vor seinem Tode noch zu sehen und hatte die Absicht, seinen eigenen im Lichte der Ansichten seines Enkels zu revidieren.

Schemót, lateinisch: Exodus, ist das Zweite Buch der → Torá.

R. Schimeón bar Jochái, der Schüler des → R. Akivá und

Lehrer des → R. Jehudá ha-Nassí, überlebte als einer der wenigen großen Gelehrten den Zusammenbruch des Bar-Kochbá-Aufstandes, war aber gezwungen, sich vor den Römern zwölf Jahre in einer Höhle zu verbergen. Die Überlieferung schreibt ihm die anonymen Aussprüche in → Ssifré zu, und manche halten ihn für den Verfasser des Buches *Sóhar*, auf dem die mystische → Kabbalá beruht.

Schriften ist der Titel des dritten der drei Teile der → Bibel, auf hebräisch Ketuvím. Dieses Drittel besteht aus folgenden Büchern: Tehillím (Psalmen), Mischléj (Sprüche), Ijjóv (Hiob), den fünf Megillót oder Rollen Hohes Lied, Ruth, Klagelieder, Prediger und Esther (hebräisch der Reihe nach Schir ha-Schirím, Ruth, Ejchá, Kohélet, Estér), Daniél, Esrá, Nechemiá, Divréj ha-Jamím, 1 und 2 (Chronik).

Schriftliche Lehre: Damit ist in erster Linie die → Torá und danach durch Ausdehnung des Begriffes die ganze hebräische Bibel oder → Mikrá in ihren drei Teilen gemeint.

Schulchán Arúch (‚Gedeckter Tisch') ist im Grunde eine gekürzte Neubearbeitung des → Bet-Josséf vom selben Verfasser und, meist noch weiter gekürzt, auch in Übersetzungen vorhanden. Da der Schulchán Arúch die → halachische Tradition und Orthopraxis der Judenheit → Ssefaráds kodifiziert, versah ihn um 1550 der ReMÁ (→ R. Mosche Isserles) mit Anmerkungen im Hinblick auf die osteuropäische. Er ist vorderhand das letzte umfassende → halachische Werk und gilt als verbindlich.

R. Ovadjá ben Jaakóv Ssefórno (ca. 1470 – ca. 1550) aus Rom, wo er außer jüdischer Gelehrsamkeit sich auch Mathematik und Medizin aneignete, lebte in Bologna und lehrte in der dortigen → Jeschivá. Sein → Torá-Kommentar ist kurz und vermeidet, da vom Geist der italienischen Renaissance beeinflußt, mystische Erläuterungen. Er stand mit dem deutschen Humanisten Johannes Reuchlin in Verbindung und soll zeitweise dessen Lehrer gewesen sein.

Speiser, Ephraim Avigdor (1902–1965), war ein amerikanischer Orientalist. Seine beiden Hauptwerke sind seine Untersuchungen der hurritischen Sprache und Kultur und sein Kommentar zu → Bereschít. Für ihn spiegelt die → Torá die ägyptische und die mesopotamische Kulturen wider und reagiert auf sie.

Sprüche der Väter → Pirkéj Avót.

Ssaadiá Gaón (822–942) war der größte Gelehrte und Autor unter den Lehrhäuptern der babylonischen → Jeschivót. Er war viele Jahre seines Lebens in bittere Streitigkeiten mit anderen Gelehrten in Ägypten, Erez Israél und Babylonien verwickelt, bei denen es neben persönlichem Prestige u. a. auch um Kalenderfragen ging, und gleichfalls mit der literalistischen jüdischen Sekte der Karäer, die die Autorität des → Talmúds leugneten. In seinem arabisch geschriebenen philosophischen Werk *Emmunót we-Deót* (= Dogmen und Ansichten) versuchte er, eine rationale Lösung für die geschriebenen und überlieferten → Mizwót zu finden. Von ihm stammt auch die erste Übersetzung der Schrift ins Arabische samt Kommentar.

Ssanhedrín ist der Name, den das höchste Gremium der Juden in Erez Israél in den vier bis sechs Jahrhunderten vor 425 trug, als es von den Römern aufgelöst wurde. Seine Funktionen waren in verschiedenen Perioden politisch, religiös, legislativ und/oder richterlich. Es setzte sich in Jerusalem aus 71, in Provinzstädten aus 23 Mitgliedern zusammen; → Bet-Dín.

Ssefarád ist seit dem Mittelalter der hebräische Name Spaniens. Heute heißen Ssefaradím jene Juden, die von dort stammen und in den Mittelmeerländern und im Nahen Osten leben und sich im Ritus leicht von den Juden aus → Aschkenás unterscheiden.

Ssemág → R. Mosché ben Jaakóv.

Ssemák → R. Jizchák ben Josséf.

Ssifrá ist eine → halachische → Midrásch-Sammlung zum Buche → Wajikrá. Die verschiedenen Vorschläge, die Redaktion des Ssifrá diesem oder jenem der → Tannaím zuzuschreiben, sind unüberzeugend geblieben, jedoch besteht kein Zweifel, daß das Werk allerspätestens um 400 fertig kompiliert war.

Ssifré ist ein → Midrásch über die aus den Büchern → Bemidbár und → Devarím hervorgehende → Halachá. Er stammt aus den Kreisen der → Tannaím, und → R. Schimeón bar Jochái soll der Urheber gewisser seiner Aussprüche sein.

Ssiftéj-Kohén ist ein Kommentar zu → Joré Deá von → R. Schabbetái ben Meír ha-Kohén.

Talmíd-Chachám, ‚Schüler eines Weisen', ist ein nicht verliehener, sondern selbst erworbener Titel eines → Talmúd-Gelehrten, der sein Lebtag weiter lernt, und ist damit eine der höchsten Auszeichnungen und Anerkennungen.

Talmúd entspricht sprachlich ungefähr dem Worte Studium. Der Name bezeichnet zwei umfangreiche und z. T. parallele Werke, nämlich den in den → Jeschivót Mesopotamiens redigierten Babylonischen Talmúd von 63 Folianten und den kürzeren Jerusalemer. Dieser entstand wahrscheinlich in Tiberias und heißt nur aus Ehrerbietung nach Jerusalem. Ihre vorherrschende Sprache ist → aramäisch. In ihrem Aufbau folgen beide den sechs Ordnungen der → Mischná. Sie bringen absatzweise jeweils ein paar Zeilen aus ihr, an die sich dann die auf sie beziehende → Gemará, manchmal über viele Seiten hinweg, anschließt. Inhaltlich finden sich im Talmúd sowohl → Halachá wie auch → Aggadá assoziativ miteinander vermischt. Er wird deswegen im Volksmund ein Ozean genannt. Die endgültige Redaktion fiel zwischen 350 und 550.

Tanchumá ist eine vorwiegend → aggadische → Midrásch-Sammlung aus den Kreisen der → Tannaím und heißt so, weil ein R. Tanchúm häufig in ihr zitiert wird. Ihre Verfasserschaft, Datierung und Beziehung zu einer anderen Sammlung namens *Midrásch Jelammedénu* sind noch ungelöste Fragen.

Tannaím heißen die → Mischná-Lehrer, von denen fünf Generationen zwischen 70 und 200, alle in Erez-Israél, unterschieden werden. Die erste beginnt mit der Zerstörung des Zweiten Tempels und endet mit → R. Jehudá ha-Nassí, dem Verfasser der → Mischná zur Zeit Hadrians.

Targúm ist das hebräische Wort für das Produkt eines Übersetzers. Im engeren Sinne bezieht es sich im → Torá-Studium auf die Übersetzungen ins → Aramäische, und zwar erstens auf den Targúm → Onkelos, der fast wörtlich ist, und zweitens auf den Targúm → Jonatán, der eher einer Paraphrase ähnelt.

Torá ist am besten (mit Buber) mit ‚Weisung' zu übersetzen. Der Begriff hat im Laufe der Zeiten immer mehr umfaßt: erst bezog er sich nur auf den Pentateuch, d. h. auf die fünf Bücher Moses, und so ist er auch hier überall gebraucht; dann wurde er auf die ganze Bibel → (Mikrá) ausgedehnt, d. h. auf die → Schriftliche Lehre und schließlich sogar auch auf die → Mündliche. Endlich hat es sich eingebürgert, jede Erörterung eines mit den Lehren des Judentums zusammenhängenden Gegenstandes, ja eventuell sogar auf humorvolle Art, „ein Stück Torá" zu nennen.

Tosseftá ist eine der → Mischná in Datierung und Aufbau parallele, im Umfang aber über diese hinausgehende Sammlung von → Halachót und → Aggadót. Wer der Verfasser war und in welcher Beziehung sie zu der Mischná steht, beschäftigt die Forschung seit tausend Jahren. Der Name bedeutet ‚Zusatz'.

Wajikrá, lateinisch Leviticus, ist das 3. Buch der → Torá.

Wohlgemuth, Joseph (1867–1942), Rektor des Rabbinerseminars Adáss Jissróel in Berlin um die Jahrhundertwende. Er ist zusammen mit → Bleichrode der Übersetzer der → Torá, wie sie in den jüdischen Gemeinden im deutschsprachigen Raum nach dem Zweiten Weltkrieg im Umlauf ist.

Yahuda, Avrahám Schalóm (1877–1951), geb. in Jerusalem, studierte in Heidelberg und lehrte an Universitäten in Berlin, Madrid und New York. Obwohl er eigentlich Semitist war, wurde sein populärstes Werk *Die Sprache des Pentateuch in ihren Beziehungen zum Ägyptischen.* Die mehr als 1500 Handschriften seiner Bibliothek vermachte er der Hebräischen Universität zu Jerusalem.

Zaddík ist der Ehrenname eines „Gerechten", den Chassidím (→ Chassidismus) ihren jeweiligen geistigen Führern beilegen.

R. Zadók, einer der angesehensten unter den frühen → Tannaím, geriet zusammen mit → R. Jehoschúa ben Chananiá in Konflikt mit → Rabbán Gamliél, in dessen Folge dieser wegen der seinen Kontrahenten angetanen Behandlung für einige Zeit seines Amtes als → Nassí enthoben wurde.

Zarefát ist ein biblischer Ortsname, der seit dem Mittelalter für Frankreich steht und auch im modernen Hebräisch dieses Land bezeichnet.

Personen- und Sachregister

Abbajé (= Spitzname, sein wahrer Name ist unbekannt geblieben) war ein babylonischer → Amorá und Haupt der Akademie in Pumbedita um 300 u. Z.

Abudrahám verfaßte um 1370 in Sevilla einen Kommentar zum → Ssiddúr. Sein voller Name war R. Davíd ben Josséf.

Achád Haám ist das Pseudonym von Aschér Ginsberg (1856–1929). Obwohl Autodidakt, wurde er ein einflußreicher Essayist, dem die heutige Integrierung des biblischen, des rabbinischen und des ,,neuen'' Hebräisch zu einer Sprache und einem Stil zu verdanken ist. Er war der geistige Führer der ,,Kulturzionisten'' und deswegen gelegentlich Opponent Theodor Herzls.

Amós, ein → Naví des 8. Jh.s und Verfasser des nach ihm benannten Buches von Diatriben gegen falsch verstandenen Patriotismus und soziale Ungerechtigkeit.

Aramá → R. Jizchák ben Mosché Aramá.

(Rav) Aschí ist der am höchsten gefeierte unter den babylonischen → Amoraím. Er war Haupt der Akademie in Ssúra während 60 Jahren. Zweimal, in je 30 Jahren, ging er dort die gesamte talmudische Literatur durch, und auf dieser Arbeit fußt die Redaktion des babylonischen → Talmúds, die im übrigen ihm selbst zugeschrieben wird. An Gelehrsamkeit und Verdiensten, so wird berichtet, sei er nur mit → R. Jedudá ha-Nassí zu vergleichen. Er starb ca. 427.

Bájit Rischón = ,,Das erste Haus'' ist die kurze Bezeichnung für den Salomonischen Tempel in Jerusalem (ca. 930–586) → Bet-Mikdásch.

Bájit Schení = ,,Das zweite Haus'' ist die kurze Bezeichnung für den nach dem Babylonischen Exil wiedererbauten Tempel in Jerusalem (ca. 520–70 nach d. ü. Z.) → Bet-Mikdásch.

Bar Kochbá stand an der Spitze der Revolte gegen die Römer unter Kaiser Hadrian, die sechs Jahrzehnte nach der Zerstörung des → Bájit Scheni ausbrach. Nach überraschenden anfänglichen Erfolgen, die sogar zur Befreiung Jerusalems führten, brach die Revolte zusammen und endete in einem furchtbaren Blutbad, dem anderthalb Millionen Juden zum Opfer gefallen sein sollen. Die zeitgenössischen geistigen Führer sahen in Bar Kochbá einen gefährlichen Abenteurer, jedoch hielt ihn → R. Akivá für den Messias.

Bet-Mikdásch nennt der Hebräer das Bauwerk in Jerusalem, das auf deutsch mangels eines treffenderen Namens allgemein ,,Tempel'' oder ,,Heiligtum'' heißt. Sowohl → Bajít Rischón als auch → Bájit Scheni standen auf dem niedrigsten der Jerusalemer Berge, dort, wo heute der Felsendom steht.

Bialik, Chajjím Nachmán (gest. 1934) ist der größte hebräische Dichter der Neuzeit. Nach seiner Ankunft aus Odessa in Erez Israél widmete er sich, u. a. weil sich sein Ohr nicht an den Rhythmus des dort gesprochenen Hebräisch gewöhnen konnte, der Sammlung und der Herausgabe der klassischen Quellen, z. B. der → Aggadá als *Ssefér ha-Aggadá.*

Cassuto, Umberto, 1883 in Florenz geboren, war Rektor des dortigen Rabbinerseminars, bevor er als Professor für Biblische Studien an die Hebräische Universität in Jerusalem berufen wurde. Seine Kommentare zu → Bereschít und → Schemót sowie seine Veröffentlichungen zur Literatur Ugarits, eines vorbiblischen Kulturzentrums an der libanesischen Küste, haben ihn weltberühmt gemacht. Seine Bedeutung liegt u. a. in seiner Widerlegung der weit akzeptierten Hypothese der modernen Bibelkritik von der Multiplizität der Autoren der → Torá. Er starb 1951.

R. Chaggaí war ein → Amorá in Erez Israél, der mehr zu → Aggadá als zu → Halachá tendierte. Er lebte in der Mitte des 4. Jh.s.

R. Chaniná ist der Name von sechs Gelehrten, die zwischen dem 1. und dem 4. Jh. wirkten. Welchem von ihnen dieser oder jener Ausspruch zuzuschreiben ist, läßt sich nicht einwandfrei feststellen.

Chaskúni → R. Chiskiá.

Chiasmus ist jene Anordnung von literarischen Einheiten unterschiedlicher Größe (Wörter, Verse, Kapitel usw.), die symmetrisch (a-b-c-d-c-b-a) aufeinander folgen.

R. Chijjá war ein babylonischer → Amorá der 1. Generation.

R. Chilkiá, → Amorá um 350 in Erez Israél, in erster Linie → Aggadist.

(Rav) Chissdá, ein babylonischer → Amorá um 300 nach d. Z., war Haupt der Akademie in Ssúra und dort Vorgänger von → Rav Aschí.

R. Chiskiá ben Manóach lehrte im 13. Jh. in Frankreich als einer der Nachfolger → RaSCHÍs. Sein Hauptwerk ist der Kommentar *Chaskúni*, nach dem er selbst heißt und zitiert wird.

Chiskiáhu = griech. Hezekia war ein König in Judäa. Er stammte aus dem Hause → Davíds und war Zeitgenosse des → Naví → Jesaja.

R. Daniél ben Josséf aus Rom (14. Jh.) ist der vermutliche Verfasser der Hymne *Jigdál*, der poetischen Form der dreizehn Grundsätze, die → RaMBáM philosophisch als das Fundament des Judentums formuliert hat.

Davíd, aus einer angesehenen Familie Judäas, war der erste König der vereinigten Stämme Israels. Seine Dynastie regierte mit einer einzigen Unterbrechung von sechs Jahren vier Jahrhunderte lang bis 586. Die Sammlung der Psalmen wird ihm zugeschrieben. Die Familie des → Nassí aus dem Hause → Hillél stammt von ihm ab, und auch der von den Juden erwartete Messias wird aus davidischem Geschlecht sein.

R. Davíd ben Josséf → Abudrahám.

Dillmann, August (gest. 1894), deutscher Orientalist.

Driver, Samuel Rolles (gest. 1914), war Hebraist und Bibelforscher in Oxford.

Ejchá Rabbatí ist eine Sammlung von → Midraschím zur ,,Rolle'' Echá, den sog. Klageliedern, einem Teil der → Schriften.

R. Elasár ben Asariá, → Tanná des 1. Jh.s, war eine Zeitlang Haupt der → Jeschivá in Javné, als dort eine Rebellion gegen das strenge Regime des Rabban → Gamliél ausbrach.

R. Elasár ben Chananiá war ein → Tanná, der noch → Bájit Scheni miterlebte.

R. Elijá ben Salmán, der ,,Wilnaer → Gaón'' und kurz HaG(aón)RÁ, geb. 1797, war der geistige Führer jener Mehrheit der Juden Rußlands, die nicht zum → Chassidismus tendierten. In allen Teilen der → talmudischen Literatur beschlagen, versah er diese mit Glossen und annotierte Textvarianten, die fast alle gedruckten Talmude begleiten.

Estér ist die zentrale Figur des nach ihr benannten biblischen Buches, einer der sog. fünf ,,Rollen''. Es handelt von der angedrohten Vernichtung der Judenheit des persischen Imperiums und davon, wie Estér mutig durch ihre Intervention die Katastrophe verhütete.

Ezekiel, hebr. Jecheskél, war ein → Naví aus einer Jerusalemer Priesterfamilie, der kurz vor der Zerstörung des → Bajít Rischón von den Babyloniern nach Mesopotamien verschleppt wurde. Sein Buch (48 Kapitel) war fundamental bei der notwendigen ideellen Neuordnung der Judenheit und des Judentums nach der nationalen Katastrophe. Im Unterschied zu den beiden anderen „großen" Neviím → Jesaja und → Jeremia schreibt er einen sehr prosaischen und eigenartigen Stil.

Falk, Zeév, ist Professor für jüdisches Recht an der Hebräischen Universität zu Jerusalem und häufiger Gastprofessor an der Hochschule für Jüdische Studien in Heidelberg.

Fromm, Erich (1900–1980), gebürtig aus Frankfurt a. M. und von rabbinischer Herkunft, war Philosoph und Psychoanalytiker und sehr von → Hermann Cohens jüdischer Denkungsweise beeinflußt. Für ihn ist „Entfremdung" identisch mit dem biblischen Begriff des Götzendienstes und Substrat des menschlichen Elends unserer Zeit.

Galút → Golá.

Gaón ist der Titel, den die Rektoren der babylonischen Akademien nach Abschluß des → Talmúds führten.

(Rabbán) Gamliél hießen vier von → Hilléls Nachkommen, von denen ein jeder → Nassí des → Ssanhedrín war. Der berühmteste unter den Vieren war der Großvater des → R. Jehudá ha-Nassí. Er war es, der nach der Zerstörung des → Bájit Schení eine → Jeschivá in Javné (südlich von Tel-Aviv) konstituierte und dadurch zuerst den geistigen und infolgedessen auch den nationalen Fortbestand des Judentums sicherte. Sein nach einer solchen Katastrophe notgedrungen strenges Regime in seiner Beziehung zu seinen Kollegen löste harte Konflikte mit → R. Jehoschúa ben Chananiá aus, derentwegen er zeitweise seines Amtes enthoben und durch → R. Elasár ben Asariá ersetzt wurde.

Golá ist der Sammelname für die aus Erez Israél zu verschiedenen geschichtlichen Perioden ins Ausland verschleppten Juden und ungefähr mit dem Begriff der Diaspora identisch. Das Wort ist nicht mit → *Galút* zu verwechseln, welches Exil bedeutet. Man kann in der Golá leben, ohne sich dort als Exilant, d. h. in Galút, zu fühlen.

Guttmann, Michael (geb. 1872 in Ungarn), war ein Talmudist, der in Budapest, Jerusalem und Breslau lehrte. Er starb 1941.

Herzl, Theodor (geb. 1860), aus einer assimilierten Familie in Budapest, war Journalist in Wien. Der zügellose Antisemitismus in Österreich und Frankreich erweckte in ihm den Plan, die „Judenfrage" durch die Errichtung einer „öffentlich-rechtlich gesicherten Heimstätte" der Juden in der damals türkischen Provinz Palästina politisch zu lösen. Nachdem er ihn in seinem *Judenstaat* ausgearbeitet hatte, gelang es ihm, in Basel 1897 den ersten Zionistenkongreß einzuberufen. Er starb, nach fast nur Mißerfolgen, erst 44 Jahre alt im Jahre 1904, und dennoch ist die Existenz des Staates Israel ohne ihn unvorstellbar.

Hohes Lied → Schir ha-Schirím.

Jacobs, Joseph (1854–1916), war Historiker in England.

Jacobsen, B. S., ein zeitgenössischer israelischer Bibelforscher.

R. Jannái ist ein → Amorá der 1. Generation in Erez Israél und Schüler von → R. Chijjá.

Jehoschafát, Nachkomme → Davíds, war ein König von Judäa (ca. 850).

R. Jehoschúa ben Korchá war ein → Tanná der 3. Generation, also um 200, in Erez Israél und könnte ein Sohn des → R. Akivá gewesen sein. Seine Stärke lag auf dem Gebiet der → Aggadá.

(Rav) Jehudá, der hier zitiert ist, mag jener dieses Namens gewesen sein, dessen Vater Jecheskél hieß und der ein babylonischer → Amorá zu Beginn des 3. Jh. nach u. Z. war. Er gründete die Akademie in Pumbedita, die danach 800 Jahre bestand.

R. Jehudá ben Schemuél ha-Leví, geboren 1105 in Córdoba, war Arzt, Dichter von Wein-, Liebes- und Zionsliedern und auch Religionsphilosoph. Er war der anerkannte Hauptvertreter der hebräischen Literatur in der spanischen Epoche, doch den *Kusari* schrieb er arabisch. Dessen Form ist ein Dialog zwischen dem König der Chasaren (in Südrußland) und dem jüdischen „Meister" (Rav), in dem dieser jenem Rede und Antwort steht. Themen sind u. a. die Erwählung Israels, der Vorzug der hebräischen Sprache und des jüdischen Landes, Polemik gegen die → Karäer, die Namen und Attribute Gottes und mehr. Der RIHáL, wie er kurz genannt wird, verließ im Alter seine Familie, verzichtete auf seine ruhmvolle Anerkennung in Spanien und begab sich als einer der wenigen namentlich bekannten „Proto-Zionisten" auf die Reise nach Jerusalem. In Ägypten gehen seine Spuren verloren, und nur die Legende erzählt, er sei auf dem Ölberg, verzückt vom Anblick der Stadt, auf die Knie gefallen und ein berittener Sarazene habe ihn so von seinem Pferd zu Tode stampfen lassen.

Jeremia, hebr. Jirmejáhu, war ein → Naví aus priesterlichem Geschlecht (→ Kohén). Er lebte in Jerusalem und war Augenzeuge der Einnahme und Zerstörung der Stadt durch den babylonischen König → Nevuchadnezzár im Jahre 586, einer Katastrophe, vor der Jeremia jahrzehntelang gewarnt hatte. Daß es sich eingebürgert hat, weinerliche Klagen Jeremiaden zu nennen, ist ein bedauerliches Mißverständnis, denn sofort nach dem Fall der Stadt und des → Bajít Rischón spendete Jeremia mit seinen Gedichten und Reden Trost und Hoffnung. Die Sammlung seiner Reden ist ein nach ihm benannt; sie enthält u. a. ergreifende persönliche Bekenntnisse.

Jesaja, hebr. Jeschajáhu, war → Naví aus → davidischem Geschlecht, der im 8. Jh. in Jerusalem wirkte. Seine Reden und Gedichte (66 Kapitel) sind in dem nach ihm genannten Buch versammelt. Ob auch die Kapitel 40–66 von ihm stammen, wird angezweifelt.

R. Jirmejahú ben Elasár war ein → Amorá aus Erez Israél und lebte kurz nach 300.

R. Jizchák ben Mosché Aramá aus Taragona, floh nach Italien, wo er 1493 in Neapel verstarb. In seinem Hauptwerk *Akedát Jizchák*, einem Torá-Kommentar, folgt er einerseits dem → RaMBáM, bekämpft aber andererseits exzessiven Rationalismus und den Hang zur Philosophie, wie sie unter arabischem Einfluß intensiv unter Juden betrieben wurde.

R. Jizchák: Der hier Zitierte dieses Namens ist schwer zu identifizieren. In der Gemará sind mehr als sechzig R. Jizchák erwähnt, die nur durch ihr Patronym, welches hier fehlt, und als Zeitgenossen ihrer jeweiligen Gesprächspartner, wenn deren Identität unbestritten ist, voneinander zu unterscheiden sind.

R. Jochanán war der bedeutendste unter den → Amoraím in Erez Israél um 200 nach u. Z. Er stand während 80 Jahren an der Spitze einer → Jeschivá in Tiberias. Er war es, der den Ringkämpfer (Banditen?) → Schimeón ben Lakísch zum Studium bekehrte, so daß dieser später ein „Großer in Israel" (und R. Jochanáns Schwager!) wurde. Die Tradition vermittelt in ihren Berichten ein deutlicheres Bild von R. Jochanán als von irgendeinem anderen Amorá.

Joná ist die Hauptperson einer kurzen Erzählung, die das gleichnamige Buch in den → Neviím ausmacht.

R. Jonatán ben Josséf, Schüler des → R. Akivá, ist ein → Tanná der 4. Generation in Erez Israél.

Josephus war ein → Kohén und hieß ursprünglich Josséf ben Matitjáhu. Bei dem Aufstand der Juden gegen die Römer im Jahre 66 war er ihr Feldherr im Norden des Landes. Ob er zufällig oder durch Verrat an seinen Offizieren am Leben geblieben ist, ist noch ungeklärt. Er wurde ein Günstling der Kaiser Vespasianus und Titus, die Jerusalem zerstörten, und legte sich den Namen von deren *gens*, also Flavius, zu. Er schrieb den *Jüdischen Krieg*, die Geschichte des Aufstandes, in geschliffenem Griechisch, weiterhin *Jüdische Altertümer* und eine Autobiographie, womit er der erste und in jener Periode einzige jüdische Historiker wurde.

(Rav) Judán ist wegen der Häufigkeit dieses Namens und des Fehlens eines Patronyms nicht eindeutig zu identifizieren.

Kaempf, Saul Isaac (1818–1892), war Rabbiner in Prag, Professor der Semitistik an der dortigen Universität und Vorkämpfer der → Hasskalá.

Kaiser, Otto, ist Professor des Alten Testaments an der Universität Marburg.

Kallír, Elasár lebte wahrscheinlich in Tiberias und war wohl ein Zeitgenosse Mohammeds. Er war der größte und einflußreichste der religiösen Dichter seiner Epoche, und einige seiner Lieder haben in die Liturgie Eingang gefunden.

Karäer ist der Name einer der wenigen Sekten in der jüdischen Geschichte. Sie entstand im 8. Jh., nahm besonders im 9. bis 12. Jh. zu und existiert heute nur noch in sehr kleinen Gruppen in Israel (Ramle) und auf der Krim. Die Karäer verneinten die Autorität des → talmudisch-rabbinischen Judentums, weswegen → Ssaadiá Gaón und → RaMBáM gegen sie schriftlich polemisierten.

Könige ist der Name des aus zwei Teilen bestehenden biblischen Buches, das die Geschichte Israels von → Salomon bis zum babylonischen Exil (→ Nevuchadnezzár) vom Standpunkt eines → Naví notiert. Seine endgültige Redaktion fällt ins Exil.

Konkordanz ist eine meist alphabetische Zusammenstellung aller Wörter mit ihren Belegstellen (und neuerdings auch in längerem Kontext), die in einem Schriftwerk vorkommen. Im Unterschied zu einem Wörterbuch, in dem jede Vokabel nur einmal abgedruckt ist, bringt eine Konkordanz alle Vorkommen einer Vokabel.

MaHaRáM ist das Kürzel für Morénu Ha-Rav (= unser Lehrer, der Meister) Meír ben Barúch aus Rothenburg (geb. 1215). Er war die angesehenste rabbinische Autorität seiner Zeit in Deutschland und in Frankreich. Von besonderer historischer Bedeutung sind seine → Responsen, weil sie ein Bild der zeitgenössischen jüdischen Gesellschaft geben. Rudolf von Habsburg warf ihn ins Gefängnis, bloß um Lösegeld zu erpressen, doch der MaHaRáM weigerte sich, von seinen Glaubensgenossen für Geld ausgelöst zu werden. Nach 14jähriger Haft starb er im Kerker und wurde in Worms beerdigt, wo sein Grab heute noch zu sehen ist.

R. Maná ist ein babylonischer → Amorá, wahrscheinlich der 4. Generation, d. h. ungefähr im 4. Jh.

R. Meír, d. h. „der Leuchtende", war ein wegen seines Scharfsinns so genannter → Tanná der 3. Generation und Schüler des → R. Akivá; sein ursprünglicher Name ist in Vergessenheit geraten. In der → Mündlichen Lehre ist er mehr aals dreihundertmal zitiert, und seine Traditionen und Entscheidungen dienten dem → R. Jehudá ha-Nassi zur Kompilation seiner → Mischná. Besonders verdient machte sich R. Meír nach dem Mißerfolg des → Bar-Kochbá-Aufstandes um die Wiederherstellung des von den Römern aus Rache durch Verbote und Hinrichtungen aufgelösten → Ssanhedríns. Er rühmte sich, zwei gegensätzliche Standpunkte der → Halachá mit gleicherweise überzeugenden Argumenten legitimieren zu können; gerade durch seine scharfsinnigen und geistreichen Bekundungen aber machte er sich wahrscheinlich so unbeliebt, daß sein Name oft in der → Mischná totgeschwiegen wird und seine Ansicht nur mit „und die Weisen sagen" angeführt ist. Alle anonymen → Halachót werden darum ihm zugeschrieben.

R. Meír ben Barúch → MaHaRáM.

Mischkán, wörtlich Wohnort, nennt die → Torá das zerlegbare Heiligtum, das die aus Ägypten Ausziehenden in der Wüste begleitete und das wohl auch im Lande fortbestand, bevor → Bajít Rischón von König → Salomon erbaut wurde. In der Mitte Mischkáns stand → Óhel Moéd.

Mischléj ist der hebräische Name des biblischen Buches Proverbia oder Sprüche, nicht zu verwechseln mit den → *Sprüchen der Väter*, d. h. dem Traktat → *Avót* in der → Mischná. Mischléj gehört zu den → Schriften.

Morgenstern, Julian (geb. 1881), war zuerst Reformrabbiner in den Vereinigten Staaten und später Professor am Hebrew Union College, Cincinnati. Er war Herausgeber der *Universal Jewish Encyclopedia.*

R. Mosché ha-Darschán aus Narbonne (um 1040) wird gelegentlich von → RASCHÍ zitiert.

Naví → Propheten.

Nevuchadnezzár, ein Chaldäer, war König des neubabylonischen Reiches, zerstörte Jerusalem und den salomonischen Tempel (→ Salomon) im Jahre 586 und führte viele Zehntausende Judäer ins babylonische Exil (→ Golá).

Nechemiá war im 5. Jh. vor der üblichen Zeitrechnung Gouverneur der persischen Provinz Judäa. Der Wiederaufbau Jerusalems nach der Zerstörung des → Bájit Rischón war vor allem sein Werk. Das nach ihm benannte biblische Buch (unter den → Schriften) ist wahrscheinlich seine Autobiographie.

Óhel Moéd ist das Stiftzelt im → Mischkán, das zerleg- und zusammensetzbare Wanderheiligtum der Israeliten auf ihrem Wege ins Land Kenáan. Es ist zweimal im Buche → Schemót (Kap. 25–27 und 35–38) beschrieben.

Pelí, Pinechás, in Jerusalem geborener Rabbiner, war nach langjähriger Lehrtätigkeit in Europa und Amerika Professor für Jüdische Studien an der Universität von Beér-Schéva. Er starb 1989.

Pessiktá ist der Name einer der ältesten homiletischen → Midrásch-Sammlungen.

Petuchowski, Jakob Joseph, 1925 in Berlin geboren, ist Reformrabbiner und Professor für rabbinische Studien am Hebrew Union College, Cincinnati.

Pharisäer, hebr. Peruschím, die Gegenspieler der → Sadduzäer, sind Anhänger jener Geistesrichtung in den je zwei Jahrhunderten vor und nach d. ü. Z., aus der das rabbinische Judentum des → Talmúds und mit ihm auch das heutige hervorgegangen ist. Sie strebten danach sowohl dem Schriftwort gerecht zu werden als auch in veränderten Zeitumständen es zu ermöglichen, in strikter Frömmigkeit zu leben. Der Bedeutungswandel ihres Namens zu „Heuchlern" ist eine bedauernswerte Verfälschung des Pharisäertums, auf deren Motive hier nicht eingegangen werden soll.

R. Pinechás ist wahrscheinlich der Name jenes Gelehrten, der Sohn des R. Chamá und ein → Amorá aus Erez Israél um ca. 300 war.

Rabbí, wörtlich „mein Meister", ist ein Titel, der erst kurz vor dem Fall des → Bájit Schení in Umlauf kam. → Hillél beispielsweise trägt ihn noch nicht.

Rad, Gerhard von, war Professor für das Alte Testament an der Heidelberger Universität seit 1949. Sein besonderes Interesse galt der Theologie und der Formgeschichte.

RaSCHBÁ – mit vollem Namen R. Schelomó ben Avrahám Adrét – aus Barcelona (1235–1310) war Schüler des → RaMBáN und Freund des → R. Aharón, des Verfassers des *Sséfer ha-Chinnúch.* Er verfaßte über 1000 → Responsen und stand auch mit → R. Meír ben Barúch aus Rothenburg in brieflicher Verbindung. Bewandert in Philosophie und Naturwissenschaften, nahm er im Streit seiner Zeitgenossen um → RaMBáMs allzu rationalistische und philosophische Richtung eine mittlere Position ein.

Rav, wörtlich Meister, ist der Titel, der meistens den → Amoraím beigelegt wurde.

Rechavím waren eine kurzlebige Sekte Judäas im 8. und im 7. Jh. vor d. ü. Z., die sich nach ihrem Stifter Jonadáv ben Rechàv nannte. Als radikale Anti-Modernisten enthielten sie sich des Weingenusses, siedelten in Zelten außerhalb bewohnter Gebiete und hofften, sie könnten auf diese Weise das ehemalige, ihrer Meinung nach ideale Dasein in der Wüste wiedergewinnen.

Reformjudentum ist eine seit Mitte des 19. Jh. vor allem unter der Führung von Abraham Geiger in Deutschland bestimmte religiöse Gruppierung, die heute besonders in Westeuropa unter der Bezeichnung „Liberales" oder „Progressives" Judentum und in den USA als „Reform" verbreitet ist. Ihre Ziele waren damals, durch ästhetische Veränderungen des Gottesdienstes, durch Einführung der Landessprache in den Gottesdienst und durch Streichung der sich auf die Rückkehr nach Erez Israél und einen persönlichen Messias beziehenden Stellen im → Ssiddúr und durch eine ablehnende Haltung gegenüber der → Halachá die sogenannte „Judenfrage" zu lösen. Mittlerweile hat diese Richtung ihre radikalen Haltungen weitgehend revidiert, jedoch hält sie daran fest, den eigentlichen Offenbarungsgehalt in den religiös-ethischen Aussagen der Bibel zu sehen.

Responsen sind eine rabbinische Literaturgattung, hebräisch Scheelót u-Teschuvót genannt. Nach Abschluß des → Talmúds und der großen → Codices des → Alfássi, des → R. Jaakóv ben Aschér, des → RaMBáM und des → R. Josséf Karo wendet man sich um Gutachten in Bezug auf neue und in jenen Werken noch nicht behandelte Fragen der → Halachá an einen eminenten Gelehrten. Solche Gutachten, von den Verfassern häufig in Sammelbänden herausgegeben, werden Responsen genannt. Ihre Anzahl beläuft sich zur Zeit auf Hunderttausende, die ihrer naturgemäßen Unübersichtlichkeit wegen jetzt an der Bar-Ilán Universität in Israel mittels EDV registriert werden.

Sadduzäer, hebr. Zedukím, waren Gegner der → Pharisäer. Zu diesen tendierten die breiten Schichten der Bevölkerung, zu jenen die begüterten Familien und die Jerusalemer → Kohaním. In der Anwendung des Gesetzes waren die Sadduzäer streng, unbeugsam und überkonservativ und widersetzten sich den pharisäischen Bemühungen, es durch ständige Neuinterpretation lebendig zu erhalten und zugleich seinen Bereich zu erweitern.

Salomon (= Schelomó) war König → Davíds jüngster Sohn und Erbe seines Thrones. Er regierte um 950 und war Erbauer des → Bajít Rischón in Jerusalem. Seine Weisheit ist sprichwörtlich, und drei biblische Bücher soll er selbst verfaßt haben (Hohes Lied, Kohélet und → Mischléj).

Samuel (= Schemuél) ist der Name eines aus zwei Teilen bestehenden biblischen Buches. Sein Verfasser war wahrscheinlich ein Zeitgenosse des Königs → Salomon. Das Buch erzählt die Geschichte der ersten zwei israelitischen Könige Saul (= Schaúl) und → Davíd.

Sarna, Nahum M., stammt aus einer angesehenen Gelehrtenfamilie und ist Professor für Biblische Studien an der Brandeis Universität in Waltham, Massachusetts.

Scheelót u-Teschuvót → Responsa.

Schelá ist der Name von einem Dutzend von → Amoraím, die meisten in Babylonien. Welcher jeweils gemeint ist, läßt sich nicht mit Sicherheit feststellen.

R. Schelomó ben Adrét → RaSCHBÁ.

Schemót Rabbá heißt ein alter → Midrásch zum Buch → Schemót.

R. Schemuél ben Nachmán aus Lod war ein → Amorá in Erez Israél im 4. Jh. d. ü. Z. und einer der fruchtbarsten → Aggadisten.

Rabbán Schimeón ben Gamliél: Zwei Nachkommen → Hilléls dieses Namens waren → Nassí des → Ssanhedríns. Der erste, Hillels Enkel, wurde von den Römern hingerichtet, der zweite, Vater des → R. Jehudá ha-Nassí, ist der hier zitierte.

R. Schimeón ben Lakísch, in seiner Jugend ein Bandit oder Gladiator, ist einer der hervorragendsten → Amoraím der 1. Generation in Erez Israél und Schwager des → R. Jochanán. Seine Geistesschärfe „entwurzelte Berge".

Schir ha-Schirím, d. h. Lied der Lieder, deutsch häufig → Hohes Lied genannt, ist eine Sammlung von Liebesliedern, angeblich aus der Hand des Königs → Salomon. Ob sie wörtlich oder allegorisch aufzufassen sind, ist ein Punkt, in dem die Rabbiner und die modernen Wissenschaftler diametral auseinandergehen.

Schir Rabbá heißt ein alter → Midrásch zu → Schir ha-Schirím.

(Rav) Simon, → Amorá in Erez Israél im 2. Jh. nach d. ü. Z., zeichnete sich durch seine → Aggadót aus.

Ssiddúr, wörtlich Anordnung, nennen die Juden ihr Gebetbuch. Die sog. Stammgebete gehen bis ins 1. Jh. d. ü. Z. und vielleicht auf noch früher zurück und wurden seitdem bis ins hohe Mittelalter durch Zusätze erweitert; andererseits hat aber auch das → Reformjudentum im Ssiddúr Streichungen vorgenommen. Die erste solche Anordnung stammt von → Rav Amrám Gaón, Haupt der → Jeschivá in Ssúra (Mesopotamien), gest. 875.

Sóhar ist ein kabbalistisches Werk, das → R. Schimeón bar Jochái zugeschrieben wird.

Steinsaltz, Adín, wuchs in einer linken Jugendbewegung in Israel auf und begann erst als Erwachsener seine rabbinischen Studien. Mit seiner neuartigen vielbändigen Ausgabe des babylonischen → Talmúds (vokalisiert, z. T. ins Hebräische übersetzt und mit Illustrationen zu den Realien sowie mit sprachlichen Erklärungen versehen) wurde ein bedeutender Beitrag zur Verbreitung jüdischer Gelehrsamkeit geleistet. Eine englische Ausgabe erscheint sukzessive.

R. Tanchúm aus Newój kommt nirgends außer an der hier zitierten Stelle vor. Er lebte etwa zu der Zeit des Abschlusses des → Talmúds.

Tarschísch ist das heutige Tarsus in Kleinasien oder aber das alte Tartessus auf der iberischen Halbinsel. Möglicherweise hieß aber jeglicher Warenumschlagplatz an einer Küste so.

Tosseftá ist eine der → Mischná sehr ähnliche und sie gewissermaßen ergänzende Sammlung der → Halachá und besteht wie sie aus sechs Ordnungen. Ihr Verfasser ist → R. Nechemiá, ein Schüler des → R. Akivá; → R. Chijjá ergänzte sie später.

Usiáhu, aus → davidischem Geblüt, regierte 52 Jahre lang in Jerusalem in der Mitte des 8. Jh. Hochbegabt, „Mehrer des Reichs" und Förderer der Landwirtschaft, besorgte er, 25 Jahre nach Beginn seiner Regierungszeit an Aussatz erkrankt, seitdem die Regierungsgeschäfte mit Klugheit und Vorsicht aus einer Isolationszelle heraus.

De Vaux, Roland, gest. 1971, war ein französischer Dominikaner, Bibelforscher und Archäologe. Jahrelang war er Direktor der École Biblique in Jerusalem.

Wajikrá Rabbá heißt ein alter → Midrásch zum Buche → Wajikrá.

Westermann, Claus, seit 1958 Professor für das Alte Testament an der Universität Heidelberg.

Yadín, Yigaél, wurde nach seiner eindrucksvollen militärischen Karriere als Generalstabschef der israelischen Armee im Befreiungskrieg Archäologe, der sich besonders durch die Entzifferung der in Höhlen beim Toten Meer entdeckten und bis in die letzten jahrhunderte vor u. Z. zurückgehenden Qumram-Rollen Weltruf erwarb.

Reihenfolge der Wochenabschnitte

Arbeitsmappe	Abschnitt Nr.	Name	Kapitel und erster Vers des Abschnitts
		BERESCHÍT (1. M.)	
I	1	Bereschít	1:1
II	6	Nóach	6:9
VI	26	Lech-lechá	18:1
VI	27	Wajerá	22:1
IX	41	Chajjéj-Ssará	23:1
VIII	36	Toledót	25:19
IV	16	Wajezé	28:10
X	46	Wajischlách	32:4
III	11	Wajéschev	37:1
VII	31	Mikkéz	41:1
VII	32	Wajiggásch	44:18
V	21	Wajechí	47:28
		SCHEMÓT (2. M.)	
III	12	Schemót	1:1
VIII	37	Waerá	6:2
V	22	Bo	10:1
I	2	Beschallách	13:17
V	23	Jitró	18:1
IV	17	Mischpatím	21:1
X	47	Terumá	25:1
X	47	Tezawwé	27:20
IX	42	Ki Tissá	30:11
II	7	Wajakhél	35:1
II	7	Pekudéj	38:21
		WAJIKRÁ (3. M.)	
VIII	38	Wajikrá	1:1
X	48	Zaw	6:1
X	48	Scheminí	9:1
IX	43	Tasría	12:1

Arbeitsmappe	Abschnitt Nr.	Name	Kapitel und erster Vers des Abschnitts
		WAJIKRÁ (3. M.) (Fortsetzung)	
IX	43	Mezorá	14:1
VI	28	Acharéj-Mot	16:1
I	3	Kedoschím	19:1
II	8	Emór	21:1
III	13	Behár	25:1
IV	18	Bechukkotáj	26:3
		BEMIDBÁR (4. M.)	
X	49	Bemidbár	1:1
I	4	Nassó	4:21
VI	29	Beha'alotechá	8:1
III	14	Schelách	13:1
VIII	39	Kórach	16:1
VII	34	Chukkát	19:1
IV	19	Balák	22:2
V	24	Pinechás	25:10
II	9	Mattót	30:2
II	9	Mass'éj	33:1
		DEVARÍM (5. M.)	
VII	35	Devarím	1:1
II	10	Waetchannán	3:23
I	5	Ékev	7:12
IV	20	Reé	11:26
V	25	Schofetím	16:18
III	15	Ki Tezé	21:10
IX	44	Ki Tavó	26:1
VI	30	Nizzavím	29:9
IX	45	Wajélech	31:1
VIII	40	Ha'asínu	32:1
X	50	Berachá	33:1

LITERATURVERZEICHNIS

Standardquellen für alle Arbeitsmappen

Mikraót Gedolót mit Targúm Onkelos, Targúm Jonatán, Massorá, Toledót Aharón, RaSCHÍ, RaSCHBáM, Ibn Esrá, RaMBáN, Sseförno, Báal ha-Turím, Chaskúni, Ssiftéj Chachamím

Mechiltá de R. Jischmaél

Ssifrá

Ssifré

Mischná

Tosseftá

Der Babylonische Talmúd, übersetzt und kommentiert von E. Goldschmidt, Haag 1933

Talmúd Jeruschalmí

Midrásch ha-Gadól

Midrásch Rabbá

Midrásch Tanchumá

Pirkéj de R. Eliéser

Avót de R. Natán

RaMBáM, Perúsch ha-Mischná

RaMBáM, Jad Chasaká

RaMBáM, Moré Nevochím

RaMBáM, Sséfer ha-Mizwót

RaSCHÍs Kommentar, übersetzt von S. Bamberger, Basel [3]1975

Sséfer ha-Chinnúch

ReDaK, Perúsch

Josséf Caro, Schulchán Arúch

Don Jizchák Avrabanél, Peruschó al ha-Torá

Jalkút Schimeoní

Barúch ha-Leví Epstein, Torá Temimá

MaLBÍM, Ha-Torá we-ha-Mizwá

S. D. Luzatto, Perúsch ScháDaL al Chamischá Chummeschéj Torá

M. M. Kasher, Torá Schelemá, New York 1944

S. R. Hirsch, Der Pentateuch, übersetzt und erläutert, Frankfurt a. M. 1911 (Kauffmann)

Universal Jewish Encyclopedia, New York 1943

Encyclopedia Mikraít, Jerusalem 1954 (Mossad Bialik)

J. Wohlgemuth/I. Bleichrode, Pentateuch mit deutscher Übersetzung, Basel 1985 (Goldschmidt)

M. Buber/F. Rosenzweig, Die Fünf Bücher der Weisung, Heidelberg 1931 (Lambert Schneider)

Encyclopaedia Judaica, Jerusalem 1972 (Keter-Macmillan)

Quellen für Arbeitsmappe 2

Achad Haam, Am Scheidewege, Warschau 1916 (Achiassaf), dt. Übersetzung: Berlin 1922 (Jüdischer Verlag)

S. Bacchiocchi, From Sabbath to Sunday, Rome 1977 (The Pontifical Gregorian University Press)

B. Baentsch, Exodus - Leviticus - Numeri, Göttingen 1903 (Engel)

Ch. N. Bialik / J. Ch. Rawnitzki, Ssefer ha-Aggada, Tel Aviv 1933 (Devir)

J. Burnston, A New Light Will Shine, Charlotteville VA. 1903 (Fullinger)

U. Cassuto, A Commentary on the Book of Exodus, Jerusalem 1951 (Magnes)

H. Cohen, Die Religion der Vernunft aus den Quellen des Judentums, Leipzig 1919 (Fock)

D. Daube, Studies in Biblical Law, Cambridge 1947 (Cambridge University Press)

A. Dillmann, Genesis, Leipzig 1886 (Hirzel)

S. R. Driver, An Introduction to the Literature of the Old Testament, New York 1857 (Meridian)

Z. Falk, Hebrew Law in Biblical Times, Jerusalem 1964 (Wahrmann)

H. Frauberger, Objects of Ancient Jewish Ritual Art and Illuminated Hebrew-Scripts and Ornaments of Printed Books, Jerusalem 1970 (Neudruck deutsch)

E. Fromm, Ihr werdet sein wie Gott, Hamburg 1980 (Rowohlt)

A. Gehlen, Der Mensch. Seine Natur und seine Stellung in der Welt, Frankfurt a. M. [13]1986

H. Gunkel, Genesis, Göttingen 1917 (Vandenhoeck & Ruprecht)

J. H. Hertz, Pentateuch and Haftorahs, London 1938 (Soncino)

S. R. Hirsch, Der jüdische Sabbat, Frankfurt a. M. 1908 (Kauffmann)

S. R. Hirsch, Der Pentateuch, Frankfurt a. M. 1911 (Kauffmann)

S. R. Hirsch, Versuche über Jissroels Pflichten in der Zerstreuung, Frankfurt a. M. 1921 (Kauffmann)

B. Jacob, Das erste Buch der Tora, Berlin 1933 (Schocken)

J. Jacobs, Jewish Ideas, New York 1898 (McMillan)

B. S. Jacobson, Meditations on the Torah, Tel Aviv 1956 (Sinai)

O. Kaiser, Einleitung in das Alte Testament, Gütersloh 1975 (Mohn)

H. Lauterer-Pirner, Vom ,,Frauenspiegel'' zu Luthers Schrift ,,Vom ehelichen Leben'', in: A. Kuhn / J. Rüsen (Hrsg.): Frauen in der Geschichte, Bd. III. Düsseldorf 1983 (Patmos)

J. Leclercq, Zeiterfahrung und Zeitbegriff im Spätmittelalter, in: A. Zimmermann (Hrsg.): Antiqui und Moderni. Traditionsbewußtsein und Fortschrittsbewußtsein im Mittelalter. Berlin/New York 1974 (de Gruyter)

J. LeGoff, Die Zeit der Kirche und die Zeit des Händlers im Mittelalter, in: C. Honegger (Hrsg.): Schrift und Materie der Geschichte. Frankfurt a. M. 1977 (Suhrkamp)

J. LeGoff, Die Arbeitszeit in der ,,Krise'' des 14. Jahrhunderts: Von der mittelalterlichen zur modernen Zeit, in: Für ein anderes Mittelalter. Zeit, Arbeit und Kultur im Europa des 5.–15. Jahrhunderts. Frankfurt a. M./München/Berlin 1984 (Fischer)

D. Liebs, Römisches Recht, Göttingen [3]1987 (UTB)

M. Meiselman, Jewish Woman in Jewish Law, New York 1978 (Yeshiva University Press)
A. Miller, Am Anfang war Erziehung, Frankfurt a. M. 1980 (Suhrkamp)
J. Morgenstern, Retaliation, in: Universal Jewish Encyclopedia, New York 1943
J. Münz, Moses ben Maimon, Frankfurt a. M. 1912 (Kauffmann)
P. Peli, Torah Today, Washington 1987 (Bnai Brith)
J. J. Petuchowski, Wie unsere Meister die Schrift erklären, Freiburg 1982 (Herder)
M. Präger, Die Sabbatfeier, Mannheim 1859 (Schneider)
L. Prijs, Du unser Vater, Freiburg 1988 (Herder)
Quellenwerke zur Entstehung der Schweizer Eidgenossenschaft, Band I, Zürich 1947 (Geschichtsforschende Gesellschaft der Schweiz)
Y. T. Radday, Chiasmus in Biblical Narrative, in: J. J. Welch (Hrsg.): Chiasmus in Antiquity, Hildesheim 1981 (Gerstenberg)
Y. T. Radday, Vom Humor in Biblischen Ortsnamen, in: M. Augustin/K. D. Schunck (Hrsg.): Wünschet Jerusalem Frieden, Frankfurt a. M. 1986 (Lang)
Y. T. Radday, On Humour and the Comic in the Bible, Sheffield 1990 (Almond)
H. Rosenbaum, Seminar: Familie und Gesellschaftsstruktur. Materialien zu den sozioökonomischen Bedingungen von Familienformen. Frankfurt a. M. 1983 (Suhrkamp)
N. M. Sarna, Understanding Genesis, New York 1966 (Schocken)
M. Schultz, Kindermotive in jüdischen Handschriften aus dem Mittelalter, in: Jahrbuch der Kindheit 2, Weinheim 1985 (Beltz)
M. Schultz, Erziehungshistorische Aspekte der Zeitstrukturierung im mittelalterlichen Judentum, in: C. Rittelmeyer/E. Wiersing (Hrsg.): Erziehung und Bildung im Mittelalter und in der Frühen Neuzeit, Reihe: Informationen zur Erziehungs- und Bildungsgeschichtlichen Forschung (IZEBF), Hannover 1987
M. Schultz, Das Bild der Frau in mittelalterlichen hebräischen Handschriften, in: Arbeitsgruppe Volkskundliche Frauenforschung Freiburg (Hrsg.): Frauenalltag – Frauenforschung. Beiträge zur 2. Tagung der Kommission Frauenforschung in der Deutschen Gesellschaft für Volkskunde 1986. Frankfurt a. M. / Bern / Paris / New York 1988 (Lang)
M. Serug, Mabbát schení al ha-Migdál, in: Maagalót VI, 4
E. A. Speiser, Genesis, Garden City 1964 (Doubleday)
A. Steinsaltz, Talmúd la-Kol, Tel Aviv 1977 (Idanim)
W. Y. Tindall, The Reader's Guide to James Joyce, New York 1959 (Noonday)
F. Torrini, L'architecture orientale ancienne, Marseille 1971 (Carnet)
R. de Vaux, Ancient Israel, New York 1965 (McGraw-Hill)
C. Westermann, Genesis 1–11, Darmstadt 1976 (Wissenschaftliche Buchgesellschaft)
F. Zerk, Mabbatím al Toledót ha-Beniá, Technion Yearbook, New York 1968 (Technion)
H. J. Zimmels, Beiträge zur Geschichte der Juden in Deutschland im 13. Jahrhundert, insbesondere nach den Gutachten des R. Meir Rothenburg, Wien 1928

DIE VERFASSER

Professor Dr. *Yehuda T. Radday*, geboren in Prag, studierte an der juristischen Fakultät der Prager Karls-Universität, am Jewish Theological Seminary in New York und an der Hebräischen Universität in Jerusalem. Er ist Professor Emeritus für Jüdische Studien am Technion – Israel Institute of Technology, Haifa, wo er viele Jahre die Geisteswissenschaftliche Abteilung leitete. Er ist der erste alttestamentliche Wissenschaftler, der statistische Linguistik mit Hilfe der EDV für das Studium der Bibel einsetzte. Er hat bisher 15 Bücher und mehr als hundert Artikel veröffentlicht. In den Jahren 1983 und 1984 wirkte er als Prorektor und 1989 bis 1991 als Gastprofessor an der Hochschule für Jüdische Studien in Heidelberg.

Professor Dr. *Magdalena Schultz*, Dipl.-Päd., studierte Erziehungswissenschaft, Psychologie, Soziologie und evangelische Theologie und promovierte an der Universität Heidelberg. Sie ist Professorin für Pädagogik an der Evangelischen Fachhochschule in Hannover. Nach mehrjähriger Tätigkeit als Lehrerin verbrachte sie einige Jahre in Afrika mit sozialpädagogischen Aufgaben. Danach war sie als Lehrbeauftragte am Erziehungswissenschaftlichen Seminar der Universität Heidelberg tätig. Es folgten judaistische Studien in Israel und den USA sowie an der Hochschule für Jüdische Studien in Heidelberg und ein Lehrauftrag für jüdische Erziehung an diesem Institut. Einige Jahre arbeitete sie als wissenschaftliche Mitarbeiterin an der Pädagogischen Hochschule Heidelberg, vor allem im Bereich der Medienpädagogik. Sie hat zahlreiche Arbeiten zu den Themen Erziehung und Familie in Afrika, Geschichte der Erziehung in Deutschland, Medienpädagogik sowie Jüdische Erziehung und Sozialgeschichte veröffentlicht.